細江守紀 編著

企業統治と会社法の経済学

勁草書房

まえがき

　現在，日本企業の再活性化に向けて多くの政策課題が取り組まれているが，とりわけ企業統治をめぐるハードローやソフトローをめぐるさまざまな強化策がうちだされている．その中心が会社法の改正である．適切な会社法の設定によって，企業統治の目標として会社のコンプライアンスだけでなく企業価値を高めることをつうじて企業活性化も期待されている．本書を執筆中に，日産自動車のカルロス・ゴーン会長（当時）が金融商品取引法違反，特別背任の疑いで逮捕され，日本の代表的なグローバル企業の企業統治のあり方が大きく問われている．本書は現代会社法のもとでいかに企業統治の展開がなされていくのか，そして企業効率がどのように進んでいくかを検討し，また，会社法規制はどうあるべきかを経済学の視点から理論的にまた実証的に検討するものである．
　本書は日本応用経済学会の企業経済学関連の研究者が集まって企画し，学会・研究会などをとおしてさまざまな研究交流を進めてきた成果を世に問うものである．
　第1章は本書の基本的な枠組みを提示するものとして，株式会社の特徴，会社法の基本的な内容を経済学の視点から説明し，企業統治の方向について示している．以下，3つの編からなる．第1編は機関と企業統治に関する章構成となっている．第2章では取締役会の役割と社外取締役の機能を議論し，最適ガバナンス機構をめぐるモデル分析を行っている．また第3章では経営者の保身と交代のメカニズムをモデル分析している．さらに第4章では投資情報の会計操作の可能性を抑止するための取締役会のガバナンス設計の問題を取り扱う．第5章は監査役会設置会社が監査等委員会設置会社にある程度移行していく状況での委員会設置のコストベネフィット分析を行う．第6章では上場企業の株主総会における株主提案が経営者へのプレッシャー，経営変更をもたらしたことを実証的に明らかにしている．第7章では債務と株式による資金調達モデルを用いて，企業統治の観点から債権者保護の強さと企業のリスクテイクの関係

を明らかにしている.

　第2編は組織再編をめぐる章構成となっている．第8章では株主代表訴訟の存在が企業における事業部門あるいは子会社化の選択にどのような影響を与えるかを分析している．第9章では分社化と事業譲渡という事業再編戦略の選択がモニタリングの情報構造とシナジー効果によって変わっていく可能性を分析している．第10章は2000年前後から急増した純粋持株会社化をつうじた経営統合の事後的なパフォーマンスに与えた影響について，従来型の合併による場合との違いに着目して検討を行っている．第11章ではライツプランによる買収防衛策の導入と経営者の企業統治水準の決定について法的株主保護と統合コストの観点から分析を行っている．第12章では日本企業の非公開化型MBOにおける買収プレミアムの分析を業績予想の修正と少数株主利益の観点から検討している．

　さらに，第3編は企業統治をめぐる応用として2つのテーマを取り扱っている．第13章では金融機関の企業統治を担う主体が「金融機関の経営者」なのか「規制当局」なのかという点を金融機関の経営者が非合法的な経営手法を採用する可能性の観点から論じている．そして，第14章では企業統治と雇用の問題を取り扱い，株主重視的な企業統治のあり方が成果主義的性格の強い賃金制度を導入しているという仮説のもと，主として内部ガバナンスと賃金制度のかかわりに関する実証分析を行っている．

　このように，本書は企業統治と会社法をめぐる多くの分野について理論と実証から検討を行っている．最初に述べたように現在コーポレートガバナンス改革ともいうべきビッグウエーブが日本企業に強烈なインパクトを与えつつある．これはグローバル化からきたものと日本企業の内的矛盾からきた部分があり，そのインパクトの帰趨はわが国の企業社会そして経済社会の将来に直結する重要なものである．カルロス・ゴーン事件もグローバル化と日本的経営の齟齬という観点からとらえることができよう．こうした視点からみると，ここで取り上げられていない多くの分野もあるが，今後の課題としたい．

　最後になりますが，勁草書房の宮本詳三氏にはいつもながら忍耐強く企画を待っていただき感謝申し上げます．また，本書のいくつかの研究成果を日本応用経済学会の大会で報告させていただき，貴重なコメントやアドバスをいただ

いたことに対して学会の会員の方々にはお礼を申し上げます．なお私事ではありますが，もうすぐ元号の変わる今年3月で熊本学園大学を退職します．九州大学での30年と熊本学園大学での10年とわがままを許してもらい長い学究生活を続けられたことにたいして妻・祐子に心から感謝をします．

平成 31 年 3 月 2 日

細江　守紀

目　次

まえがき

第1章　株式会社，会社法，および企業統治　　　　　　細江守紀……3
1. 株式会社とは　3
2. なぜ会社法か　5
3. 会社はだれのものであるか　8
4. 定　　款　10
5. 機関設計　12
6. 株主，株式，そして株主総会　14
7. 取締役の権限と責任　21
8. インセンティブ報酬　32
9. 会社法を超えて：コーポレートガバナンス・コード　34

第1編　機関と企業統治

第2章　取締役会，社外取締役，および最適ガバナンス機構
　　　　　　　　　　　　　　　　　　　　　　　　　　細江守紀……43
1. 企業統治機構　43
2. 取締役会の役割　45
3. コーポレートガバナンス改革　47
4. 社外取締役の導入と効果　49
5. ガバナンス機構決定の課題　51
6. コーポレートガバンナンスの最適構造　53
7. 交渉モデルとコミュニケーションモデル　60
8. CEOとボードのコミュニケーションと最適ガバナンス機構の設計　62

9. 支配株主のもとでのコーポレートガバナンス 67
  10. おわりに 70

第3章　経営者の保身行動と企業統治　　　　　　　　野崎竜太郎……74
  1. はじめに 74
  2. モデル 78
  3. 既存の経営者の保身行動 84
  4. おわりに 94

第4章　会計情報，経営者のモラル，および企業統治　　花村信也……97
  1. はじめに 97
  2. モデル 100
  3. 取締役会による保守主義会計の選択 105
  4. 比較静学 109
  5. おわりに 111

第5章　取締役会における委員会設置の経済分析　　　　内田交謹……117
  1. はじめに 117
  2. 株式会社の機関と変遷 118
  3. 仮　説 122
  4. サンプルとデータ 125
  5. 実証結果 129
  6. おわりに 135

第6章　上場企業における株主提案に関する経済分析　　葉　聰明……138
  1. はじめに 138
  2. 日本における株主提案権とその特徴 139
  3. 株主提案の効果について 143
  4. おわりに 148

第7章　企業投資と債権者の保護　　　　　　　吉田友紀……151
1. はじめに　151
2. 株式会社の有限責任制　152
3. 債務不履行時の法制度による債権者の保護　154
4. モデル　158
5. おわりに　163

第2編　組織編制と企業統治

第8章　組織編制，経営インセンティブ，および株主代表訴訟の経済学
　　　　　　　　　　　　　　　　　　　　　　　熊谷啓希……169
1. はじめに　169
2. 会社法と事業再編および株主代表訴訟　173
3. 事業部門モデル　175
4. 子会社化のモデル　182
5. 事業部門と子会社化の選択　187
6. おわりに　190

第9章　分社化と事業譲渡　　　　　　　　　　吉田友紀……193
1. はじめに　193
2. 事業戦略の選択　196
3. 買手によるモニタリングの情報開示　200
4. 売手による対象事業の選択　205
5. おわりに　209

第10章　純粋持株会社による経営統合の事後評価に関する実証分析
　　　　　　　　　　　　　　　　　　　川本真哉・河西卓弥……212
1. はじめに　212
2. 先行研究と作業仮説　215
3. 統合方式は事後的なパフォーマンスに影響するのか　219

4. 対等性はパフォーマンスの改善を阻害するのか　229
   5. 結論と課題　233

第11章　買収防衛と株主保護　　　　　　　　　　　　　　　野崎竜太郎……237
   1. はじめに　237
   2. モデルの設定　245
   3. 買収防衛策の導入がないとき　248
   4. 買収防衛策の導入　253
   5. おわりに　261

第12章　日本企業の非公開化型 MBO における買収プレミアムの分析：業績予想の修正と少数株主利益
　　　　　　　　　　　　　　　　　　　　　　　　　河西卓弥・川本真哉……263
   1. はじめに　263
   2. 先行研究と作業仮説　266
   3. 分析方法とデータ　273
   4. 推計結果　279
   5. おわりに　287

第3編　企業統治の応用

第13章　金融機関のコーポレートガバナンス　　　　　　　　下田真也……295
   1. はじめに　295
   2. モデル　297
   3. 分　　析　299
   4. おわりに　304

第14章　企業統治と雇用システム　　　　　　　　　　　　　齋藤隆志……307
   1. はじめに　307
   2. 企業統治と賃金制度の改革　309

3. 仮説とデータ　313
4. 分析結果　316
5. おわりに　322

索　引　329

企業統治と会社法の経済学

第1章　株式会社，会社法，および企業統治

細江守紀

1. 株式会社とは

　現在，わが国では250万を超える株式会社があり，このうち証券取引所に上場し，株式が一般投資家間で流通する会社は2017年末で3,700社程度，東証1部上場している会社は2,100社程度である．これらの会社の活動が現代の日本経済を引っ張るエンジンということができる．

　この株式会社の役割とそれを規制する会社法の意味を理解するための手がかりとして，株式会社の歴史をたどってみよう．17世紀，オランダや英国ではアジアとの貿易独占権を与えられた東インド会社という特許会社に行きつく．当時彼らは，海産物・毛皮・木材を輸出し，アジアから絹・金細工・胡椒（香料）などを持ち帰っていた．その際,

1. 多くの人から出資金を募る
2. 無事航海が終わった段階で事業終了
3. 出資額に応じた配当を分け合って解散

という形式で活動しており，現代の株式会社と基本的にかわりがない．現代風に言えばつぎのようになる．まず，あるプロジェクトを行う企業家がいる．企業家は人が考えないようなアイディアを持っているが，そのプロジェクトを遂行するための資金がない．しかも，そのプロジェクトはリスクが付きものである．事業に失敗し，無一文になるかもしれない．ただし，事業が成功すれば大

金，財宝が手に入るかもしれない．そこで，お金持ちや権力者に出資をしてもらう．資金の提供者はこのプロジェクトの信頼性に疑問を持つ．第一，この企業家はペテン師かもしれない．また，仮にプロジェクトに成功しても，一部を自分のポケットに入れるかもしれない．そうした疑問を払しょくさせる何かが必要である．高い評判も必要だろう．また，航海中，メンバーがきちんとした規律のもとにそれぞれの仕事をきちんと実行していく仕組みを考えないといけない．

現代の株式会社は大変複雑で大規模になった経済のなかで活動しているが，この初期株式会社と基本的なところは変わりがない．当初，国王による免許という形で初期株式会社の運営が規律づけられていたが，その後さまざまな規制ルールが整備されていき，現在の会社法となっていった．

あらためて株式会社を定義すると，有限責任のもとで株主から資金を調達して株主から委任を受けた経営者が事業を行い，利益を株主に配当する会社ということができる．

☆**株式会社の特徴**

そこで，現代の代表的（公開）株式会社の特徴をあげるとつぎの5つによって表される[1]．

(1) 法人格，
(2) 出資者（株主）の有限責任，
(3) 持分の自由譲渡性，
(4) 取締役会への経営権の委任（所有と経営の分離），
(5) 出資者（株主）による所有

ここで，法人格（legal entity）とは，自然人と同様，会社が法律上の権利・義務の主体となるということである．すなわち，会社はその出資者や構成員とは区別された法人格を有し，会社名で取引・事業を行い，財産を取得・処分し，契約，借入等を行うことができる．したがって，法人格のもとでは構成員の債務に対して会社は責任を負わない．また，法人には営利法人と非営利法人があ

---

1) 公開会社とは譲渡制限株式が「一部」に限られる，または全くない会社をいう．

り，株式会社はいうまでもなく営利法人である．また，出資者（株主）の有限責任とは，出資者が株式引受額を限度とする出資義務があるということである．したがって，法人格が，会社の財産を株主の債権者から守るものであるのに対し，有限責任は，株主の財産を会社の債権者から守るものであるということができる．こうして有限責任のもとで，出資のリスクが限定され，多数の出資者から広く出資を集めることが可能となる[2]．さらに，株主が，その有する株式（出資持分）を自由に譲渡することができることによって，安心して出資に応じ，資金調達が活発になる．

また，現代では多くの株式会社で所有と経営の分離がなされ，株主は直接経営を行わず，経営者（取締役会など）に経営権を集中することで，効率的な経営を行うことを目指している．株主総会で株主による投票で取締役が選ばれ，その取締役で構成される取締役会（board of directors）が，経営上の意思決定および業務執行の監督を行うことになる．

ここで，株主の権利としては，(1) 会社を最終的にコントロールする権限（取締役を選任し，会社の運営上重要な事項を承認する権限）を有すること，(2) 残余請求権1（配当請求権），すなわち，会社の純利益を受け取る権利，および (3) 残余請求権2（残余財産請求権），すなわち，会社の解散等に際して，残った会社の資産を分配して受け取る権利，がある．これらの権利を株主が持つことにより，株主は会社の所有者といわれる．この点は後ほどあらためて検討する．

2. なぜ会社法か

企業活動は経済社会を動かすエンジンであり，人々の暮らしを豊かにし，雇用を創出する大事な活動である．とくに企業は資金を調達し，人を雇い，ものやサービスを生み出し，世の中に提供していく．その過程で利益が生み出されていく．利益を追求する会社の活動はこうしてさまざまな取引の連鎖をもたらしていく．この会社の活動が社会に貢献していくためには効率的に運営される

---

[2] 日本の合名会社，合資会社においては，全部または一部の社員が会社の債務について無限責任を負う．

必要がある．利益を追求することはその活動が効率的になることをおのずと求めることになる．会社法はその会社の組織の基本枠組みを提供し，会社での構成員の活動の基本的指針を示している．会社の活動はプライベートな活動だからといって民法などの一般法規だけを遵守すればよいというわけではない．なぜなら会社はたくさんの構成員からなる組織であるので，組織に必要な法的枠組みが要請されるのである．通常，なにかある目的で組織をつくるとき，組織メンバーの行動を律するルールが必要である．ルールの中身はそれぞれの組織の目的，構成員の特性，組織の内部環境，外部環境などによって自分たちにとって望ましいルールが自然発生的にできていくであろう．カスタムメイドのルールである．ただ，全く組織ごとに理解できないほど異なるわけではない．

そうであれば会社法というかたちで画一的なルールを決める必要があるであろうか．一つの理由は，それぞれが自分たちにふさわしい会社のルールを個別につくろうとすると，関係者の間で利害対立などで，また，自分たちの持っている情報の違いによって大変な時間も含めたコストがかかる．そこで，会社設立にあたって当事者たちが合理的に交渉したら実現すると思われる標準的な会社のルールを会社法として設定することは有益であるという考えである．交渉コストを節約するためにあらかじめひな形を提示するのである．ただ，この考えが会社法が任意法規としてみる場合であろう．実際，Easterbrook and Fenschel（1991）は米国の会社法をそのような観点から議論している．

しかし，会社法は多くの場合強行法規であるといわれている．強行法規とするための理由はなんであろうか．あるルールがほとんど多くの会社にとって望ましいと考えられる法ルールではあっても，それと異なる会社ルールが望ましいと考えている少数の人々にとってはその法ルールが強行法規であれば不利益をこうむることになる．他方，さまざまなルールが会社ごとに異なれば，取引しようとする相手はその都度個別に会社の情報を入手しなければならない．強行法規であれば，そのための情報蒐集コストが節約される．したがって，ある法ルールが強行法規となる基準としては，そうしたルールを強制することによる，個別ルールを各自作成するための交渉コストの節約と，その会社のルールを探索するための情報蒐集コストの節約が，少数の人々の望ましい会社ルールを採用できないことからくる損失を上回るという判断が必要であろう[3]．

また，会社の活動が第三者に思わぬ影響を与える場合にはそれを抑止する法ルールは強行法規とすることが考えられる．また，当事者の決定の自由に任せると，たとえば定款を無制限に変更などによって少数株主に不利益なルールが採用される可能性が高くなったり，また，株主への配当を優先して，債権者への支払いが不利となる事態に陥ることを防ぐため，少数株主保護，債権者保護などが必要で，こうした考えを示した法ルールは強行法規とする必要があろう．

ただ，日本の会社法に関してみると，画一的な法ルールを強制するというよりは，選択幅をかなり広げて，株主総会での決議があればルールは別のかたちにもできるというような内容が多い．定款自治が強調されたところである．すなわち，日本の会社法は法ルールに反することをしてはいけないといえる（その意味で強行法規である）が，会社法のなかでさまざまな選択肢を設け（その意味で任意法規的である），また，選択の手続きを明示している．

こうして日本の会社法は可能な事態を想定してそのときの対応を法ルールとして明示し，会社法内であるルールを選択させている．これは事前規制の考え方で，日本の多くの規制手法にならったものである．そもそも規制の手法として事前規制と事後規制があるが，会社法は事前規制，しかも選択枝をできるだけ組み込むという選択的強行法規ともいうものとなっている．選択の幅は広くなったという意味で規制緩和の方向に行っているともとることができるが，選択の幅の範囲でしか選択できないと意味で選択の自由が制限されたというように理解することもできる．

これに対して，米国の会社法[4]は全体的に任意法規化され，当事者が自由にルールを作成することが許されており，会社法には細かく選択枝を指示しているわけではない．この意味で，米国の会社法はデフォルトルールの設定と言うことができる．したがって当事者が行った取引ルールが合法的であるかどうかは，事後的に裁判所で判断されるものとなっている．これを裏返しに言えば，

---

3) 会社法の強行法規性については神田・藤田（1998），神谷（2004）参照．また藤田（2002）は企業，組織，法学の経済学の基本的概念を説明している．
4) 米国の代表的な州法であるデラウエア会社法は自己抑制的な立法と司法への依存という特徴を持つ．したがって，たとえば取締役が責任を負うのはどのような場合か，利益相反取引の有効性はどのような基準で判断されるのか，株主が有限責任を失うのはどのような場合かなど，重要な問題について判例法のルールによって決まっている（玉井（2009）参照）．

米国の会社法はスタンダードの提示を好み，日本の会社法はルールを好む．したがって，選択的なルールをできるだけ書き尽くそうとし，書き残しがないように法を作成する技術を高めることが尊ばれる．このようにみると，日本の法は不完備契約論[5]があてはまらないかのようである．小林（2010）はこのような法の性質の違いは日米でのビジネス風土の違いに対応していると言っている．すなわち，米国ではビジネス界では契約万能主義がみられるが，これは会社法や契約法などに任せられないので自治的に契約をきちんとできるだけ作成する必要があるということであり，そのため実務ロイヤーが活躍する．このようにする背後には事後的に生じた対立を解決するには自治的な解決コストが高く，裁判判決の予測がつきにくいという意味で予測コストが高いので，事前にできるだけの契約の詰めをしておくことになるのである．これに対して日本では事後的な調整コストが低いのでわざわざ自治的に契約を詰める必要がなく，曖昧な契約で済ませてしまう．そのかわり，たとえ裁判になってもルール化した会社法によって予測可能であるようになっているのである．

3. 会社はだれのものであるか

ここで，会社はだれのものかという点，すなわち会社の主権者はだれかということを検討しよう．会社の利害関係者（ステークホルダー）は株主だけでなく，従業員，債権者などがいる．会社法では，株式会社とは，営利目的とした法人であり，株主がその構成員として出資するものであり，株主は株主総会を構成し，株主総会は経営者たる取締役を選任，解任するなどの基本的事項を決定する権限を持つ会社の最高機関であり，株主は残余請求権を有するとしている．この会社法の規定のもとで，会社の主権者は株主であるということができる．会社法の規定からそうなっているというだけではなく，どのような意味で株主は主権者であることを正当化できるかが検討する必要があるが，つぎの3

---

[5] O. ハート（2010）などは不完備契約論は契約において本来将来起こるあらゆる事象を精査してそれに対する対応をすることができないということを主張し，契約を補完するために残余所有権の重要性をしてきた．たとえば，会社の行う投資，人が行う投資など内容が複雑すぎて投資のさまざまに応じた契約が実際困難である．こうした契約の不完備性は取引の様式をさまざまなかたちに権限の配分とか制度の工夫などに進んだ．

点があげられるであろう[6]．

（1）まず，剰余利益の増加に最もインセンティブのあるステークホルダーに会社経営のコントロール権を与えればよいと考えられる．この点，従業員，経営者，債権者のいずれでもなく，剰余権者としての性格を持つ株主がその剰余利益の増加にインセンティブを持つこと，すなわち，最もリスクのある立場のものにコントロール権をすることが望ましいことになる．

（2）また，コントロール権を持たない場合，株主は債権者や従業員，経営者に比べて最も権利の確保ができない，立場の弱いものとなる．債権者は債権者保護法によって守られ，回収できないときには優先的回収権を持つ，すなわち，コントロール権を奪取できる．また，従業員は労働関連法によって，また内部関係者として雇用，人的投資の保護が可能である．もちろん，経営者は実質的な会社の経営権を持つ．株主のみが出資すれば，あとは資金が回収できるかどうか定かでない，非常に弱い立場に置かれる．したがって，中長期的に株価最大化という目的を使命として経営者に持たせること，すなわち，その意味でコントール権を株主に与えることによって有能な経営者を選任できるということである．

（3）さらに，株主以外のステークホルダーである従業員の厚生や債権者の保護などは会社を運営していくうえで考慮すべきことであるが，複数の目的をあげることは結局曖昧なかたちの運営になる可能性があり，トッププライオリティとして株主主権にもとづいて株式価値あるいは企業価値を最大化する点をしっかり掲げることが重要である．

なお，株価値最大化といったが短期的視点で考える株主もいるが，ゴーイングコンサーンとして中長期的視野で株価最大化を図ることが肝要である．ただ，会社の運営にあたっては多くのステークホルダーがいる．株主はいうまでもなく，経営者，従業員，債権者，顧客，さらに地域などである．したがって，会社はだれのものかという議論では，会社を従業員中心主義的に考えたり，経営者による株主と従業員の利害を調整する役割が第一であるなどと唱えたりする人々もいる．経済学の観点から言えば，どのような目標あるいは組織の会社で

---

[6] この議論は Bartlet and Talley（2017），柳川（2006），落合（2016），大杉（2017）など参照．

あれ，会社である以上，社会に向かって最も望まれる財・サービスを効率的に提供できるかということが重要であり，したがって，日本の戦後から高度成長時代を経て確立していった日本的経営のもとでの従業員第一主義も，その時代の会社を取り巻く資本市場，労働市場，国際関係のなかで意義があったものと言えるであろう．とくに終身雇用のもとで従業員が切磋琢磨して昇進競争をし，そのプロセスで企業特殊的な人的資本を形成し，同僚たちの相互評価のもとで取締役＝経営陣へ上りつめていくストーリーは日本的経営の特質を表し，その意味で従業員第一主義はその当時説得力を持っていた．グローバル化した現代経済のなかで会社の発展にこの人的資本の形成が不可欠であるとしても，新たな会社の内外の仕組みが求められるであろう（広田（2012）参照）．

以下では会社法によって記述される株式会社の仕組みについて説明しよう．

4. 定　款

定款は会社の組織や活動についての基本的なルールを明文化したものである．定款によってそれぞれの会社のかたちがわかる．したがって，定款を定めるということはその会社のデフォルト（初期設定）をするということである．どのようなデフォルトを設定するかがまさにその会社の特徴を表すことになる．株式会社は設立時に定款を作成し，法務局に発記することを義務づけられている（第 26 条 1 項）．定款に必ず記載しなければならない事項（その規定を欠くと定款が無効になる）を絶対的記載事項と，記載がなくても定款の効力自体には影響がないが，定款に定めない限り，その事項の効力が認められない相対的記載事項と呼ばれるものがある．

■絶対的記載事項
①目的
②商号
③本店の所在地
④設立に際して出資される財産の価額または最低額
⑤発起人の氏名または名称および住所
⑥発行可能株式総数

＊発起人とは，会社の設立を発起し，そのための出資をする人のこと
■相対的記載事項の例
①取締役会，監査役（監査役会），会計参与，会計監査人などの機関設計
②株主総会招集期間短縮
③株式譲渡承認機関の別段の定め
④取締役の任期伸長
⑤譲渡制限株式についての売渡し請求の旨，など
■任意的記載事項の例
①定時株主総会の招集時期
②議長
③営業年度
④取締役および監査役の員数
⑤公告方法，など

　そのほか，記載がなくても定款が無効になるわけではなく，また，定款に記載しなくてもその効力が否定されるわけではないが，会社が任意に会社の基本的事項として，あえて定款のなかに記載した事項があり，任意的記載事項と呼ばれる．たとえば，株主総会決議，取締役会の制定する規則等により定めても効力が生ずる事柄につき，その取り扱いを対外的・対内的に明確にする観点から定款に記載する事項などがある．なお，定款は原始的には発起人によって作成されるが，定款の変更は原則として株主総会の特別決議で行う．

　定款にはまず，どのような会社にするかという点でつぎに述べる機関構成を明確にする必要があり，会社法はさまざまなメニューを提示し，そこからそれぞれが選択することになる．このデフォルトの設定の幅が会社法によって定められている．たとえば取締役の解任についてみてみよう．これについては会社法は株主総会での普通決議によってなされるとしている．経営陣は一般にそれをより厳しい要件にしたいであろうが，決議要件を引き上げる件については株主総会の特別決議（出席株主の議決権の2/3以上）によって可能である．すなわち，デフォルトの変更はまず株主総会に諮ること，そして普通決議ではなく特別決議でなされることになっている．

　ただし，特別決議が多数決の濫用にならないよう一定の事案については認め

られていない．たとえば，役員の選任および解任に関する決議は，議決権を行使することのできる株主の議決権を 1/3 未満の定足数に引き下げることは，定款に定めたとしても変更することができない．また，会社法第 309 条 3 項で定められた以下の 3 事項については，定款によって可決要件を厳しくすることができるが，軽減することは認められない．

- 発行する全部の株式の内容として譲渡制限を定款で定める定款変更の株主総会決議
- 吸収合併契約等に関する消滅会社の株主総会決議
- 新設合併契約等に関する消滅会社の株主総会決議

これに対して，会社法に規定されていない事柄について会社がある決定をする場合，定款に定めるべきか，株主総会で決議すべきか，取締役会レベルでいいのか，あるいは代表取締役の決定で有効とすべきかは議論が多いところであり，事柄の内容によってそれぞれ判断する必要がある．たとえば，敵対的買収に対する対策としての買収防衛策の導入がすでに多くの会社でとられているが，この導入にあたってはどのような手続きをとらなければならいか議論がある（神田（2005）参照）．また，宍戸（2006）は

(1) 定款自治が明文で認められていないが，一概に否定されるものではなく，解釈の余地が残るもの，
(2) 明文で定款自治が認められているが，定款自治の限界が明らかでないもの，
(3) 定款自治を認める規定はあるが，定款自治が認められる対象が明確でないもの，

などを取り上げどれだけ定款の自治の範囲があるか検討している．

5. 機関設計

会社の機関について簡単にみていく．ここで，株式会社の意思決定をし，株式会社の運営に関わるものを機関という．会社組織の骨組みを構成するものが機関である．株主総会，取締役，取締役会，会計参与，監査役，監査役会，会計監査人，委員会および執行役などで，会社法によってつぎのことが定められ

ている．
- 株主総会と取締役はすべての株式会社に必要（株主総会の必置は明文化されていないが，株式会社の趣旨および第 295 条などで明白であり，取締役については第 326 条 1 項）．
- 公開会社には取締役会（3 名以上の取締役が必要）と後述の監査等委員会設置会社および指名委員会等設置会社以外では監査役が必要（第 32 条 1 項，2 項）．
- 取締役会を設置している会社は監査等委員会設置会社および指名委員会等設置会社以外では監査役が必要（第 327 条 2 項）．
  ※ ただし，非公開会社は監査役に代えて会計参与を置けば足りる．
- 大会社には会計監査人が必要（第 328 条）（大会社とは資本金 5 億以上，あるいは，負債総額 200 億以上，現在，約 1 万 2 千社）．
- 会計参与は，どのような機関設計を行っても設置可能．会計参与とは，取締役と共同して会社の計算書類などを作成する機関（公認会計士・税理士）などが規定されている．

☆株式会社の諸類型

　機関の設定によって株式会社の「かたち」が決まるが，取締役会設置会社はつぎの特徴を持つ．
- 取締役会は業務執行の決定を行うとともに，取締役の職務を監督する（第 362 条 2 項）．
- 取締役のうち取締役会の決議によって選定された者が，会社の代表をする権限や会社の業務を執行する権限を有する（第 362 条 2 項 3 号）．……代表取締役，業務担当取締役
- 監査役：株式会社の業務監査・会計監査を行う．

　なお，会社法においては，原則として株式会社には取締役会を設置する必要はないが，以下の公開会社を含む 4 種類の株式会社については取締役会を設置しなければならない（第 327 条 1 項）．
- 大会社で公開会社　（株式の一部でも株主総会の決議なく自由に譲渡できる会社）は，監査等委員会設置会社および指名委員会等設置会社を除いて，

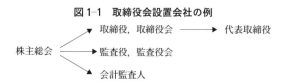

図 1-1　取締役会設置会社の例

監査役会を設置しなければならない（第 328 条 1 項）．
- 監査役会設置会社：3 人以上の監査役が必要で，そのうち半数以上は社外監査役でなければならない（第 335 条 3 項）．図 1-1 にあるように日本の取締役会設置会社の典型的な会社類型．
- 指名委員会等設置会社：2003 年委員会等設置会社として導入され，指名委員会，監査委員会および報酬委員会を取締役会のなかに置くもので，各委員会は，3 名以上の取締役で構成され，過半数は社外取締役である必要がある．2015 年この名称となった．米国流の執行と監督の分離をしたもので，日本ではなじみにくく，2018 年末現在でも上場会社で 68 ほどの会社が採用しているのみである．ちなみにカルロス・ゴーン（当時会長）逮捕で揺れる日産は監査役設置会社であるが 2019 年 6 月に指名委員会等設置会社に移行予定．
- 監査等委員会設置会社：2015 年（平成 27 年）施行の会社法改正により新たに導入されたもので，監査役会に代わって過半数の社外取締役を含む取締役 3 名以上で構成される監査等委員会が，取締役の職務執行の組織的監査を担うというもの．監査役会設置会社と指名委員会等設置会社の中間的性格を帯びた第三の会社形態として，上場会社の間で急速に広まりつつある（監査等委員会設置会社の展開については本書第 5 章参照）．

6. 株主，株式，そして株主総会

6.1　株主と株式

ある会社の株主になる（株式を保有する）には，2 つの方法がある．
1. 出資による．会社の発行する株式を引き受ける．
2. 他の株主から承継取得する（譲渡，相続，合併など）．

株主の地位は，株式という細分された割合的単位のかたちをとる．発行済株式数が1万株の会社に対して，千株を持つ株主はその会社に対して10分の1の持分を持つとすれば，その株主は総決議権の10分の1の決議権を有し，剰余金の配当を受けるときは，総配当金額の10分の1を受領する．

また，株主の権利としては，(1) 自益権：会社から経済的利益を受ける権利 (2つの残余請求権：配当請求権と残余財産請求権)，(2) 共益権：株主が会社の経営に参与し，監督・是正する権利，株主総会での議決権，各種の訴訟の提訴権，書類などの閲覧請求権，(3) 株式買取請求権がある．

(3) の株式買取請求権については一般には会社の存続中は自分が出資した財産の払い戻しを請求することはできないが，一定の条件のもとで，自己の有する株式を公正な価格で買い取ることを会社に請求することができるとしたもの．たとえば，発行する全部の株式に譲渡制限を付す定款変更の場合の反対株主 (会社法第116条1項1号) や組織再編に反対する株主に対してその請求権が認められている．これに対して第108条で内容の異なった2以上の種類の発行が認められている．株式の種類はつぎのようなものがある．

☆株式の種類
- 最も一般的な株式は普通株式で，権利内容になんの限定もない標準的株式である．
- 普通株式に比べ，利益の配当や残余財産の分配で優先的な取り扱いを受ける優先株式．
- 優先株式とは反対に，普通株式の後に利益の配当や残余財産の分配を受ける後配株式．
- 優先株式と後配株式の性格が混ざり合った混合株式．
- 発行企業が利益で買い戻し，償還することになっている償還株式．
- 普通株式から優先株式へ転換できる転換株式．
- 株主総会で議決権を行使できない無議決権株式．

などの種類がある．2015年トヨタは実質的元本保証の種類株式を発行し話題を呼んだ．

☆株主平等原則

　ここで，株主平等原則についてみてみよう．上述のように会社法第108条に列挙された事項については，種類ごとに異なる取り扱いをすることを認めて，株式会社が株式発行による資金調達を機動的・有利に行えるようになっており，この点ある程度の自由を会社に与えている．ただし，会社法は，第109条で「株式会社は，株主をその有する株式の内容および数に応じて，平等に取り扱わなければならない」として，それぞれの株式の権利の内容が平等であることを要求している．これは，一般株主ないし少数株主を保護するための強行法規としての特徴を持っている．なお，会社法第109条2項では，非公開会社（第2条5号参照，全株式譲渡制限会社）に限り，利益配当請求権と議決権について，株主ごとに異なる取り扱いを行う旨を定款で定めることができるとしている．非公開会社の場合，株主相互の関係が緊密であることが通常であることから，株主の個性に対応して異なった取り扱いをする必要がありうるからである．最近，米国の投資ファンドのTOBに対してブルドックソースが講じた買収防衛策をめぐる訴訟をめぐって株主平等原則が議論された（田中（2007b）参照）．

　優先株式の具体的な例として，2007年発行された伊藤園の「第1種優先株式」でみてみよう．伊藤園の「第1種優先株式」の配当額は，普通株式の配当額よりも25％増し，利益がなく普通株式に配当がない場合でも最低1株あたり15円が配当される．そして配当が配当可能額に満たないで未払いになった場合の配当は，普通株式では累積しないが，優先株式では累積していく（累積型）．ただし，会社が清算に入った場合の残余財産分配権は優先がなく，普通株式と同等の分配になる．なお，議決権はないものとなっている．これについて，伊藤園は，この第1種優先株式の発行理由について，「個人株主の意見を聞いていると配当を増やして欲しいという要求が非常に多い．一方で個人株主の議決権行使比率は上昇してきているものの約3割にとどまっている．配当が高く議決権のない株式はこうした投資家のニーズに応えるものだ」（伊藤園・本庄社長談，2007年9月4日付『日本経済新聞』）と言っている．

6.2　株主総会の役割

　株主総会は，会社の構成員たる株主によって構成され，その総意によって会

社の意思を決定する機関であり，つぎの条文がある．

　　第 295 条　株主総会は，この法律に規定する事項および株式会社の組織，運営，管理その他株式会社に関する一切の事項について決議をすることができる．

　2　前項の規定にかかわらず，取締役会設置会社においては，株主総会は，この法律に規定する事項および定款で定めた事項に限り，決議をすることができる．

株主総会は取締役会非設置会社では一切の事項を決議することができるが，取締役会設置会社では法律の規定する事項および定款で定めた事項に限り決議をすることができるとしている．

　株主総会の決議は 1 株式 1 議決権で資本多数決原則となっている．なぜ資本多数決原則かと言えばより多く出資した人の意思が会社の運営に反映することが望ましいと思われるからで，より多くの出資をした人は企業価値を高めることにそれだけ熱心であろうから彼らの意見がある程度反映することが好ましい．もちろん，その場合，少数株主が不当に扱われる可能性があるが，それは少数株主保護はそれぞれの局面において手当てされている．たとえば組織再編における公正な価格での株式買取請求権などはそうであろう．一方，過剰な少数株主保護をすると，効率的な意思決定ができなくなるかもしれない．現在検討されている株主提案権の制限もそのような意味合いを持っている．

　株主は会社の主権者として株主総会での議決権の行使によって，経営者をコントロールすることができる．これは株主の本来の権利の行使である．取締役会設置会社の株主総会の決定権限は，会社の基本事項で

(1) 取締役・監査役などの選任，解任に関する事項，
(2) 会社の基礎的変更に関する事項（定款変更，合併・会社分割等，解散等），
(3) 株主の重要な利益に関する事項（株式併合，剰余金配当等），
(4) 取締役に委ねると株主の利益が害されるおそれが高いと考えられる事項（取締役の報酬の決定等）

に限られる．

　以上が法令で定まった事項であり，それ以外には，(5) 定款で定められた事

項があり，その他の事項の決定は，取締役会に委ねられる（会社法第362条4項）．

こうして会社の運営に重要な事項に議決権が行使でき，株主総会は会社の最高意思決定機関だといわれるが，必ずしもそうではない．一般株主にとっては，株式の分散と会社情報のアクセスコストの点から投票そのものが形骸化し，小さな議決権のもとで，どうせ自分の意見は全体に影響がないと考え，総会に出席もしない，出席しても特段意見を言わないことがしばしば指摘される．出席したり，発言したりするコストに見合うメリットがないと判断する（これを合理的無関心という）．不満を言うより，不満だったら株主の売却を行うことになる（本書第2章第1節参照）．

閑話休題：「不適切な会計問題で大揺れの東芝の株主総会ではあったが，去年まで配っていた「焼き鳥弁当とお土産」は廃止され，出席者数は通常の1/3ほどだった．」（『日経ビジネス』より，2016年）

☆議決権行使と委任

議決権行使にあたってはつぎの点が留意される．
(1) 当日質問：取締役および監査役は，株主総会において株主から質問されれば，これに応じて説明する義務を有する（会社法第314条）．ただし，
　［1］株主が説明を求めた事項について説明をするために調査をすることが必要である場合
　［2］株主が説明を求めた事項について説明をすることにより株式会社その他の者（当該株主を除く）の権利を侵害することとなる場合
　［3］株主が当該株主総会において実質的に同一の事項について繰り返して説明を求める場合
取締役および監査役は，その事項についての説明を拒否することができることになっている．
(2) 議決権代理：株主総会開催の日に，必ずしも株主全員が出席できるとは限らない．そこで法律は，株主が代理人を株主総会に出席させ，議決権を行使させることを認めている（会社法第310条）．たとえば，代理人の資格を株主に限

るとすることは認められている．議決権代理は委任状勧誘をもたらすことがある．ある株主が他の株主に対して「議決権を代理で行使させて欲しい」と勧誘する行為を委任状勧誘と呼ぶ．委任状勧誘は，(1) 会社提案の議案を否決するため，または (2) 株主自らが提案（株主提案）する議案を可決するために行う．一方，このような株主の動きに対抗し，会社も，会社提案の議案を可決し，または株主提案の議案を否決するために，委任状勧誘を行うことになる．最近，経営主導権をめぐって大塚家具の創業家父娘が激しい委任状合戦を繰り広げた．

☆一般投資家の目的

ところで，一般投資家は，配当と株価上昇（キャピタルゲイン，資産の売買差益）を目的としていると言われている．配当の増加はもちろん会社の利益を増加させることから実現する．また，株価上昇は，短期的な株価の変動だけでなく，中長期的な企業の可能性によって影響される．株価は自社株政策によっても影響される．自社株買いとは企業などが現在発行している自社の株式を市場から買い戻すことを言う．企業が取得した自社株は，一旦は「金庫株」として市場に流通せず保管されるが，その後「自社株消却」をして消してしまうことが多い．

例：発行済み株式数 100 株，当期純利益 100 円の会社があるとする．1 株あたり当期純利益は 1 円となる．ここで，自社の現金残高が増加してきたので，この現金を配当ではなく自社株買いに回すことにし，発行済み株式数の 20% を市場で買い上げて消却することにしたとする．自社株買い後の発行済み株式数は 80 株で，当期純利益は変わらず 100 円である．すると，当期純利益は変わらないのに，自社株買いをしただけで，1 株あたり当期純利益が上昇し，この結果，株価は上昇する．

☆アクティビスト

株式を一定程度取得したうえで，その保有株式を裏づけとして，投資先企業の経営陣に積極的に提言を行い，企業価値の向上を目指す投資家のことをアクティビストという．グローバル化のなかこうしたもの言う株主と呼ばれる投資家が，企業への影響力を一段と強めている．経営陣との対話・交渉のほか，株

主提案権の行使，会社提案議案の否決に向けた委任状勧誘等を行うことがある．
- 東芝は債務超過による上場廃止を避けるために，2017年12月5日払い込みで6,000億円の資本を海外の投資家から調達したが，この結果，東芝の主要株主には多くの海外ファンドが顔を並べた．韓国サムスン電子の不透明なグループ経営を批判したことで知られるエリオット・マネジメントや，ソニーにリストラを求めたサード・ポイントなど，米国の有力アクティビストが含まれている．さっそく第4位株主キングストリートは2019年3月取締役の過半数入れ替えを要求した．
- 国内でも，生命保険会社や信託銀行などの機関投資家が「ものを言う株主」として影響力をもちだしてきた．第一生命が昨年公表した「2015年度の議決権行使結果」によると，同社が議決権行使した2,247社の会社側提案議案8,799件のうち，286社の313議案に反対したことがわかった．従来は，安定株主として位置づけられていたが，機関投資家に対するスチュワードシップ・コード制定以来，大きく投資スタンスが変わってきた．
- 2015年3月の大塚家具での経営権争いにおいても，保険会社，年金基金などの国内機関投資家が，外国の議決権行使助言会社の動きをにらみつつ，自ら議決権行使について真摯に検討し決断を下した．

従来はこうした「もの言う株主」は敬遠されてきたが，グローバル化した資本市場においては今後，それらとの対話をつうじて企業の中期的な成長を模索していくことが重要である．

☆株式保有構造の推移

高度成長時代から1980年代までは株主の主な保有構造の特徴として，上場企業において株式持ち合い，すなわちメインバンクなどの金融機関や取引事業者との間での株式持ち合いが行われていたが，1997年の銀行危機以降，金融機関の保有比率の減少が顕著になっていき，企業・銀行間の持ち合いが急速に解消することになってきた．これと対照的にグローバル化のなかで外国人投資家，とくに海外機関投資家保有が増加した．また，個人の株式保有比率は一貫して減少していき，欧米などとの著しい保有構造の違いをみせているが，信託

銀行など機関投資家の増加が，海外の機関投資家の増加と合わせて，近年の特徴である．

　企業統治の観点からみれば，投資収益の最大化を目的とする海外機関投資家の増加は，国内の機関投資家に比べて投資対象企業からの独立性が高いため，かつてのメインバンクに代わる新たな経営の規律の中心となる可能性がある．ただし，海外機関投資家には短期的・投機的な運用を行うものも多く，日本企業の安定的経営への支障となる可能性がある．また，日本企業についての情報を十分に持たない海外機関投資家が，日本企業の収益性や，リスクを十分に評価することができなければ，たとえば，海外売上比率が高いといったバイアスのあるシグナルをもとに，投資の歪みが生じることになろう（宮島（2017）参照）．

7. 取締役の権限と責任

7.1 所有と経営の分離，エージェンシー理論

　バーリ＝ミーンズは株式会社における所有と経営の分離が普及し[7]，経営者支配をもたらしたと指摘し，会社の効率性をいかにして確保できるかが問題となった．とくに預託された経営者は会社の利益と反するような行動をとる可能性があり，これをどのような仕組みで克服することができるかということが重要な問題となる．これはエージェンシー理論の描く問題であり，これがコーポレートガバナンス（企業統治）の問題である．したがって，コーポレートガバナンスとは企業が適切な経営や事業運営をするよう経営者を監視・監督する仕組みのことである．

　株主が直接オーナーとして会社の経営をすれば会社の利益と株主の利益が一致するが，(1) 会社の経営のための知識は必ずしも株主が十分持たない場合が多い，あるいは，(2) 自分で行動するより他の人に行動を委任したほうがよいことが多い．こうして，経営知識上から，また，行動制約から経営者は株主の信任のもと株主に代わって経営を行うことになる．

---

[7] アドルフ・バーリとガーディナー・ミーンズ『現代株式会社と私有財産』（1932 年）で 1930 年代の米国企業の実態調査．

この委任については経済学ではプリンシパル・エージェント問題と呼ばれる研究の蓄積がある．エージェンシー理論の想定する取引パターンはつぎの特徴を持つ．

①プリンシパル（本人・依頼人）はエージェントにある報酬条件のもとである仕事（労働サービス）を依頼する．

②エージェントはその仕事を遂行するための努力を行う（努力コストの発生）．

③仕事の成果はエージェントの努力のみならず，ほかの不確実要因にも依存する（多くの努力をしてもよい成果が得られないかもしれないし，あまり努力をしなくてもよい成果が得られるかもしれない）．

④プリンシパルはエージェントの努力水準およびその他の不確実要因を観察できないが仕事の成果については観察できる．

⑤成果が実現すれば報酬条件に照らして報酬が支払われる．

このような非対称情報の状況ではエージェントがプリンシパルの利益にそぐわない行動（モラルハザード）を引き起こす可能性が高い．アダム・スミスは著書『国富論』のなかで株式会社制度は所有と経営が分離する点で経営者が怠慢になるはずであると批判しているが，このようなモラルハザードを防ぐためにどのような工夫があるかさまざまな研究（エージェンシー理論）がなされている．

株式会社においては，エージェンシー理論におけるプリンシパルを株主，エージェントを経営者，そして，統治機構に限定すれば，プリンシパルが取締役会で，エージェントが経営者と位置づけられる．こうしてコーポレートガバナンスの問題は二重のエージェンシー問題の解決をしなければならないことになる[8]．この理論はプリンシパルが情報の劣位からくるエージェントのモラルハザードや逆選択の問題を適切な契約を結ぶことによって克服する工夫を考察するものである．しかしその場合，その非対称情報を克服するためにコストが生じる（エージェンシーコストと呼ばれる）．近年，取締役会の性格づけとして経営者の監督（モニタリング）を重視する考えが大きくなってきている．プリ

---

[8] また，経営者と従業員の間にもエージェンシー関係が成り立つことはいうまでもない．

ンシパルとしての取締役会を位置づけようとするもので，このような取締役会のことをモニタリングボードと言う．この問題については第2章で詳説する．

7.2 取締役の権限と責任

　会社の重要事項の意思決定は最終的に株主総会で行われ，したがって，株主が主権者であるといえるが，形式的な権限と実質的な権限に関する Agion and Tirole（1997）の議論をまつでもなく株主は経営者に，厳密には取締役会にその実質的な決定権限を委任している．また，取締役会は重要な業務の執行を経営陣に任せている．これは取締役会と株主の重要な業務の決定能力からの当然の帰結である．ただし，重要な業務の執行の決定は取締役会にある．権限の配分は民法上の契約の一種ではあるが，通常の契約の場合より権限の持ち主の裁量的決定の範囲は広い．裁量の範囲が広くないと，いろいろな事態に対していちいち上司に，株主にお伺いを立てるのはコストが高すぎて現実的ではない場合に権限の配分となる．これは契約の不完備性からくるといってよい．また，権限保有者が権限を他のものに委任することもありうる．それは権限の範囲をいったん重要事項などとあいまいに設定したとしても現実の特定の会社で，ある事柄は自分が権限を行使しなくても他の者に委任してもよいものがありうるからである．そのような場合，決定権限の委任が正当化される．取締役会の権限が一部たとえば執行役員に委ねられるのである．なお，会社法では，株式会社と取締役との関係には経営に関する民法上の委任の一種の規定が適用されることになる．

☆取締役会の権限

　すでに述べたように，取締役会は，(1) 会社の業務執行の決定，(2) 取締役（代表取締役を含む）の職務執行の監督，(3) 代表取締役の選定・解職を行う（第362条2項），権限を持つ．また，代表取締役以外に業務を執行する取締役を選定することもできる（第363条1項2号）．これに対して，代表取締役は取締役会を代表し，取締役会の決定をうけ，執行業務を指示する．すなわち，代表取締役は，株式会社の業務に関する一切の裁判上または裁判外の行為をする権限を有する（第349条4項）．

また，取締役会は，以下の事項その他の重要な業務執行の決定を行う．これらの事項について，取締役会は取締役に委任することができないとされている（第362条4項）ので，必ず取締役会の決議を経なければならない．

① 重要な財産の処分および譲り受け
② 多額の借財
③ 支配人その他の重要な使用人の選任および解任
④ 支店その他の重要な組織の設置，変更および廃止
⑤ 社債を引き受ける者の募集に関する重要な事項として法務省令で定める事項
⑥ 内部統制システムの構築に関する決定
⑦ 定款の定めに基づく取締役会決議による役員および会計検査人の会社に対する責任（第426条1項，第423条1項）の免除

なお，指名委員会等設置会社および監査等委員会設置会社についてはより多くの委任が可能となっている．そのほか，会社法上，取締役会で決議しなければならない事項が個別に定められている．主なものは以下のような事項である．

・譲渡制限株式の譲渡・承認取得（第139条1項）
・株式分割（第183条2項）
・株主総会の招集に関する事項の決定（第298条4項）
・代表取締役の選任・解任（第349条3項，第362条2項3号）
・利益相反取引・競業取引の承認（第356条1項，第365条1項）

ここで，代表取締役の選任・解任の決定は取締役会に委ねられているが，これは株主総会で決めるとすることがよい場合もあるであろう．すなわち，デフォルトは取締役会が決定権があるが，会社の事情によっては株主総会で決めたほうがよいこともありうる．そもそも会社の所有者は株主だから，株主総会で行ってもおかしくない．ただし，アドホックに決定するのは会社の権力闘争の具になるおそれがあるからあらかじめ，定款に定めることが望ましい．したがって，株主総会にかけるべきであろう．なお，この点，第362条2項に取締役会の職務として代表取締役の選任・解職があげられており，論争の余地がある．

7.3 取締役の義務

　権限の配分を受けた場合，すなわち委任された場合，どのような行動をしなければいけないかが明示的にあるいは暗黙の内に，あらかじめ定められなければばならない．取締役に対して会社法は善管注意義務と忠実義務という2つの義務を課している．善管注意義務では取締役は会社の株主に対して誠実さを貫かなければならない．会社の経営のプロとしての能力を発揮することが要請される（民法上の委任による）．これは委任に共通の義務と言える．たとえば弁護士が依頼人と委任契約を結べば当然善管注意義務が発生する．これは弁護士が弁護のプロとしての能力を発揮することである．その義務のなかには，会社法等の法令違反，違法配当をしない義務も入る．

　他方，忠実義務とは取締役の利益と会社の利益が衝突する可能性があるとき，会社に忠実に職務を執行することを要請している．この忠実義務は米国では善管注意義務とは別個の義務概念として取り扱われているが，日本の判例上はことさら区別されていないが，会社における経営者の行動についてことさら忠実義務を明示することは意味があるように思える．

　いずれにしろ，これらの義務のもとでは，取締役は委任された決定事項に関して可能な限り情報を収集し，可能な選択肢を十分考慮したうえで判断すべきである．しかし，現実にこれらの義務を取締役が果たしているかというと必ずしもそうだとは言えない．

善管注意義務違反例：法令違反―東芝不正会計問題―

　リーマンショックの後に極度に資金繰りが悪化していた東芝は，2009年5月の取締役会で3,174億円の公募増資と1,800億円の劣後債発行を決めていた．ところが2009年3月期の税引き前損益が764億円もカサ上げされていたことが判明し，粉飾決算によって投資家を欺き，資金調達していたのである．この東芝の不適切会計問題で，同社は西田厚聰氏ら歴代3社長を含む旧経営陣5人を相手取り，3億円の損害賠償を求める訴えを2015年11月7日，東京地裁に起こした．

　忠実義務の例としてはつぎの競業避止義務と利益相反違反がある．

1 競業避止義務

取締役が会社の利益を犠牲にして自らの利益を図る可能性が高いことから，取締役は原則として会社と競業する取引を行うことが禁止される．

2 利益相反取引回避義務

取締役が会社と取引を行った場合，取締役が会社の利益を犠牲にして自らの利益を図る可能性が高いことから，取締役は原則として会社と取引を行うことが禁止される（会社に自分の商品を売る（その逆も同様），会社が取締役に金銭を貸し付けるなど）．ただし，取締役が取引に関する重要な事実を取締役会に開示し，取締役会がこれを承認した場合取引を行うことができる．

☆任務懈怠責任と損害賠償

取締役は善管注意義務，忠実義務に違反したとき，任務を怠ったとして任務懈怠責任を負うという（会社法第423条）．このとき，会社は損害賠償を請求することができる．そのためには

1. 任務懈怠があること．
2. 会社に損害があること．
3. 任務懈怠と損害の間に因果関係があること．（この証明は追及する側に責任あり）
4. 任務懈怠が取締役の責めに帰すことができない事由によるものでないこと．

任務懈怠責任は委任契約に対する義務違反であるので，他の委任契約と同様に取締役は自分に責めがないことを証明しなければならない．また，因果関係の立証も他の委任契約と同様である．

注意：取締役等の会社に対する責任は，原則過失がある場合である．従来は，無過失責任とされるケースが多かった．しかしこれは，経営の萎縮を招いたり，優秀な経営者の獲得に支障が生じる懸念が指摘されていた．役員の責任をどう設計するかは経営者のインセンティブの構造の問題であり，企業価値に大きな影響を与え，合理的な理由のない無過失責任制度は，企業価値向上の障害となる可能性がある．ただし，つぎの場合，無過失責任となる．(1) 自己のためにした利益相反取引の責任（会社法第428条)，および (2) 株主に利益供与をし

た者の責任（会社法第120条4項）や総会屋に利益供与した場合など．

☆経営判断の原則（business judgement rule）

　任務懈怠責任は実は経営判断の原則によって責任の内容が緩和されている．これは，経営者（取締役）の経営上の意思決定に関する会社法上の善管注意義務違反の有無の判断に関して，広く認められている判断準則で，もともと米国で生まれた判例法理である．取締役の行為の結果として会社に損害を与えたとしても，原則，過失責任で任務懈怠にはなるということであるが，一般人の契約における過失責任のレベル以上に判断基準を引き上げている．これは，事後的に結果をみて経営判断が正しかったかどうかを検討して善管注意義務違反があったと評価されると，経営者がリスクのある大胆な取引をすること自体に委縮してしまい，会社の発展が損なわれる恐れがあるからである．合理的である誠実に行動した場合，結果から注意義務違反には問えないとした判断準則であり，こうした判断の背後には株主や裁判官が経営者より優れた経営能力を持っているとは思えないという考えがある．

　現在は，経営判断の原則の内容は，(1) 当該判断の事実の認識に不注意な誤りがなかったこと，(2) 当該判断の過程・内容が著しく不合理でなかったこととされ，不注意・不合理の基準としては情報収集とそれにもとづく判断が当時の業界経営者として著しく不合理なものではなかったかという点が問われている[9]．

☆責任の免除と軽減

　また，取締役の任務懈怠責任があったとしても，当該会社にとって責任を問われることは，その行為が会社のために行ったことであれば，好ましくないことがしばしばある．そこで，会社法は株主の合意にもとづいて責任の免除や軽減について規定を設けている．

---

[9] 株式会社アパマンショップホールディングスの取締役らに対する株主代表訴訟上告審で，2010年．本件は，グループ会社の再編を円滑にするため，あらかじめ持株比率を可能な限り高めるべく，少数株主から株式の任意の買取を行うに際して，株主の取得価格である1株5万円で株式を購入したところ，当時の時価は1万円であったとして差額について損害賠償を株主が求めていたもので，無罪判決を得た．

役員の任務懈怠責任は，総株主の同意がなければ，免除することができない（第424条）．これに対応して，株主は単独でも株主代表訴訟を提起できる．したがって，事実上，上場企業などは責任の免除はできない．しかし，それでは会社業務の思い切った執行ができなくなる恐れがある．そこで，責任の一部免除については，(1) 善意・無重過失であること，(2) 監査役の同意を得ること，(3) つぎの事項を開示して，株主総会の特別決議に諮ることができるとされる．①責任の原因となった事実および賠償の責任を負う額，②免除することができる額の限度およびその算定の根拠，③責任を免除すべき理由および免除額．ただし，最低責任限度額が定めれている．

また，あらかじめ定款に定めた場合，それにもとづく取締役会の決定（責任の一部免除）が可能である．なお，業務執行取締役等以外の取締役・社外監査役・会計監査人だけは，会社に対する責任を限定することを内容とした契約（責任限定契約）を結び，責任の一部を免除する方法が認められている．

ただし，利益相反取引のうち，自己のためにした取引を行った取締役の任務懈怠責任については，株主総会の特別決議にもとづく責任の一部免除，取締役会の決議にもとづく責任の一部免除，責任限定契約による責任の限度額のいずれも適用されない．

☆第三者に対する責任

これに対して，株式会社が第三者に対して負っている債務については，取締役であるからといって，それだけで，取締役個人として会社の債務を負うことにはならない．ここにいう「第三者」とは，任務懈怠に関与する取締役等と株式会社以外の人々（株主，債権者，消費者，地域住民など）で，取締役が職務を行うにあたり，悪意または重過失により第三者に損害を加えた場合には，当該第三者に対して損害賠償義務を負うことになる．また，損害は直接損害だけでなく，間接損害も含まれる．

取締役の第三者責任の類型としてはつぎのようなものがある．
・支払見込みのない手形の発行
・放漫経営（経営が適切さを欠き，会社業績や資産内容を悪化させ，結果的に第三者の会社に対する債権を回収不可能とさせた）

- 倒産の危機に瀕している子会社に対し親会社が資金援助を行うことを判断することは，場合によっては，自社よりも第三者の利益を図る行為となり，取締役の責任が問題となるとき．
- 取締役が貸借対照表，損益計算書，営業報告書等に虚偽の記載をし，または虚偽の登記・公告をしたとき．

　最近，2015年の東芝不正会計事件により株主に発生した損害の回復を請求した．これは集団訴訟であり，金融商品取引法第21条の2で，有価証券報告書等の開示書類の重要な事項について虚偽の記載がある場合，当該書類の提出者は，当該書類が開示されている間に株式を流通市場で取得した投資家に対して損害賠償をしなければならないと定めたものにもとづいた訴えである．

7.4　株主代表訴訟

　さて，任務懈怠責任が定められているが，実際，その責任を追及する制度が株主代表訴訟である．役員の任務懈怠責任で会社に損害を与える場合は，会社は役員に対して損害賠償請求権の行使をできるが，それに代わって，株主が会社のために役員の責任追及の訴えをすることができる．ただし，この制度はあくまで会社の損害を回復する制度であり，株主が直接金員の交付を受けることができるものではない．そのため，会社の財産が回復する→株価が上がる→株主の損害が回復するというプロセスがあれば株主にとっては間接的な損害回復の手段となる．また，訴訟を提起した株主が勝訴した場合には，裁判に要した費用と弁護士報酬支払いのうちの相当と認められる額を会社に請求できる．

　東芝不正会計については，個人株主が，2015年3月，賠償金27億円を求める訴えを起こすよう東芝に求めたが，応じなかったため，会社法の規定にもとづき2016年5月代表訴訟に踏み切った．また，東芝の会計不祥事をめぐり，個人株主が，また，会計監査を担当した新日本監査法人に対し，約105億円を東芝に賠償するよう求める株主代表訴訟の訴状を東京地裁に送った．

〈代表訴訟の活用への障害〉

　(1) この制度はあくまで会社の損害を回復する制度であり，株主が直接金員の交付を受けることができるものではない．

(2) 訴訟は従来多額の費用がかかったが，1993年にこれまで訴訟の手数料が8,200円となったことを契機に現実化した．現在は1万3千円である．
　(3) 株主の利益に反した行動をとったかどうかの立証費用が株主にとって高い．
　(4) また，株主が分散していれば誰かが訴訟をおこしてくればよいというフリーライダー問題がある．

　このフリーライド問題を克服する仕組みとして，代表訴訟で勝訴した株主が，弁護士報酬を含む訴訟費用を相当額の限度で会社に求償できるという制度があり，これは，原告代理人として代表訴訟を提起する誘因となり，弁護士が問題のある会社を探し出して，適当な株主に対して勝訴の場合に報酬を受ける条件での訴訟を引き受けることができる．
　しかし，こうした制度は「過度の訴訟」の可能性がある．たとえば，
　(1) 代表訴訟は単独株主権であるため，濫用目的や多数の株主の利益に反する訴訟が提起される可能性がある．
　(2) 取締役が義務違反を犯したとしても，訴訟費用に加えて，会社の評判低下，経営者の責任追及からくる将来の経営への萎縮効果などを考えて，あえて会社が提訴しないことが合理的な場合があるが，代表訴訟が起こりうる．弁護士は会社の持分を持たないのでその点を考慮しない．
　(3) また，社会正義の実現といった，必ずしも一般の株主の共鳴しない動機で提起することもありうる．
　したがって，株主一般の利益にならない代表訴訟の可能性もありうる．また，代表訴訟が提起されると平均的にその会社の株価が低下するという実証結果もある．代表訴訟の意義は取締役の義務違反を抑止することにあり，訴訟の行われた会社の株価が上がるわけではない．

☆取締役責任の検討事項

　以上のように取締役は会社を運営していくにあたってさまざまな義務があるが，注意すべきはエージェントとして，すなわち，非対称情報のもとで自己利益に走ったのか，あるいは，本人ではないので注意を十分行わなかったのか，

あるいは，運営責任としての管理に落ち度があったのか，すなわち，仮に本人が管理運営を行うかたちとしてもそういう落ち度があったのかという点である．後者の場合は基本的にやむをえない落ち度であり，ことさら責任を問うべきことでないかもしれない．

つぎに，免責についてであるが，基本的に会社のために行った取引で責任を問われた場合，その評価が株主によって多くの賛同が得られれば，免責はあっていい．しかし，定款に一般的に取締役会の決定に任せると定めた場合は，注意を要する．すなわち，自分たちの疑問のある取引を自分たちで免責することは望ましくなり．したがって，株主総会につねに図ることが必要であろう．

また，法令違反によって責任を問われた場合に免責はされうるのかどうかという点である．通常，善意・無重過失の場合に免責の可能性があるのに対して，法令違反についてはそのように判断することは難しいと言われている．しかし，法令違反であるかどうかあいまいである場合に，しかも意思決定をしなければならないときにいつでも免責ができないとすることは疑問である．事前に，法解釈上，曖昧である場合には，もし後で合法であることがわかったとき，当該会社の取り巻かれた競争環境のもとでその行為＝取引を断念していたら失う利益とその後違法であった場合の社会的な損失を比較衡量する必要があるのではないか．一方，法令違反を知っていても，会社のためにやむをえない状況においこまれた場合の行為は刑法にいう適法行為の期待可能性がないとは言えず，社会政策上も好ましくないであろう（栗山（2016））．

最後に，取締役など役員は任務懈怠責任で訴えられる恐れがあるところから，保険会社は，役員等が負担する法律上の損害賠償金や賠償責任に関する訴訟費用・弁護士費用等の争訟費用を補償する役員賠償責任保険（D&O 保険）を提供している．この保険は，株主代表訴訟であれ第三者訴訟であれ，会社役員個人に対する損害賠償請求訴訟に対する対策の一つとして注目されている．ただし，①役員自身が法令に違反した場合や，法令違反を認識していた場合には，公序良俗の観点から保険金の支払いがなされない免責条項が設定されており保険金支払いの対象外となる場合も少なくない．また，②保険金支払い限度額が設定されており高額の賠償金を賄えない等の課題がある．D&O 保険は役員のリスク軽減に利する一方で，役員のモラルハザードをもたらす恐れがあり，そ

の保険設計のあり方を慎重に検討する必要がある（熊谷（2019）参照）．

8. インセンティブ報酬

株価の変動は，経営者の経営判断の結果によるところがあるであろう．実際，経営者などの経営の決定が行われた前後で株価がどう変化したかを調べるイベントスタディが実証分析の研究者は試みられているところである．経営者の活動が不適切であれば，業績にはねかえり，格式市場での評価が下がる．これが続けば経営者の評価は下がり，最後には経営者の解任にいたることもありうる．株主にとって株価の下落は嫌なので，経営者が株価が上がるような，株主のほうを向いた経営をしてもらいたいわけである．業績の向上をつうじて株式市場での評価が高まり，経営者に対する評価が上がる．この点に着目して，業績が上がることによって経営者の評価が上がったとしたら経営者は嬉しいし，将来有能な経営者としての評判は将来のキャリアに利するかもしれない．そうしたキャリアコンサーン（career concern）は経営者が業績を上げようとする重要な動機であるが[10]，必ずしも十分ではない．むしろダイレクトに彼らに対する報酬を会社の業績に連動させたらどうかということで，インセンティブ報酬を採用する会社がとくに米国ではその傾向が大きい．報酬契約を会社の業績あるいは株価に連動させることによって株主の利益を合わせるのである．この場合，役員報酬は大きく固定報酬と業績連動報酬に分かれ，欧米企業では業績連動報酬のウエイトが7〜8割を占めると言われている．それに対して日本企業は最近でこそ業績連動報酬を導入する企業が増えているが，それでも固定報酬が約7割を占めている．つぎのような類型がみられる．

〈業績連動型報酬〉

(A) 金銭型供与方式

　①パフォーマンス・キャッシュ：中長期の業績目標の達成度合いに応じて，金銭を役員に交付．

---

[10] B. Hormstrom, "Manegerial Incentive Problem: A Dynamic Perspective," *Review of Economics*, Vol. 66, No. 1, 1999 が参考になる．

② SAR（ストック・アプリシエーション・ライト）株価連動型インセンティブ受領権：一定期間経過後の対象株式の市場価格があらかじめ定められた価格を上回っている場合に，その差額部分の金銭を交付．

　カルロス・ゴーン元日産会長の事案については，役員報酬の一部として付与された株価に連動して得られるこのSARの権利をめぐっても争点となった．

(B) エクイティ型報酬方式（株式）
　①パフォーマンス・シェア：中長期の業績目標の達成度合いに応じて，株式を役員に交付
　②新株予約権・ストック・オプション制：これは，あらかじめ定められた価格（権利行使価格）で，一定期間後に自社株を購入することのできる権利（ストックオプション）を与える制度である．株価が権利行使価格より上昇した場合は，権利を行使し，市場より安い価格で自社株を購入することができる．市場で売却すれば差額がキャピタルゲイン（株式の値上がり益）となる．反対に株価が権利行使価格を上回らなければ，権利を行使しなければよく，株価下落による損失はない．これによって株価を上昇させることを経営の目標に仕向けるインセンティブを与える．

　しかし2000年代初頭にエンロン事件，ワールドコム事件等の企業不祥事が発生した．エクイティ報酬の増加は，経営者の関心を短期的な株価の動向へと向かわせ，会計監査人等に対して会計情報を操作するよう働きかける圧力が強まったことが，これら一連の不祥事の一因となったと言われている．

　それにしても，日本の経営者の報酬が他の先進諸国の報酬に比べてかなり低いが，これは一つに日本的経営の特徴の一つとして従業員出身の経営者が大半であり，その場合，極端に高い報酬をあげにくいし，経営者がそれである程度満足している可能性がある．また背後に出る釘打たれる式の日本社会の文化的要因が控えているかもしれない．しかし，今後はグローバル経済のもとで，海外からの経営者の採用が増えてきており，またそうすべき面があり，それなりのグローバルスタンダードな報酬レベルを必要とされるであろうし，日本の経営者も経営者市場で勝ち残っていく有能な人物の輩出が望ましく，そのための一つの動機づけとして重要であろう．実際，2015年から始まったコーポレー

トガバナンス・コードの補充原則 4-2①にはつぎように書かれている.

「経営陣の報酬は,持続的な成長に向けた健全なインセンティブの一つとして機能するよう中長期的な業績と連動する報酬の割合や,現金報酬と自社株報酬との割合を適切に設定すべきである.」

9. 会社法を超えて:コーポレートガバナンス・コード

9.1 ハードローとソフトロー

　社会の人々の動きを律すために法が制定されているが,国によってサポートされている法は基本的に強制力を持つ.したがって,最終的には裁判所によって,履行が義務づけられる.そのことによって人々は法ルールを前提に行動することになるが,人々の行動を律するものは法ばかりでない.法に準じるものとして慣習,自分たちがつくった規則,さらには道徳律などもある.また,各省庁が行う行政指導もソフトローの一種といえる.これらは国のサポートする法と違ってそのルールを逸脱しても国からの履行義務,ペナルティがない.これらはソフトローと呼ばれ前者はハードローと呼ばれる.なぜ,ソフトローがあるのか.慣習や道徳律はそれ自身,生きていくため自治的に自然発生的に備わった規範という面があり,その一部は法となったものある.以前は村八分というものがあったが,これなどは慣習としての村落におけるソフトローである.いましばしば取り上げられるのが企業の社会的責任(Corporate Social Responsibility, CSR)という考え方で,各企業は社会的責任を果たしているか考えながら営利活動をやっている.この CSR はとくに法律があるわけでなく,ただ社会がそのような責任を企業に要請しているので,企業もそれにこたえようとするかたちであり,ソフトローの一種である.社会的責任を果たしていなければその企業は評判が下がり売上にも影響があるかもしれないという社会的なペナルティがありうる.国の規制手法としてハードローよりもソフトローが望ましいこともある.なんでもハードローにすると強制力のある国が社会生活に介入することになり反発も多い.その点,ソフトローとしてある程度の自発性を持たせながら社会ルールを定着させるほうが望ましい場合がある.2014 年,機関投資家の行動規範としてスチュワードシップ・コードが制定された.会社

法に関連して，2015年コーポレートガバナンス・コード（指針）が金融庁と日本証券取引所によって作成され，そこで数々の上場会社の取り組むべき原則が制定されている．

9.2 コーポレートガバナンス・コード

昨今，東芝に限らず，上場企業の不適切な会計・経理などの不祥事が相次いでいる．東京商工リサーチの調査によれば，2016年に不適切な会計・経理となった上場企業は57社で，2008年以降過去最多を記録した．ガバナンス強化を進める背景には，日本企業の国際的な評価を高め，海外投資を促進する狙いがある．そこで2015年6月に金融庁，東京証券取引所は「コーポレートガバナンス・コード」（以下，「CGコード」という）を作成したのである．株主の権利や取締役会の役割，役員報酬のあり方など，上場企業が守るべき行動規範を示し，会社に対する適切な規律を求めることにより，経営陣をリスク回避的制約から解放し，健全な企業家精神を発揮して経営手腕をふるうことができるように環境を整備し，会社の持続的な成長と中長期的な企業価値の向上を図ることとされている[11]．

このCGコードは「プリンシプルベース・アプローチ」と「コンプライ・オア・エクスプレイン」の手法に特徴がある．プリンシプルベース・アプローチはルールベース・プリンシプルと対比されるもので，後者が具体的な効果のための規範を設定するために要件を明確にすることが求められるのに対して，プリンシプルベース・アプローチは，基本方向を示すだけで具体策は会社の裁量にゆだねるものである．したがって，会社がコードの趣旨・精神を理解し，その置かれた状況に応じて健全かつ効率的な経営を行うためにそれぞれの会社にとって最適なコーポレートガバナンス原則を策定することが期待されている．

〈コンプライ・オア・エクスプレイン〉

CGコードの原則または補充原則に対する企業側の対応として「コンプライ・オア・エクスプレイン（遵守せよ，さもなくば説明せよ）」が要求されて

---

11) CGコードの意義と比較法制については神作（2015）参照．

いる．各原則が一律に遵守されるべきだという法律とは異なりソフトローと言われるゆえんである．したがって，企業として各原則をみて，それは自社になじまない，望ましくないと判断するのであれば，その理由を述べて遵守しなければよいわけである．もちろん理由はおざなりなものであってはいけないわけで，きちんと自社のコーポレートガバナンスの方針にかんがみて説得的な理由を述べる必要があり，たとえば経営陣の表には出せない裏の利益を守るために説得的でない理由を述べるものは排除されるべきであろう．このコードに対応する取り組みは報告書として公表され，株主総会で説明する必要がありそれだけ真剣なものでなければならない．

CG コードはさまざまな国においてすでに策定されている．会社のガバナンス機構のあり方はそれぞれの会社それ自身の持つ特性，競争環境などによってそれぞれの会社にあったものであるということが基本にあり，ただ，しばしば会社のガバナンス機構があいまいであったり，株主の利益とあきらかな相反があることがないようにきちんとしたその会社にふさわしい仕組みを考えなければならない．そのためベストプラクシスと考えられるひな形を例示しながら各原則を提示してその方向で取り組みをすすめる必要がある．しかし，自分の競争環境に応じて，それぞれの会社にはそれぞれの取り組みがあるので，きちんと議論したものであれば CG コード原則に従わなくてもよいのである．

9.3 コードの原則

コーポレートガバナンス・コードの指針は基本原則，原則，補充原則があり，2018 年改正後の現在は全部で 78 項目ある．基本原則は**表 1-1** のとおりである．

たとえば，コーポレートガバナンス・コード「原則 1-4　政策保有株式」については，「上場会社が政策保有株式として上場株式を保有する場合には，政策保有株式の縮減に関する方針・考え方など政策保有に関する方針を開示すべきである．また，毎年，取締役会で，個別の政策保有について，保有目的が適切か，保有にともなう便益やリスクが資本コストに見合っているか等を具体的に精査し，保有の適否を検証するとともに，そうした検証の内容について開示すべきである」としている．政策保有株式とはほぼ株式持ち合いに相当するが，この原則では政策保有株式は縮減するものということが明確に打ち出され

表1-1　コーポレートガバナンス・コードの主な原則

①株主の権利・平等性の確保
持ち合い株式の保有の狙いや議決権行使の基準の開示
②株主以外の利害関係者との適切な協働
女性の活躍促進を含む社内の多様性の確保
③適切な情報開示と透明性の確保
経営戦略や経営陣の報酬決定の方針の開示
④取締役会等の責務
独立した社外取締役の2人以上の選任
⑤株主との対話
株主との建設的な対話

ている．したがって，政策保有を維持するという方針を開示している場合には，この原則をなぜ遵守しないかエクスプレインしなくてはならないし，説明できないない政策保有株式をそのままにしていれば，ROE[12]を押し下げるだけでなく，議決権の空洞化となり，経営に対する規律も低下しかねない．

また，原則4-8では企業の行動規範として「上場会社は独立社外取締役を少なくとも2名以上選任すべきである」と規定されている．東証1部と2部に上場する企業を対象に，独立社外取締役を2人以上置き，社外の意見を反映しやすくすることが目玉であり，グローバルに事業展開する大企業には，自主的に取締役会を構成する3分の1以上を社外取締役とするよう促している．

例：ソフトバンクグループ株式会社（以下，「SBG」）の取締役会は社外取締役3名を含む計10名で構成され，代表取締役会長兼社長が議長を務めている．現在，独立役員は2人の外国人とユニクロの柳井正氏である．

こうしたコーポレートガバナンスの強化によって，社外取締役を選任する企

12）ROE（自己資本利益率）：企業の自己資本（株主資本）に対する当期純利益の割合．
　すなわちROE＝当期純利益÷自己資本またはROE＝EPS（1株あたり利益）÷BPS（1株あたり純資産）．機関投資家が「投下した資本に対し，企業がどれだけの利潤をあげられるのか」という点を重視したことも背景となって，最も重要視される財務指標となった．また，2014年経産省において出された『伊藤レポート』で8％を最低限の目標値としたことから，低いROEを継続してきた日本企業に大きな影響を与えて，この値をめぐって議論があった．『伊藤レポート』によれば，各国企業のROE平均（2012年）で米国22.6％，欧州15.0％，日本5.3％となっている．

業は増えている．東証が公表したデータによれば，東証1部上場会社における2018年の2名以上の独立社外取締役の選任率は91.3%となっている．

9.4　コーポレートガバナンス・コードの今後と上場基準のあり方

　コーポレートガバナンス・コードは開始3年後の2018年6月に改正され，よりコンプライする部分が強化され，その取り組みの報告書が提出されたが，『日本経済新聞』2019年1月25日朝刊によるとエクスプレインをする企業が以前の2割から5割弱と急増していると報じている．内容は精査しなければならないが，コードの項目の内容などに，あるいは，コード方式そのものに，まだこのソフトローが誕生してまもないとはいえ再考の余地が出てきたと言えるかもしれない．実際，東京証券取引所が発表した「改定コーポレートガバナンス・コードへの対応状況（2018年12月末日時点）速報版」によると，エクスプレインが大幅に増加していることがわかる．1部上場でも会社間の対応のへだたりが大きくなっている．これはコンプライアンス（法令遵守）体制・意識の欠如，従業員への過度なノルマなどの原因もあるが，監視体制の強化や厳格な運用が求められる企業会計についていけず，処理の誤りにより生じたケースもあったという．

　もともとコーポレートガバナンス・コードの水準を望ましい水準と考えて，それに対してコンプライかエクスプレインかいうかたちで意欲・体力がある企業のコードへのコンプライ率を高めていく手法がとられている．コードの基本的なスタンスは，グローバルな，あるいはグローバル志向の，資金需要の旺盛な会社である．JPX日経400の会社のコンプライ率は平均してきわめて高い．JPX日経400の銘柄は，資本の有効活用や収益性の向上など，グローバルな投資基準に求められる要件を満たすものである．先の対応のへだたりは上場会社の2極化（宮島（2015）参照）とでもいう現象に対応して，体力・意欲のある会社である上位会社はそのコードを遵守率が高いが，それ以外はそれほど高くなく，また，高めようとする意欲も必要性も感じない会社であると言えるかもしれない．そうした下位グループは現在のガバナンス強化の流れに積極的な取り組むわけではないので現状の各会社の将来構想に対応した是々非々の対応をすればよいのである．実際，東京証券取引所は「市場構造のあり方等に関す

る懇談会」において日本の上場会社数が他の国に比べてきわめて多く，絞り込みなど上場市場の見直しを検討している．第2章で説明するようにとくにモニタリングボード化が今回のガバナンス改革の眼目であるが，エッセンシャルプラットホームであり，株式会社である東京証券取引所（日本証券取引）が，日本的経営の特徴である従業員昇進型，企業特殊的投資の促進型というこれまで日本の典型的な企業が進めてきた方向をいかに発展的に改革できるかが重要なところである．今回のガバナンス改革は，安倍政権の成長戦略である『日本再興会議』での問題意識がスタートであり，日本の企業の「稼ぐ力」の強化に結実するのかを理論的にも実証的にも見定める必要がある．もし，それが実現しなければ，今度のコーポレートガバナンス強化は結局，日本企業の自発的な統治を損ない，統治コストを高めて経営への委縮をもたらすものとなりかねない．

◆参考文献

Aghion, Philippe and Jean Tirole (1997), "Formal and real authority in organization", *Journal of Political Economy*, 105 (1).

バーリ，A. A., G. C. ミーンズ（1932），『現代株式会社と私有財産』（森杲訳），北海道大学出版会．

Bartlet, R. P. and E. L. Talley (2017), "Law and Corporate Governance," in Hermalin, B. E. and M. S. Weisbach (eds.), *The Economics of Corporate Governance*, Vol. 1, North-Holland.

Easterbrook, F. H. and D. R. Fischel (1991), *The Economic Structure of Corporate Law*, Harvard University Press.

藤田友敬（2002），「契約・組織の経済学と法律学」『北大法学論集』52 (5)．

ハート，O.（2010），『企業 契約 金融構造』（鳥居昭夫訳），慶應義塾大学出版会．

広田真一（2012），『株主主権を超えて―ステークホルダー型企業の理論と実証』東洋経済新報社．

伊藤靖史・大杉謙一・田中亘・松井秀征（2018），『会社法』第4版，有斐閣．

加護野忠男（2014），『経営はだれのものか』日本経済新聞社．

小林一郎（2010），「日本の契約実務と契約法（Ⅰ～Ⅵ）」『NBL』No. 930-935.

神田秀樹・藤田友敬（1998），「株式会社法の特質，多様性，変化」三輪芳朗他編『会社法の経済学』有斐閣．

神田秀樹監修（2005），『敵対的買収防衛策―企業社会における公正なルール形成を目指して』経済産業調査会．

神谷高保（2004），「会社法の任意法規化の限界―強行法規か否かの判定基準―」小塚荘一郎・高橋美加編『商事法への提言：落合誠一先生還暦記念』商事法務．

神作裕之（2015），「コーポレートガバナンス・コードの法制的検討―比較法制の観点から―」『商事法務』No. 2068.
熊谷啓希（2019），「D&O 保険が企業価値に与える影響の経済分析－エージェンシー理論を用いて－」西日本応用経済学研究会報告，3月.
栗山朋久（2016），「取締役の法令違反行為による任務懈怠責任の判断構造と取締役の責任を否定すべき事由について」『法学研究』No. 18，龍谷大学.
宮島英昭（2015），「企業統治制度改革の視点：ハイブリッドな構造のファインチューニングと劣位の均衡からの脱出に向けて」Rieti Policy Discussion Paper Siries 15-P-011.
宮島英昭編著（2017），『企業統治と成長戦略』東洋経済新報社.
三輪芳朗他編（1998），『会社法の経済学』東京大学出版会.
落合誠一（1997），「企業法の目的―株主利益最大化原則の検討」岩村正彦編『現代の法 7 企業と法』岩波書店.
落合誠一（2016），『会社法要説』第 2 版，有斐閣.
小佐野広（2001），『コーポレートガバナンスの経済学』日本経済新聞社.
大杉謙一（2017），「会社はだれのものか」黒沼悦郎・藤田友敬編著『商事法の進路』有斐閣.
宍戸善一（2006），「定款自治の範囲の拡大と明確化―株主の選択」『商事法務』No. 1775.
宍戸善一（2015），『ベーシック会社法入門』第 7 版，日本経済新聞社.
玉井利幸（2009），『会社法の規制緩和における司法の役割』中央経済社.
田中亘（2007a），「ステークホルダーとコーポレート・ガバナンス―会社法の課題」神田秀樹・財務省財務総合政策研究所編『企業統治の多様化と展望』金融財政事情研究会.
田中亘（2007b），「ブルドックソース事件の法的検討（上・下）」『旬刊商事法務』1809，1810.
田中亘編著（2013），『数字でわかる会社法』有斐閣.
田中亘（2016），『会社法』東京大学出版会.
柳川範之（2006），『法と企業行動の経済分析』日本経済新聞社.

第 1 編　機関と企業統治

第 2 章　取締役会，社外取締役，および最適ガバナンス機構

細江守紀

1. 企業統治機構

　株式会社における経営者と取締役会のあり方をめぐってはコーポレートガバナンス（企業統治）問題として多くの議論がなされてきた．株式会社は現代経済の発展のエンジンであるので，その機能が十分に発揮されなければならない．しかし，グローバル化の環境のなかで日本の株式会社の企業統治のあり方は，企業の発展が思わしくないことにより，また，たびたび生じる不祥事を受けて問われてきている．

　経営者と株主との間の委任において，利害の対立が生じる可能性を持っており，企業統治とは，経営者の規律づけをさせる仕組みのことである．経済学ではこの問題はエージェンシー問題として議論されてきており，情報の非対称性下で，プリンシパルが情報の劣位からくるエージェントのモラルハザードや逆選択の問題を適切な契約を結ぶことによってとのように克服させることができるかを議論するもので，株式会社にこの理論を適用すると，コーポレートガバナンス問題とは，経営者に対して，会社の利益と反するような行動をどのような装置のもとで克服し，会社の効率性をいかにして確保できるかという問題である．

　このとき，株主と経営者が一致しているときの利益と経営者を株主の利害の一致させるよう工夫をした結果生じる利益との差はエージェンシーコストと言

われる．所有と経営が分離していることから避けがたいコストではあるが，さまざまの工夫をこしらえることによってそのコストを減じる工夫がガバナンス機構あるいはモニタリングシステムとも一般に言われる．

通常，コーポレートガバナンス機構は内部ガバナンス機構と外部ガバナンス機構に分けられる．内部ガバナンス機構とは会社の執行役員，取締役会，中間管理職などのそれぞれの仕事のなかで経営者をモニターしていく仕組みである．日本の場合，ある意味で，年功序列賃金，終身雇用がそれぞれの同期の従業員の連帯意識と競争意識をはぐくみ，また，年齢とともに熟練して，会社内人的投資を促進した．キャリア形成競争の総決算として取締役であり，取締役会であり，そのなかの暗黙の合意としてのCEOの選抜システムが経営者に対する内部ガバナンス機構としての役割を持っていた．日本の取締役会の特徴は内部昇進者で占められ，執行と監督の未分化，そして規模の大きな取締役会で特徴づけられていた．取締役会は雇用システムにおける終身雇用，年功序列といういわゆる日本的雇用システムの延長線上に位置づけられていた．すなわち，内部昇進競争の末に取締役となる従業員の働きのインセンティブを支えたものであった．したがって，取締役の同質性，同じ釜の飯を食った仲間意識によって会社への忠誠心が確保され，代表取締役は仲間の最も信頼できるだれも反対しない人物が推薦された．したがって取締役会は代表取締役を中心とした経営陣としての位置づけにあり，経営の機関そのものとして機能していた．こうした取締役会の機能をマネジメントボードという．結果として，取締役会のメンバー数が過大で，社長の任期が短く，ほとんどが業務執行取締役，社外取締役がきわめて少ないなどの特徴を持っていた．また，度重なる会社の不祥事への対応として，日本独自の監査役・監査役会制度の強化がなされてきた．こうして，日本ではいわゆる日本的経営が内部モニタリング重視をもたらし，それによって取締役会の役割を経営者の監督というより経営陣の一員として経営者をサポートするマネジメントボードと言われるコーポレートガバナンスの基本構造を生み出していた．

一方，外部ガバナンス機構としては株主による経営者の監視，あるいは債権者による監視を指す．ここでは株主による監視に限定すると，株主はいうまでもなく会社の主権者として会社法上位置づけられており，株主総会での会社の

重要事項について議決権を行使することができる．会社の業績に不満があれば反対の議決が増加するかもしれない．また，所有株の売却というかたちで不満を表すことができる．exit or voice である[1]．ただ，株主総会での投票は「合理的無関心」によって形骸化する可能性がある．また，所有株の売却は個別の決定であり，積極的な監視ではない．また一定の数の株主はそれなりの発言権をもって株主総会その他の発言の場で影響力を持ちうる．したがって，株式保有構造は外部モニタリングの有効性に大きな影響を与える．しかし，高度成長・安定成長の終焉を象徴する金融不況がグローバル化の進行とともに金融機関の弱体化をもたらし，株式持ち合いの解消・縮減という資本市場への対応の変化となって現れ，その結果，株式保有構造の大きな変化がもたらされた．

2. 取締役会の役割

取締役会の役割は経営者に対するモニタリングやアドバイス，事業計画などのスクリーニング，そして経営者の選任・解任を行うことによって，経営者を規律づける任務があげられている．日本の会社法上は重要業務の決定と経営者・取締役の監督と経営者の選任・解任となる．このとき，モニタリングとはなにを意味するか．これは経営者・取締役の監督をつうじて，代表取締役の資質を見極めることであり，不適当な人物であれば解任をすることと言われている．経営者の資質を見極めるためには会社の業務決定にあたっての経営者の判断から見定める必要がある．一方，モニタリングについては経営者の資質の判定だけでなく，企業の不正行為の防止も経営者・取締役の監視をとおして要求され，これは，経営者の提案する業務計画と業務実績の査定・評価というスクリーニングそれ自体も広い意味でモニタリングということができる．それらの作業をつうじて経営者の資質をチェックするということとより広く定義することもできる．さらに，アドバイスに関しては，この業務計画に対しての助言，提案などによってよりよい業務計画を経営者と共同で行うことになり，査定・評価と不可分である．

---

[1] この概念については Albert O. Hirschman の *Exit, Voice, and Loyalty: Responses to Decline in Firms, Organizations, and States* (1970) 参照．

日本の会社のガバナンス機構としては監査役（会）設置会社，指名委員会等設置会社，そして 2015 年に導入された監査等委員会設置会社がある．これまでの代表的なガバナンス機構としての監査役（会）設置会社をみてみよう．そこでは，会社の不正防止や事業の査定などについては取締役会とは別に監査役（会）という機関がある．監査役（会）は取締役の職務の執行を監査することがその役割である．監査には，業務監査と会計監査とが含まれる．業務監査は，取締役の職務の執行が法令・定款を遵守して行われているかどうかを監査することで，一般に適法性監査と呼ばれている．また，会計監査は，計算書類およびその附属明細書を監査することである．したがって，取締役会の監督業務と共同して，事業などの査定に特化したものであり，組織としては取締役会とは分離した機関として位置づけられている．監査役は株主総会で選任され，監査役会は，取締役会による監査役の選任議案について同意権を有し，また監査役の選任議案の提案権を有する．監査役は，取締役会で違法または著しく不当な決議がなされることを防止するために，取締役会のすべての会合に出席しなければならないし，必要な場合には意見を述べなければならない．取締役の法令・定款違反の行為の結果，会社に著しい損害が生じる恐れがある場合には，取締役に対してその行為の差し止めを請求することができる．このように監査役（会）については株主総会への選任議案の提出権は取締役会にあり，取締役会への関与も出席にとどまり，機能不全であると言われて久しい．日本の代表する企業などでつぎつぎと不祥事が生じる理由の重要な点はこの監査役会の制度ひいては取締役会を含めたモニタリング機能の不十分さがあげられる．このため昨今，指名委員会等設置会社，監査等委員会設置会社の導入がみられた．

　このガバナンス機構の類型を国際的にみると，まず，米国では，その統治機構は一層式モデルで，取締役会が監督と助言を行い，執行については経営陣に委ねられている．上場会社の取締役会はその構成の過半数は社外取締役であり，コーポレートガバナンス委員会，報酬委員会，監査委員会が全員独立取締役で構成されている．業務を執行するのは業務執行役員であり，会社で実権を持つのは CEO などの業務執行役員である．CEO 以外は全員独立取締役で構成されている会社も多くみられる．したがって，取締役会は，もっぱらアドバイザリー機能とモニタリング機能により重点を置いたものとなっている．通常，

このような執行と監督が分離して，取締役会が主としてモニタリングを行う統治機構はモニタリングボードと呼ばれている．これに対して，ドイツなどは2層式の統治機構であり，業務執行は取締役会で，監査役会は執行役員の監督を行うもので，経営担当の取締役の選任権や取締役の報酬決定権などがあり，外部モニタリングの役割を担ったものである．取締役は監査役会より選任され，経営業務の遂行とその監督を株主総会によって選出された取締役からなる取締役会という一つの機関によって行うものである．大会社の監査役会は10名の株主代表と10名の従業員代表から構成されている．

日本の場合，1950年の商法改正によって，代表取締役の設置のもとに，この業務執行について取締役会が監督を行うことになった．取締役が監督業務を担うことになって，監査役は会計監査のみ行うものであった（英米流）．しかし1965年の商法改正によって，監査機能の強化のため監査役（違法性監査へ）と取締役会が共に経営のモニターを行うことになった．さらに，相次ぐ不祥事を受けて，1993年大会社の監査役会設置・社外監査役，2001年社外監査役の増員が行われた．コーポレートガバナンス改革はこうして監査役の制度の強化で対応してきており，日本独自の監査役制度の進展がみられた．これまで監査役会が業務監査を担う機関ではあったが独立性や権限に問題があるが，この機関がもっぱらモニタリングをするものと位置づけられていた．

3. コーポレートガバナンス改革

今日，コーポレートガバナンスの改革が進んでいる．従来の日本的経営にもとづくガバナンス体制に対して，1990年代以降，グローバル化の波，日本経済の低迷，度重なる大企業などの不祥事などによって，欧米型のモニタリングボードとしての取締役会を受けた，新たなハイブリット型ボードへの改革のうねりが法改正，そして昨今のコーポレートガバナンス・コードやスチュワードシップ・コード[2]の設定などのソフトローの推進によって大きく進んでいる．

---

2) スチュワードシップ・コードは信託会社，保険会社，年金機構などの機関投資家が，「資先企業に対する対話などを通じて，当該企業の企業価値の向上や持続的成長を促すことにより，顧客の中長期的な投資リターンの拡大を図ること」をめざして行動すべきとする，2014年に金融庁が作成した

そのなかで中心的論点の一つが，社外取締役の役割で，社外取締役は経営を監視する者として，コーポレートガバナンスを強化する重要な担い手の一人であり，現在，会社法，証券取引所の上場規程，コーポレートガバナンス・コード等で社外取締役に関する規律が整備されるにいたっている．

まず，平成26年改正会社法では，(1) 新たな機関設計として，3名以上の取締役からなり，そのうち過半数は社外取締役である監査等委員会を置く監査等委員会設置会社が創設され，社外取締役を積極的に活用すること，および取締役会による業務執行者の監督を強化することを意図している．

また，改正会社法では，公開会社かつ大会社である監査役設置会社において社外取締役を置かない場合には，「社外取締役を置くことが相当でない理由」を，株主総会で説明し，事業報告などに記載しなければならないものとされた．

また，上記の会社法改正に先立ち，東京証券取引所は，一般株主（投資家）の保護のため，上場会社に対して，1名以上の「独立役員」（社外取締役または社外監査役）の確保を義務づけた．さらに，東京証券取引所は，（監査役ではなく）取締役である独立役員を少なくとも1名以上確保するよう努めなければならないとする上場規程の改正を行った．

コーポレートガバナンス・コード（CGコード）と社外取締役

CGコードの原則4-7では，独立社外取締役の役割と責務について，以下のように規定されている．

（i）経営の方針や経営改善について，自らの知見にもとづき，会社の持続的な成長を促し中長期的な企業価値の向上を図る，との観点からの助言を行うこと

（ii）経営陣幹部の選解任その他の取締役会の重要な意思決定を通じ，経営の監督を行うこと

（iii）会社と経営陣・支配株主等との間の利益相反を監督すること

（iv）経営陣・支配株主から独立した立場で，少数株主をはじめとするステークホルダーの意見を取締役会に適切に反映させること

ガイダンスである．

こうして独立社外取締役には，取締役会等をつうじて，企業価値の向上のための必要な助言を行い，経営陣や支配株主から独立した立場のもとで取締役の職務執行を監視し，また，ステークホルダーの意見を経営に反映させるという役割が期待されている．

このように，社外取締役はコーポレートガバナンスの強化において重要な役割を担っており，社外取締役を選任する企業は増えている．東証が公表したデータによれば，東証全上場会社における2016年の社外取締役の選任率は95.8%（独立社外取締役の選任率は88.9%）となっている．また，日本の上場企業は大半が監査役会設置会社であったが，監査等委員会設置会社へ移行する会社が多くでてきており，2017年8月時点の移行済企業は，東証1部企業2,020社のうち442社となり，全体の20%を超える水準に達している．

4. 社外取締役の導入と効果

以上のように日本では急速に社外取締役を導入する上場企業が増加しているが，そもそも社外取締役を導入して業績の向上するのか実証的にチェックする必要がある．この点では米国での研究の蓄積がある．そもそも社外取締役には内部取締役と異なり会社とのしがらみが少ないので株主の立場により近いかたちでモニタリングを行うことが期待されている．また，内部者とは異なりより広い知見および専門性にもとづいてアドバイスできると期待される．しかし，その一方で，会社の情報を把握することが難しく，独立性と情報獲得可能性がトレードオフになっていると思われる．したがって，社外取締役の導入は真に会社の運営に寄与するかどうかは慎重に検証されるべきであろう．まず，実際の取締役会の独立性の決定にどのような要因が影響しているかが検討される必要がある．この点，海外も含め，多角的に運営され，あらたな事業の拡張などが顕著な企業はその事業展開に必要なアドバイスや経営の透明性を確保するために独立取締役を導入する可能性が多いと思われる．また，企業の持っている情報の非対称性が大きいと独立取締役を導入しても効果が限定的で，その場合には独立取締役を導入する可能性は少ないと思われる．

社外取締役の導入についてその決定要因やその効果についてはすでに多くの

実証研究が行われている．Boone et al.（2007）は，企業の事業展開の多様さや複雑さは独立取締役の数と正の関係を持ち，モニタリングのコストや便益に関連すると思われる私的便益の存在や R&D コストは取締役会のサイズには正の相関を持つが取締役会の独立性との関係についてははっきりしたことは言えないとした．また，CEO の持株比率やジョブ・テニュアなどの CEO の影響力が大きいと独立性は負の相関があることが示され，この結論は取締役会のサイズと構成は CEO と外部メンバーとの交渉力に依存するとした Hermalin and Weisbach（1988）の理論と整合的である．彼らは，結論として取締役会のサイズや独立性は企業特殊的な要因と経営上の要因によって特徴づけられ，したがって，各企業の取締役会の特性はそれぞれのユニークな競争環境に適応するかたちで内生的に決まっていく側面が多く，ガバナンス改革のためのルールやガイドラインなどは多くの場合その価値を高めることはないであろうとしている．とくに，独立取締役の企業業績に関する米国の実証研究ではさまざまな結果ででている．Yermack（1996），Ferris and Yan（2007）などでは両者の間に明確な関係がみられないとしている．これらの関係を実証的にみているとき注意することは取締役会の内生的決定の可能性の扱いであり，Harris and Raviv（2008）も言っているように，これを無視して外生的に取り扱う結果が "one-size-fit-all" 式の議論になることに注意しなければならない（Coles, Daniel, and Naveen（2008））．国内の実証研究では多くの成果がでている．内田（2012, 2013）は，この内生性問題を考慮したうえで，株式持合比率が高く，外国人持株比率の低い企業においてのみ両者の間に正の関係があるという実証結果を得ており，宮島・小川（2012）では情報獲得コストの低い企業において社外取締役の導入が企業業績に正の影響を与えていると指摘している．

　こうして社外取締役の影響・効果をめぐってさまざまな議論がなされるなか，さまざまな懸念の声があげられている（江頭（2014），三輪・ラムザイヤー（2015），神谷（2015）など）．この意味で，会社法改正が社外取締役の設置強制にいくことには慎重に検討する必要があり，また，コーポレートガバナンス・コードによる "コンプライ・オア・エクスプレイン" による社外取締役の役割重視の推進は直接設置強制ではないにしても，本来必要のないタイプの企業に対しても無駄な不要な社外取締役の導入になることは避ける必要があろう．齋藤

(2017) は今回のコードによる社外取締役の導入した企業について分析し，企業特性にあわせた導入になっていない可能性や東証1部で導入した企業の業績への正の効果は表れていないこと，さらに東証2部では負の効果がみられていることなどを指摘し，今後のコーポレートガバナンス・コードのあり方への重要な示唆をしている．

5. ガバナンス機構決定の課題

☆取締役会の内生的決定問題

　以下では，主として取締役会を中心としたコーポレートガバナンスに関する理論モデルをスケッチし，どのような観点からコーポレートガバナンスに関する問題が議論されているかを明らかにしよう．海外と日本での実証研究のサーベイは Boone et al. (2007)，Coles et, al. (2008)，内田 (2013) などによってなされている．なお，取締役会の構成の決定についての理論からボードの内生的決定ということが示唆されてくるが，そのことから取締役会の決定に関する実証分析あるいは取締役会の構成と企業業績の実証分析において注意しなければならない点が指摘されている．すなわち，もし回帰式の誤差項に相関した観察できない変数によって取締役会の選択がなされているならば内生性は推定問題をもたらすということである．また，たとえばある指標からみてよりソフトなガバナンスを持った企業が企業業績の低い相関がみえたとして，なぜそのようなガバナンスを採用したのかを考慮せずに，そのことから，よりハードなガバナンスも持つように政策的に誘導することの危険を指摘している．取締役会の内生的決定ということである．

　ここでは，コーポレートガバナンスについての代表的な理論モデルについて簡単にサーベイし，その後，3つのガバナンスモデルをより内容に立ち入って紹介し，ガバナンス構造全体の機関（プレイヤー）の動きと成果の関連を明らかにしよう．

☆支配の私的便益

　第6節以降，いくつかの理論モデルを検討するが，これらのモデルに共通の

キーワードの一つである支配の私的便益（Private Benefit of control）の概念について簡単に説明しよう．本来，Jensen and Mecling（1976）において，所有と経営の分離の弊害として支配の私的便益という概念を議論した．そこでは，経営者による私的便益として非金銭的便益に焦点を当てた．具体的な例として，豪華な役員室・社用車といった役得，自らのプレステージや権力欲のために必要以上大規模化・多角化を図ろうとする（帝国の建設），経営者の個人的関心から特定プロジェクトを優先するペットプロジェクト，自らの特殊能力を要するプロジェクト優先（既得権益擁護のための投資），従業員の人気を確保するための投資，企利益拡大につながらない慈善・文化事等への寄付等さまざまなかたちをとる．しかし，これらの支配による私的便益の特徴は経営者にだけ属するとは限らないということである．オーナーなどにみられる支配株主も支配の私的便益を享受するであろう．このような支配の私的便益は違法なものからそうでないものまであり，また，事後的に回収できるものとできないものがある[3]．Pacces（2012）は支配の私的便益について詳細に検討している．この私的便益はともすると否定的に考えるようであるが，必ずしもそうではない．むしろ，企業業績に大いに関係があると言える．

　支配株主（Controlling shareholder）を持つ株式所有構造は世界的には広汎にみられるが，これまでそうした集中型株式所有構造のもとでは少数株主の利益をないがしろにすることによる支配権の濫用，そして，支配の私的便益の取得を特徴としているとして非難されている．しかし，集中的株式所有構造を持った多くの企業においてしばしば高いパフォーマンスを得ている．個別の企業で言えばグーグル，フェースブックなど枚挙にいとまがない．これはなぜかと言えば，支配の私的便益に関わってくる．支配の私的便益は企業業績にあまり感応しないので，その意味では企業価値を高めようという動機を支配株主に与えないかもしれないが，私的便益はしばしば移転不可能であり，支配株主の地位にあることによってその企業で享受できるものである．そうすると，この移転不可能性は支配株主にとってはロックイン効果を持つ可能性がある．すなわち，支配株主はその座に居続けることがメリットがあるので解職されないよう

3）細江（2019）は私的便益取得の法的責任と移転可能性を企業組織再編の枠で論じている．

に長期的観点から企業への貢献をしようとし，評判を高め，結果として長期的にその座にいることができると考えられる．どれほどの私的便益があるのか推定することはその概念から困難なところがあるが，最近では Dyck and Zingales（2004）などが実証推計している．そしてコーポレートガバナンスの理論分析ではこの支配の私的便益の概念が重要なキーワードとして取り扱われている．以下で取り上げる理論モデルは支配の私的便益の存在が不可欠な構成となっている．

6. コーポレートガバナンスの最適構造

まず，われわれはつぎのような簡単なガバナンスモデル（I）を提示し，そのワーキングを検討したうえで，ボード構成の内生的決定についての基本分析をする．ここで取り扱う取締役会はアドバイザリー機能とモニタリング機能を持った取締役会である．そして，この取締役会が会社のガバナンス機構の設計を行う．

いま，アドバイザリー機能とモニタリング機能を持った取締役会が第1期目にある報酬スキームのもとで経営者を雇い，第2期目にその経営者はプロジェクトの発見を試み，成功すればある株式価値に対応する利益と経営者にとっての支配の私的便益が生み出される．第3期目にプロジェクトが発見されれば，経営者はプロジェクト案を取締役会に諮る．取締役会はアドバイザリー機能とモニタリング機能を持っているのでそれぞれの機能を行使する．取締役会の活動目的は株主価値を高めることであり，最終的に役員資源の最適配分を目指すものとする．

具体的にみてみよう．まず，雇われた経営者はプロジェクトの発見努力を行い，成功すれば公開情報として価値 V と支配の私的便益 B を把握でき，失敗すればなにも実現しないものとする．その成功確率を e とすれば，その成功確率を達成するためにはコスト $\dfrac{e^2}{2t}$ とする．ここで，t は正のコストパラメータで t が大きくなると限界費用が下がる．ここで，t は経営者自身のプロジェクト発見能力を表し，t が大きければその能力が高いということができる．のちに役員資源の最適配分のところで，執行体制，アドバイザリー体制，モニタリ

ング体制の役員の最適配分の議論のなかで，最適ボード設計という問題を検討するが，そこにおいては t を経営者の能力だけでなく，執行体制への役員資源の配分との関連で定義している．とりあえず，ここでは t は経営者の能力とする．プロジェクトが発見されると，経営者はそのプロジェクトを取締役会に提案するが，支配の私的便益 B については取締役会には提示しない．B は一定の値をとるものとする．

　取締役会はマネジメントボードとモニタリングボードのハイブリット型として，一方，経営者への協力を進め，他方で，提案内容をモニターするものとする．最適ハイブリットボードについてはのちに考察する．そこで，まず，取締締役会のマネジメントボードとしての役割を考える．このマネジメント機能は経営者への経営協力・アドバイスである．以下ではこの機能をアドバイザリー機能と呼ぶことにする．このとき，経営者への協力として経営者が提案したプロジェクトの価値 V にさらなる追加価値をコストをかけて加えることが可能であるとする．γ パーセントの価値追加のためには $\frac{\gamma^2}{2d}$ のアドバイザリーコストが取締役会にかかる．ここで d は正のパラメータで，d が大きいと限界アドバイザリーコストが下がることになる．d は取締役会のアドバイザリー能力を表し，d が大きいと，その能力が高いことになる．このアドバイザリー能力は2種類ある．一つは会社の内部情報に詳しい取締役の参加が多いとアドバイザリー能力は高くなるであろう．内部情報に詳しいとは内部取締役に対応するわけであるが，単に会社内部に多くの時間を費やしたのでそうだというだけでなく，その会社への特殊的投資を経営者がそのキャリアのなかで行った結果と言える．したがって，内部取締役が，会社特殊的投資を行ってきた結果が t に反映していると言える．もう一つのアドバイザリー機能としては，これまでの会社のコア分野ではなく新たな分野への進出としての投資機会の拡張などの場合である．この場合は，内部取締役のアドバイザリー機能はあまり発揮されないかもしれず，そこでは社外取締役，とくに社外独立取締役の役割が大きいであろう．すなわち，その取締役の持っている専門性と広汎な知識，ネットワークをもとにアドバイザリー機能が発揮されるであろう．いずれにしろこのアドバイザリー機能が強化されると限界アドバイサリーコストは低下し d が大きくなる．この結果，株主価値は $V(1+\gamma)$ へと増加する．

これに加えて，モニタリングの役割が取締役会にあり，ここではこのプロジェクトに関わる経営者の支配の私的便益をどれだけはぎ取れるかということをモニタリング機能として考える．いま私的便益 B の $\alpha\%$ をはぎ取れるとすると，それを公開情報としての価値に振り替え追加できて株主価値は $V+\alpha B$ となる．したがって，その場合には経営者の私的便益は $(1-\alpha)B$ に減少する．このような $\alpha\%$ のはぎ取りができるためには相応のモニタリングコストがかかる．それをコスト関数 $\dfrac{\alpha^2}{2a}$ で表し，正のパラメータ a が大きいと，その限界費用は減少する．取締役会のモニタリング機能が高まると a の値が大きくなる．このためには社外（独立）取締役の質および人数に依存する．現在，日本の改正会社法では3種類のガバナンスの公開会社が認められている．監査役（会）設置会社，指名委員会等設置会社や監査等委員会設置会社である．また，社外取締役をどれだけ置くべきかが議論されている．このようなガバナンスの体制によって a の値が変わってくる．

さて，以上の設定のもとで，この会社のガバナンス行動を検討してみよう．議論はバックワードに検討される．まず，第3期目に経営者から提案されたプロジェクト案について取締役会は最適なアドバイザリー率とモニタリング率の決定を行う必要があり，この問題は，つぎの式で表現される．すなわち，第1項はアドバイザリーとモニタリングによって実現する株主価値であり，第2項と第3項はそのためのアドバイザリーコストとモニタリングコストである．

$$\text{Max}_{\{a,\gamma\}} V(1+\gamma) + \alpha B - \frac{\gamma^2}{2d} - \frac{\alpha^2}{2a}$$

したがって，最適アドバイザリー率と最適モニタリング率は

$$\gamma^* = dV, \quad \alpha^* = aB^{4)} \tag{1}$$

となる．この式から，最適アドバイザリー率は，限界アドバイザリーコストが減少すれば上昇し，また，もとの株式価値が増加すれば上昇する．また，最適モニタリング率は限界モニタリングコストが減少すれば上昇し，私的便益が増加すれば上昇する．

---

4) 内点解を保証するため $0<dV<1,\ 0<aB<1$ を仮定する．

これを受けて第2期目に経営者は最適なプロジェクト発見努力を行う．発見に成功すればオリジナルの株式価値 V と私的便益 B を生み出すが，第3期目の取締役会の行動を踏まえてそれぞれ株式価値は $V(1+\gamma^*)+\alpha^*B$，私的便益は $(1-\alpha^*)B$ となる．そこで，経営者のプロジェクト発見努力のインセンティブを考えなければならない．

そこで，経営者の報酬スキームは発見努力を誘発するインセンティブ・スキームでなければならない．日本の経営者の報酬システムをみてみると，役員報酬は大きく固定報酬と業績連動報酬に分かれ，日本企業は最近でこそ業績連動報酬を導入する企業が増えているが，それでも固定報酬が約7割を占めている．欧米企業では業績連動報酬のウエイトが7～8割を占める（経済産業省平成27年委託報告書『日本と海外の役員報酬の実態及び制度等に関する調査報告書』などを参考）．ここではそのインセンティブ・スキームとして，取締役会はエクイティ型パフォーマンス報酬，とくにパーフォマンスシェアタイプのものを考える．すなわち，株式総数を1と仮定して，その $100\theta\%$ の株式をあらかじめ経営者に配布するものとする．この θ の割合はここでは一定値としておく．このとき，株式価値は $V(1+\gamma^*)+\alpha^*B = V(1+dV)+aB^2$ であり，経営者の私的便益は $(1-\alpha^*)B = (1-aB)B$ であるから，プロジェクト発見確率 e に対する経営者の期待利得は

$$e\{\theta(V(1+dV)+aB^2)+(1-aB)B\}-\frac{e^2}{2t}$$

となる．既述のように t が増加することは限界発見コストの減少を意味し，経営者の能力を端的に表している．したがって，最適発見努力 e^* は

$$e^* = t\{\theta(V(1+dV)+aB^2)+(1-aB)B\}\text{[5)]}$$

となる．これから，

$$\frac{\partial e^*}{\partial B} \geq (\leq) 0 \Leftrightarrow B \leq (\geq) \frac{1}{2a(1-\theta)}, \quad \frac{\partial e^*}{\partial d}>0, \quad \frac{\partial e^*}{\partial a}<0, \quad \frac{\partial e^*}{\partial t}>0 \quad (2)$$

が得られる．すなわち，（1）経営者の限界発見コストが下がると発見確率は上

---

5) 内点解を保証するため $0 < t\{\theta(V(1+dV)+aB^2)+(1-aB)B\} < 1$ を仮定する．

がり，(2) 取締役会のモニタリングの限界費用が下がるとモニタリングの水準が上がり，私的便益は減少し，私的便益が減少した分，株式配当に回るがただ $100\,\theta\%$ なので，モニタリングの上昇効果は，経営者にとって負の効果となり，発見コストは減少する．また，(3) 取締役会の t の上昇，すなわち，アドバイザリーの限界費用が減少すると株式価値へのプラスの影響から経営者の発見確率は上昇する．そして (4) 私的便益の水準そのものの経営者の発見努力への影響は，私的便益 B が小さいときには，私的便益 B が上がるとモニタリングが上昇しても残余の私的便益は上昇するので発見確率も上昇する．これに対して，私的便益 B がある程度以上のときには，私的便益 B が上がるとモニタリング率が上昇して残余の私的便益は減少していき，株式価値への振り替えがあっても，経営者の全体の便益が減少していくので，経営者の発見確率も減少するのである．

以上の考察から，ここで設定したアドバイザリー機能とモニタリング機能を持った取締役会のものとでのこの会社の期待株式価値 ES はつぎのようになる．

$$ES = t\{\theta(V(1+dV)+aB^2)+(1-aB)B\}\{V(1+dV)+aB^2\}$$

そこで，このガバナンス構造のもとでのアドバイザリーコスト，モニタリングコスト，プロジェクト発見コストに関する比較静学を行う．あきらかに，

$$\frac{\partial ES}{\partial t}>0,\ \frac{\partial ES}{\partial d}>0 \tag{3}$$

である．すなわち，経営者の開発発見の限界費用が減少すると期待株主価値は上昇し，アドバイザリーの限界費用が減少すると，また，期待株式価値は上昇する．このことが，あとで議論するように役員資源の配分という最初の取締役会のガバナンス構造の決定において経営執行陣とアドバイザリーボードの役員の配分における代替的な関係をもたらす理由である．

つぎにモニタリングの限界費用の減少の期待株式価値 ES への影響をみてみよう．これについては簡単な計算からつぎの式が成り立つ．

$$\frac{\partial ES}{\partial a}=tB^2\{-(1-2\theta)V(1+dV)+B-2aB^2(1-\theta)\}$$

この式中括弧の第 1 項は経営者への株式配布比率が十分小さければ負である．

図2-1 モニタリングパラメータと株式価値

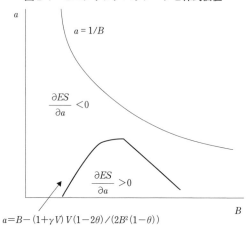

図2-1はこの a の値と私的便益 B の関係のなかで期待株式価値が a にどのような影響を受けるかを示したものである．ここで，図2-1では $\frac{\partial ES}{\partial a}=0$ の曲線が描かれ，これは

$$a=\frac{B-(1+\gamma V)V(1-2\theta)}{2B^2(1-\theta)}\equiv a(B) \tag{4}$$

また，$1/B$ の曲線は最適モニタリング a^* が端点1となる組であり，その曲線より下の領域で考えればよい．

この図から，B が十分小さいときは a は低くしたほうが期待株主価値が増加することがわかり，また，B がある程度大きいときは a はある範囲まで増加させるほうが期待株式価値が増加することがわかる．したがって，a が操作できるとすれば，曲線 $a(B)$ は B に対する期待株主価値最大化の意味で最適モニタリングパラメータである．この値が大きいことはモニタリングの限界費用が低下していることから，モニタリングの効率パラメータである．

したがって，B が十分小さな値の場合にはこのモニタリングパラメータをできるだけ小さくするほうが期待株式価値の観点からは望ましく，ある程度以上の私的便益に対しては最適モニタリングパラメータは関数 $a(B)$ で表現される．これは図からある範囲までは私的便益が大きくなるとそれに合わせて最適モニタリングパラメータも上昇していくが，その範囲以上に私的便益が増加すると

最適モニタリングパラメータは減少していく．

　最後に役員の最適配分について議論しよう．まず，経営者のプロジェクト発見努力コストのパラメータ t を導入し，t が大きくなるとその限界費用が低下するものとした．これを役員の配分に対応して言うと，t が大きいということは経営執行役員の数がそしてその執行能力が高いことを意味する．つぎに取締役会のアドバイザリー機能でその限界費用はパラメータ d を使って，d が大きいとアドバイザリーコストが低下すると仮定した．これはアドバイザリー能力が高いことを意味し，一つの解釈として，先ほど述べたように人的投資を体化した内部取締役の能力と考えることができる．したがって，人的投資の蓄積がない場合は d が小さくて，したがってアドバイザリーコストが高くなると言える．また，社外取締役のアドバイザリー機能も考えられるが，内部取締役と社外取締役の違いはリスクのないプロジェクトへのアドバイスの効率性の違いがあげられる．また，内部取締役の投資は企業特殊的投資としてロックイン効果を持っているが，社外取締役は容易に他企業でも通用するという意味でロックイン効果があり．また，内部取締役は経営陣の執行体制に容易に参加でき内部者はアドバイス機能と経営への参加はより完全代替的である．社外取締役は経営に参加するためのコストは高い．そして3つ目はモニタリング機能であり，そのコストはパラメータ a で表され，a が大きいと限界費用が減少し，モニタリング能力に優れているか，またはモニタリングをする人数が多くなっていることを意味する．

　こうして会社全体の潜在的な役員の数あるいは対応する役員予算が決まっているとすると，どのように役員予算を配分するかという問題が考えられる．簡単化のために $c_t t + c_d d + c_a a = K$（一定），ここで c_i（$i=t, d, a$）はそれぞれの機能を調達するための単位コストとする．内部役員であれば $c_t = c_d < c_a$ となるであろう．(3) 式の下の文章で述べたように，t と d の期待株式価値への効果は共に正なので，2つの機能への役員配分は代替的となる．これに対して，モニタリング機能については図2-1の下の説明文「B が十分小さいときは a は低くしたほうが期待株主価値が増加することがわかり，また，B がある程度大きいときは a はある範囲まで増加させるほうが期待株式価値が増加することがわかる」から，B が十分小さいと a は低く，すなわち内部役員で，あるいは，

社外取締役は少なくしたほうがよいことを意味し，また，B がある程度大きいときには a を増加させる，すなわち，社外取締役を増やしたほうがよいことを意味する．以上の議論を踏まえて，最適役員の配分問題が明示的に検討することができる．

7. 交渉モデルとコミュニケーションモデル

本節ではまず海外のボード研究の代表的なものを2つ取り上げよう．

(A) まず，Hermalin and Weisbach (1988)（以下，H-M モデル）は CEO とボードが報酬とボード構成の交渉をつうじてボードの内生的決定の問題を検討した．つぎのようなタイムラインのモデルを考えている．まず，第1期に，その経営能力について確率的に評価されている既存の CEO が業務を遂行し，その結果実現した成果をベースにボードはその CEO の経営能力についての信念を更新する．このとき，ダメと判断されれば解職され，経営者市場から新しい経営者が採用される．そして，継続した経営者か新たに採用された経営者が，ボードの構成と自分の報酬についてボードと交渉を行う．その後，ボードはその経営者についての追加シグナルを得るかどうか選択する．そのシグナルをもとに，ボードはその CEO の交代か継続を決める．ここで，H-M モデルの特徴的な点は追加的シグナルを受けるかどうかの決定をボードの独立性の関数としたところで，その段階でのボードの独立性は CEO とボードの交渉ゲームの結果に依存することになる．追加的情報の獲得は背反的効果を持つ．一面でボードから交代させられる可能性を高められるリスクがあるが，他面で，より多くの私的便益を得ることができるので，CEO はあまり独立してないボードを好まない．一方，ボードは独立性を維持したい．結果として，CEO の交渉力の増加はボードの独立性を減じると主張している．

(B) つぎに Adams and Ferreira (2007)（以下，A-F モデル）のフレンドリーボードの議論を取り上げる．A-F モデルは経営者にフレンドリーボードの可能性を検討している．まず，ロールの私的便益の存在によって可能なプロジェクトについて CEO とボードで利益対立がある状況を想定し，ボードの二重の役割，すなわち，経営に対するアドバイザーとモニターとしての役割に注目

する．そして，ボードメンバーとして，内部取締役と独立取締役があり，その最適構成を考える．内部取締役はキャリアコンサーンによって，CEOにアドバイスを望むが，モニタリングによって経営者を評価するのは苦手である（すなわち，モニタリングコストが高い）．これに対して独立取締役はアドバイザリーコストが高いが，モニタリングコストは低いとする．一方，CEOはプロジェクト情報をあらかじめボードに提供することができる．この情報を受け取れば，とりわけ会社の情報をよく知っているので内部取締役のアドバイスは有効になり，プロジェクト価値が上がる．プロジェクト価値が上がるので，CEOはボードに情報を伝達するインセンティブがある．これに対して独立取締役にとってCEOから受け取った情報を使ってアドバイスをすることは苦手だが，その情報はモニタリングにはより役に立つ．したがって，プロジェクトに有用な情報を入手したCEOはその場合情報をボードに伝えることはボードのモニタリングで不利なプロジェクトが選ばれる可能性が増加することになる．その意味での情報伝達のトレードオフがあるのである．

そこで，1期目にCEOがプロジェクト決定に有用な情報を受け取る段階から分析は始まる．その際，その情報はCEOのみが入手する場合とボードもその情報を共有できる場合があるとする．情報を共有したときは，ボードがモニタリングを行い，成功すればボードの望むプロジェクトを行わせることができる．しかし，モニタリングに失敗すればCEOの好きなプロジェクトが選ばれるが，ボードは入手した情報をもとにアドバイスをすることができる．これに対して，CEOのみがプロジェクト決定に有用な情報を得た場合には，その情報をボードに伝えるかどうかを決定する．その情報を伝える場合にはそれを受けてボードはモニタリングを行い，モニタリングに成功すればボードがプロジェクトを主導でき，失敗すればCEOがプロジェクトを主導する．しかしその場合はプロジェクトに有用な情報は伝えられているのでボードはアドバイスをすることになる．また，CEOがプロジェクト情報をボードに伝えない場合には，ボードはモニタリングをして，成功すればボードの主導するプロジェクトができるが，モニタリングに失敗すれば，ボードはアドバイスできずにCEOがプロジェクトを主導する．こうしたCEOとボードの情報伝達—アドバイス—モニタリングのゲームを考慮して，0期目にボードの構成，内部取締役と独

立取締役の構成を決定するのである．

　以上の枠組みのもとで A-F モデルは支配の私的便益が大きいと CEO は情報伝達をしないでその代わりボードは独立なボードになり，支配の私的便益が小さいと CEO は情報伝達を行い，アドバイスが行われる，フレンドリーなボードが成立することを示した．なお，A-F モデルは1層型のボードと2層型のボード（執行決定ボードと監督ボード）の比較制度論をさらに行っている．

　こうして，A-F モデルは経営者のボードへの情報提供に関してトレードオフがあることに注目する．すなわち，CEO が情報を渡せば，よりよいアドバイスをボードから得ることができる．しかし，情報をもらうと CEO に対してより厳しくモニターするかもしれない．実際，独立なボードであれば CEO は情報を共有することを嫌うかもしれない．こうして，経営に対して友好的なボードが最適ボードかもしれない．これは，ボード構成の内生的決定問題に対する一つの解答を提供している．現在，米国型のモニタリングボードがグローバルスタンダードとなりつつある現在，必ずしもモニタリングボードでなくてもよい条件を明示したことにこの論文の意義があると思われる．しかし，A-F モデルではファーストベストがフレンドリーボードのときという特殊なケースを取り扱っており，一般化する必要がある．

8. CEO とボードのコミュニケーションと最適ガバナンス機構の設計

　ここでは，われわれのガバナンスモデル（I）に上の A-F モデルの情報交換による企業価値への影響を組み込んだモデル（以下，ガバナンスモデル（II）と呼ぶ）を検討してみよう．まず，情報交換の効果に話を絞るため，ボードの取締役構成が決まっているとしよう．メンバーの数を1として外部取締役の数を I で表し，$0 \leq I \leq 1$ とし，I が設定される．そして，CEO がプロジェクト情報を入手し，企業価値 V と私的便益 B を実現することになった段階から始めよう．CEO はそのプロジェクト案をボードに提案する．その際，さまざまの付帯情報をボードに提供し説明する．これを x で表そう．x は情報の提供の量を表し，その量を増やすことは CEO にコスト $\frac{bx^2}{2}$ をかける．ここで b はこの情報コスト係数である．この提案と情報を受けて，ボードはアドバイスを送る．

アドバイスの量は a で表し，そのアドバイスが多ければ，企業価値が増大するが，ボードにとってアドバイスはコストがかかり，その費用関数を $\frac{ca^2}{2x}$ とする．ここで c はコスト係数であり，分母に CEO から提供される x が入っているということは，CEO により提供された付帯情報が大きいと適切なアドバイザリーコストが減少し，アドバイスがしやすくなることを意味する．一方，ボードの機能としてモニタリングがあり，これは CEO によって提案されたものに私的便益が隠されていないかをチェックするものとする．隠された私的便益 B のうち h の割合が発見されるためにはモニタリングコストは $\frac{dh^2}{2Ix}$ となるとする．ここで d はモニタリング係数で，分母に I と x が入っている．これはボードに社外取締役の割合が多いほど容易に私的便益が発見でき，また，CEO からの付帯情報が多いほどモニタリングが容易になることを表す．こうして，CEO からの付帯情報の効果は CEO へのボードからのアドバイスが増加し，そのことで企業価値が増えることと，モニタリングコストが低下して，私的便益がはぎ取られ企業価値が増えるという 2 つの効果である．株主にとっては両効果は望ましいが，CEO にとってはトレードオフの効果となっている．

このモデルのタイムラインをまとめておく．まず，1 期目に株主がボードの構成を決める．2 期目に CEO はプロジェクトの提案と付帯情報の提供がなされる．3 期目にボードはアドバイスを送り，モニタリングを行う．4 期目に新たなプロジェクトの提案がなされ実行され，企業価値，私的便益の配分が実現する．

バックワードに解いていくため，3 期目に，CEO によるプロジェクトの提案と付帯情報 x の提供がなされたところからボードの意思決定を考える．ボードの問題はつぎの最大化問題を解くことになる．

$$\mathrm{Max}_{\{a,h\}} WB = \mathrm{Max}_{\{a,h\}} V(1+a) + hB - \frac{ca^2}{2x} - \frac{dh^2}{2Ix}$$

これから，最適アドバイザリー率と最適モニタリング率は

$$h^* = \frac{BIx}{d}, \quad a^* = \frac{Vx}{c} \tag{5}$$

となる．こうして，CEO からの情報提供量が増加すれば，モニタリング率は増加し，また，アドバイザリー率も増加する．これを受けて，2 期目に CEO

はプロジェクト提案と付帯情報の提供をする．ここでは提案内容は一定値としているので，付帯情報の決定だけとなる．これはつぎの問題を解くことになる．

$$\mathrm{Max}_{\{x\}} W_{CEO} = \mathrm{Max}_{\{x\}} V(1+a) + hB + \alpha(1-h)B - \frac{bx^2}{2}$$

ここでCEOの利得 W_{CEO} は企業価値と私的便益から付帯情報提供コストを引いたものとなる．ただし，私的便益へのウエイトを α（>1）としている．(5)式から W_{CEO} はつぎのようになる．

$$V(1+a) + hB + \alpha(1-h)B - \frac{bx^2}{2} = V\left(1 + \frac{Vx}{c}\right) - (\alpha-1)\frac{B^2 Ix}{d} + \alpha B - \frac{bx^2}{2}$$

したがって，最適付帯情報提供量は

$$x^* = \frac{V^2}{bc} - \frac{(\alpha-1)B^2 I}{bd} \tag{6}$$

となる．したがって，私的便益が大きいと情報提供量は少なくなり，社外取締役の数が増えると情報量は少なくなり，企業価値が大きいとアドバイスを受けたくて情報提供量は増加する．これを受けて，(5)式から最適モニタリング率，最適アドバイザリー率が得られる．

$$h^* = \frac{BI}{d}\left(\frac{V^2}{c} + \frac{(1-\alpha)B^2 I}{bd}\right), \quad a^* = \frac{V}{c}\left(\frac{V^2}{c} + \frac{(1-\alpha)B^2 I}{bd}\right) \tag{7}$$

ここで，社外取締役比率 I が与えられたときのCEOの最大利得を $W_{CEO}^*(I)$ とすると，これは I に関する下に凸の2次関数となり，

$$\frac{dW_{CEO}^*}{dI} = \frac{(\alpha-1)B^2}{bd}\left(-V^2 + \frac{(\alpha-1)B^2 I}{d}\right)$$

仮定：$I^o = \dfrac{dV^2}{(\alpha-1)B^2} > 1$

とする．すなわち，私的便益がある程度低いとすると，そのことから，社外取締役比率が増加すると，CEOの利得が減少することになる．

以上を受けて，1期目のボード構成の決定となる．ここで株主の経済利得は

$$W^s = V(1+a) + hB \tag{8}$$

これに (5)，(6)，(7) 式を代入したものを W^{s*} としてこの株主価値を最大に

する最適ボード構成を求める．この最適問題の1階条件は整理するとつぎのようになる．

$$\frac{\partial W^{s*}}{\partial I} = \frac{(2-\alpha)V^2B^2}{cbd} - \frac{2IB^4(\alpha-1)}{bd^2} = 0$$

これから，最適社外取締役率 I^* は

$$I^* = \frac{d(2-\alpha)V^2}{2c(\alpha-1)B^2} \qquad (9)$$

これから，私的便益が大きくなると社外取締役率は減少する．また，$\frac{\partial I^*}{\partial \alpha} < 0$ から CEO の私的便益へのウエイトが大きいと（逆に CEO の株主の配慮が低いと）社外取締役率は下がる．また，企業価値 V の増加は社外取締役率の増加をもたらし，d，すなわちボードのモニタリングが困難になると社外取締役率は増加し，c，すなわちボードのアドバイスが困難になると社外取締役率は減少していくことがわかる．

ただし，この結果は部分的な最適化をしているので，はじめに述べたように，CEO のプロジェクトを発見する段階がボード構成を決めたあとにあるはずである．すなわち，2期の前，そして，1期の後に CEO によるプロジェクト発見過程がくる．そこで，この点を検討しておく．

いま，CEO はその段階で上記のプロジェクトを発見する確率を k とし，発見コストを2次関数 $\frac{stk^2}{2}$ で表し，s は実際のコストの回収できない割合とする．また，発見に失敗すればゼロの価値しかなくなってしまうものとする．このとき，CEO の最適発見努力は

$$kW_{CEO} - \frac{stk^2}{2}$$

から求められて，$k^* = W_{CEO}/st$ となる．

ここで，W_{CEO} は

$$W_{CEO} = V(1+a) + hB + \alpha(1-h)B - \frac{bx^2}{2}$$

で，これは (5), (6), (7) 式からボードでの社外取締役率 I の関数として表したものである．これを W_{CEO}^* と表す．これから，あらためて，1期目の最適ボードの決定問題が解かれる．これは株主の期待利得最大化となって，つぎの

図2-2 最適社外取締役比率と期待企業価値の数値例

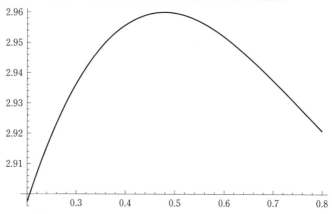

ように表される.

$$\text{Max}_{\{I\}} k^* W^{S*} - \frac{(1-s)tk^{*2}}{2}$$

ここで第2項は実際の開発費用のうち会社の負担する分を表す. この最大化の1階条件より

$$W_{CEO}^* \frac{\partial W^{S*}}{\partial I} + \frac{\partial W_{CEO}^*}{\partial I}\left(W^{S*} - \frac{(1-s)}{s} W_{CEO}^*\right) = 0$$

第2項目の括弧は s が十分小さいときはつねに負であり, また $\frac{\partial W_{CEO}^*}{\partial I}$ は負であったから, 最適な社外取締役比率では $\frac{\partial W^{S*}}{\partial I} < 0$ が成り立たなければならない. これから最適社外取締役比率は I^* より大きいことがわかる. よって, 事前の最適社外取締役比率は事後の最適取締役比率より大きいことが示される. したがって, 事後的に社外取締役比率を減らそうとする圧力が生じてくるということができる.

図2-2 は $V=1, B=0.8, b=c=2, d=4, a=4, s=0.2$ のケースの社外取締役比率 I (横軸) によって決まる期待企業価値曲線を示している. この場合, 最適社外取締役比率 $I^*=0.46$ でこのときの期待企業価値は 2.96 である. さらに, この事前の社外取締役比率に関する比較静学がされなければならないが, 残された課題となる.

9. 支配株主のもとでのコーポレートガバナンス

最後に，Graziano and Luporini（2012）を紹介する．そこでは支配株主がいる株式所有構造のもとでの取締役会の1層型と2層型の制度選択の問題を取り扱っている．ただし，ここでは紙面の制約のため，1層型だけの議論をする．実際，支配株主（Controlling shareholder）を持つ株式所有構造は世界的には広汎にみられる．Claessens, Djankov, and Lang（2000）によれば，東アジアの2/3以上の公開会社がピラミット構造や持ち合いによって支配株主のもとにあり，欧州においてもドイツなどをファミリー株主はよく知られている．また，米国でさえ多くの著名な会社が支配株主を持っている．これまでそうした集中型株式所有構造のもとでは少数株主の利益をないがしろにすることによる支配権の濫用，そして，支配の私的便益の取得を特徴としているとして非難されている．しかし，そうした会社の業績はどうかというと特別に問題を持っているわけでもなく，それどころか，しばしば順調な業績を持っていると言われている[6]．

こうした問題意識のもとで，Graziano and Luporini（2012）は支配株主のいる株式所有構造のもとでの最適取締役会の構造を検討する．その際，ボードの役割として，投資プロジェクトの選択と経営者の能力のモニタリングを考えている．ここではどのような分析枠組みが考えられているかを示すため1層型ではこの2つの機能を一つのボードのワーキングを説明しよう．支配株主は経営のモニタリングに高い関心を持つことはShleifer and Vishny（1989）が指摘し，Burkart, Gromb, and Panunzi（1997）はプロジェクトに関する情報を集めて経営へ介入することを明らかにした．その際，経営者と支配株主との利害の違いは私的便益（private benefit）の発生とその帰属に関してである．まず，リスク中立的な経営者と支配株主がリスキーなプロジェクトに関する情報を集める．株式の所有構造は支配株主は全株式の $\alpha\%$ を持つとし，$(1-\alpha)\%$ は少数株主に分散所有されているとする．ボードの役割は投資プロジェクトの

---

[6] Choi（2018）はこうした観点から支配株主の議決権なし種類株式の発行と中長期的なパーフォマンスについて議論している．

選択と経営者の監督として経営者を継続させるか交代させるかの決定の2つである．まず，1層型モデルを考える．このときつぎのタイムラインが考えられる．

0期目に支配株主＝取締役会が高い能力の経営者と低い能力の経営者のプールからランダムに経営者を雇う．ここで，このプールにおける高い能力の経営者の比率はλとする．この能力は支配株主には観察されず，経営者自身は経営に参加して初めて自分の能力を知るものとする．

つぎに1期目に支配株主と経営者はそれぞれプロジェクトについて情報を得ようと努力する．それぞれの情報発見確率はεとeで表す．発見の努力コストはその確率の2次関数とする．Agion and Tirole（1997）のアプローチを使って，プロジェクト発見を考える．N個の可能なプロジェクトがありそのうち2つだけが成功したら正の利得を生み出すプロジェクトでプロジェクト1とプロジェクト2とする．またこれら2つのプロジェクトの成功確率が経営者の能力に依存して高い能力の経営者ではp^H，低い能力の経営者ではp^Lで$p^H>p^L>0$とする．そして，プロジェクト1では支配株主にはB（>0），経営者にはb_1をもたらし，プロジェクト2は支配株主にはゼロ，経営者にb_2を与えるものとする．ここで$b_2>b_1$とする．

さて，プロジェクトの決定についてはつぎのように考える．経営者のみプロジェクト情報が得られれば，自分の好みのプロジェクト2が選択される．この確率は$(1-\varepsilon)e$である．支配株主＝取締役会が情報を得られても経営者も情報を得なければプロジェクト情報は完全には入手できないとし，その場合は支配株主が好むプロジェクト1が決定されるとする．この確率はεe，したがって，経営者が情報を得られなければ，プロジェクト情報はだれも得られず，その場合はプロジェクトは行われず，利潤はゼロとなるとする．

さらに，2期目に，プロジェクト1か2が実行されると，支配株主はモニタリングを行い，確率Mで経営者の能力を知ることになるとする．ただしこのときのモニタリングコストは$M^2/2$とする．もし，低い能力の経営者とわかれば解職し，経営者のプールから新たな経営者が採用される．採用された経営者は簡単化のためすでに進んでいるプロジェクトを実行する．そして最後に3期目に利潤と私的便益が実現する．

この問題は2期目からバックワードに解かれる．モニタリングが成功して高い能力ということがわかれば，経営者は継続となり，低い能力の経営者とわかれば交代が起こる．また，モニタリングに失敗してその経営者の能力についての情報がわからない場合は，交代しても同じ確率の経営者しか採用されないので，継続が選ばれるものとする．このとき，支配株主＝取締役の最適モニタリングは

$$\text{Max}_{\{M\}} \alpha\pi\{\lambda p^H + (1-\lambda)[\lambda p^H M + (1-\lambda)p^L M + (1-M)p^L]\} - M^2/2$$

これから，内点解を仮定すると，最適モニタリング水準 $M^* = \alpha\pi(1-\lambda)\lambda(p^H - p^L)$ となる．そこで，1層型ボードでの経営者と支配株主の努力選択をみてみよう．高い能力の経営者は自分がつねに継続することを知っているので，支配株主の好むプロジェクト1が選択されると b_1 の利得が得られ，自分の好むプロジェクト2を選択できる場合は b_2 の利得が得られる．したがって，支配株主の努力水準に対して高い能力の経営者はつぎの最適努力水準を決定する．

$$\text{Max}_{\{e_H\}} e_H[\varepsilon b_1 + (1-\varepsilon)b_2] - e_H^2/2$$

となり最適努力水準は

$$e_{H^*} = [b_2 - \varepsilon(b_2 - b_1)] \tag{10}$$

が得られる．同様に，低い能力の経営者にとっては，支配株主のモニタリングが失敗しなければ継続できることを考えると，支配株主の努力に対する最適努力水準はまた，支配株主の努力に関しては

$$\text{Max}_{\{e_L\}} e_L[\varepsilon b_1 + (1-\varepsilon)b_2](1-M^*) - e_L^2/2$$

より，最適努力水準は

$$e_{L^*} = [b_2 - \varepsilon(b_2 - b_1)](1-M^*) \tag{11}$$

となる．つぎに，支配株主の最適努力水準は自分の好むプロジェクトが実行されれば B，経営者の好むプロジェクトが実行されれば私的便益がなくなるが，いずれの場合も株式配当が得られる．したがって，それぞれの能力の経営者の

努力水準を前提にしたときの支配株主の最適努力水準 ε は

$$\text{Max}\, \varepsilon[\lambda e_{H^*}(B+\alpha\pi p^H)+(1-\lambda)e_{L^*}(B+\alpha\pi\{p^L(1-M)+[p^H\lambda+p^L(1-\lambda)]M\})]$$
$$+(1-\varepsilon)[\lambda e_{H^*}(B+\alpha\pi p^H)+(1-\lambda)e_{L^*}\alpha\pi\{p^L(1-M)+[p^H\lambda+p^L(1-\lambda)]M\}]$$
$$-(\lambda e_{H^*}+(1-\lambda)e_{L^*})\frac{M^{*2}}{2}-\frac{\varepsilon^2}{2}$$

から得られる．これから，

$$\varepsilon^* = B(\lambda e_{H^*}+(1-\lambda)e_{L^*}) \tag{12}$$

となる．(10), (11), (12) 式から，つぎのナッシュ均衡解が得られる．

$$\varepsilon^* = \frac{Bb_2 K}{1+B(b_2-b_1)K}, \quad e_i^* = \frac{b_2 K_i}{1+B(b_2-b_1)K}, \quad i=L, H \tag{13}$$

ただし $\lambda K_H+(1-\lambda)K_L$ である．これから，支配株主の努力は私的便益の増加関数であり，経営者の努力が支配株主の私的便益の減少関数である．これから，この企業の期待株式価値は

$$\varepsilon[\lambda e_{H^*}\pi p^H+(1-\lambda)e_{L^*}(\alpha\pi\{p^L(1-M)+[p^H\lambda+pL(1-\lambda)]M\})]$$
$$+(1-\varepsilon)[\lambda e_{H^*}\alpha\pi p^H+(1-\lambda)e_{L^*}\alpha\pi\{p^L(1-M)+[p^H\lambda+p^L(1-\lambda)]M\}] \tag{14}$$

で表され，詳細な計算は省くが，私的便益 B の変化が支配株主の努力と経営者の努力に逆に影響することから，ある B の水準があって，その水準以下では期待株式価値は B とともに上昇し，その水準以上では期待株式価値は B とともに下落することがわかる．こうして支配の私的便益の社会的な有用性への貢献について一定の評価をすることができる．本章は，支配株主が存在しているドイツ型の2層型のガバナンス機構と上で検討した米国型の1層型のガバナンス機構を比較し，支配株主が存在する場合には経済厚生上，ある条件のもとで2層型モデルの優位性を示している．

10. おわりに

本章では前半で取締役会の企業統治における役割を現状を説明し，後半ではいくつかの取締役会の理論モデルを示した．とくに理論モデルにおいては，支

配の私的便益に注目して，アドバイザリー機能とモニタリング機能を持つ取締役会と CEO のガバナンスボードのパフォーマンスを検討し，また，役員の資源配分について言及した．つぎに Hermalin and Weisbach の CEO とボードの交渉モデルと Adams and Ferreira のコミュケーションモデルを紹介し，さらに新たな CEO と取締役会のコミュニケーション技術を Adams and Ferreira より簡単に定式化し，取締役会の最適構成について議論をした．最後に，Graziano and Luporini の株主がいる会社のガバナンス機構のモデルを検討した．

　ボードとガバナンス機構のあり方が日本も含め世界的に問われている現在，これまで検討されてきたモデルの検討，そして新たな視点からモデルを提示することは意義があることと思われる．早急な補充が必要なことは，社外取締役のもう一つの役割と言われるリスキーな業務が重要なときのアドバイスは内部取締役より有効だという視点をわれわれのモデルに組み込むことである．それから本書の第 4 章の会計情報を通じたコミュニケーションを強調したガバナンス機構の研究は外部監査を取り扱った Laux and Stocken（2018）と統合することによって，監査機関の内生化問題に議論を拡張することができる．これは，実は，わが国の伝統的な監査役会によるボードの補充という体制と監査等委員会ボード，さらに米国流のモニタリングボード，それからドイツ流の 2 層型ボードとの比較ガバナンス理論が展開される可能性を持っている．

◢参考文献

Adams, Renee B. and Daniel Ferreira (2007), "A Theory of Friendly Boards," *Journal of Finance*, 62 (1).

Adams, Renee B., Benjamin E. Hermalin, and Michael S. Weisbach (2010), "The Role of Boards of Directors in Corporate Governance: A Conceptual Framework and Survey," *Journal of Economic Literature*, 48 (1).

Aghion, Phillipe and Jean Tirole (1997), "Formal and real authority in organizations," *Journal of Political Economy*, 105 (1).

Bebchuk, Lucian Arye and Jesse M. Fried (2003), "Executive Compensation as an Agency Problem," *Journal of Economic Perspectives*, 17 (3).

Boone, Audra L., Laura Casares Field, Jonathan M. Karpoff, and Charu G. Raheja (2007), "The Determinants of Corporate Board Size and Composition: An Empirical

Analysis," *Journal of Financial Economics*, 85（1）, pp. 66–101.
Burkart, Mike, Denis Gromb, and Fausto Panunzi（1997）, "Large Shareholders, Monitoring, and the Value of the Firm," *Quarterly Journal of Economics*, 112（3）, pp. 693–728.
Choi, Albert H.（2018）, "Concentrated Ownership and Long-Term Shareholder Value," *Harvard Business Law Review*, 53.
Claessens, Stijn, Simeon Djankov, and Larry Lang（2000）, "The Separation of Ownership and Control in East Asian Corporations," *Journal of Financial Economics*, 58（1–2）, pp. 81–112.
Coles, Jeffrey L., Naveen D. Daniel, and Lalitha Naveen（2008）, "Boards: Does One Size Fit All?" *Journal of Financial Economics*, 87（2）, pp. 329–356.
Dominguez-Martinez, Silvia, Otto H. Swank, and Bauke Visser（2008）, "In Defense of Boards," *Journal of Economics and Management Strategy*, 17（3）.
Dyck, Issac and Luigi Zingales（2004）, "Private Benefits of Control: An International Comparison," *Journal of Finance*, 59（2）, pp. 537–600.
江頭憲治郎（2014），「会社法改正によって日本の会社は変わらない」『法律時報』86巻11号．
Fama, Eugene F.（1980）, "Agency Problems and the Theory of the Firm," *Journal of Political Economy*, 88（2）.
Ferris, Stephen P. and Xuemin Yan（2007）, "Do independent directors and chairmen matter? The role of boards of directors in mutual fund governance," *Journal of Corporate Finance*, 13（2–3）.
Graziano, Clara and Annalisa Luporini（2012）, "Ownership concentration, monitoring, and optimal board structure," *Economics Bulletin*, 32（4）.
Harris, Milton, and Artur Raviv（2008）, "A Theory of Board Control and Size," *Review of Financial Studies*, 21（4）.
Hermalin, Benjamin E. and Michael S. Weisbach（1988）, "The Determinants of Board Composition," *RAND Journal of Economics*, 19（4）.
Hermalin, Benjamin E.（2005）, "Trends in Corporate Governance," *Journal of Finance*, 60（5）.
Hermalin, Benjamin E. and Michael S. Weisbach（eds.）（2017）, *The Handbook of The Economics of Corporate Governance*, North-Holland.
Hirschman, Albert O.（1970）, *Exit, Voice, and Loyalty: Responses to Decline in Firms, Organizations, and States*, Harvard University Press.
Holmström, Bengt（1999）, "Managerial Incentive Problems: A Dynamic Perspective," *Review of Economic Studies*, 66（1）, pp. 169–182.
細江守紀（2019），「事業編成と企業効率の経済分析—コントロールの私的利益と法的責任の観点から—」秋本耕二・永星浩一・秋山優編『理論経済学の新潮流』勁草書房．

Jensen, Michael C. and William H. Meckling (1976), "Theory of the firm: Managerial behavior, agency costs and ownership structure," *Journal of Financial Economics*, 3 (4), pp. 305–360.

Jensen, Michael C. (1993), "The Modern Industrial Revolution, Exit, and the Failure of Internal Control Systems," *Journal of Finance*, 48 (3).

神谷高保 (2015)、「社外取締役の導入促進に反対する」『法学志林』113巻2号.

神作裕之 (2013)、「取締役会の独立性と会社法」『商事法務』No. 2007.

Laux, Volker and Phillip C. Stocken (2018), "Accounting standards, regulatory enforcement, and innovation," *Journal of Accounting and Economics*, 65.

三輪芳朗・M. ラムザイヤー (2015)、「『コーポレートガバナンス・コード』と『社外取締役』」『大阪学院大学経済学論集』28巻2号.

宮島英昭 (2011)、『日本の企業統治』東洋経済新報社.

宮島英昭・小川亮 (2012)、「日本企業の取締役会構成の変化をいかに理解するか：社外取締役の導入の決定要因」『商事法務』第1973号.

宮島英昭 (2015)、「企業統治制度改革の視点：ハイブリッドな構造のファインチューニングと劣位の均衡からの脱出に向けて」Rieti Policy Discussion Paper Siries 15-P-011.

宮島英昭 (2017)、『企業統治と成長戦略』東洋経済新報社.

Pacces, Alessio M. (2012), *Rethinking Corporate Governance - The law and economics of control powers*, Routledge.

Porta, Rafael La, Florencio Lopez-de-Silanes, and Andrei Shleifer (1999), "Corporate Ownership Around the World," *Journal of Finance*, 54.

齋藤卓爾 (2015)、「取締役会構成と監査役会構成の決定要因」財務省財務総合政策研究所『フィナンシャル・レビュー』第1号.

齋藤卓爾 (2017)、「取締役会に関する実証分析―会社法改正（平成27年）・コーポレートガバナンス・コードの影響」法制審議会会社法制（企業統治等関係）部会第5回会議報告資料.

宍戸善一 (2017)、「モニタリング・ボード再考―内部ガバナンスと外部ガバナンスの補完性の観点から」黒沼悦郎・藤田友敬編著『企業法の進路：江頭憲治郎先生古稀記念』有斐閣.

Shleifer, Andrei and Robert W. Vishny (1989), "Management Entrenchment: The Case of Manager-Specific Investments," *Journal of Financial Economics*, 25 (1).

内田交謹 (2009)、「取締役会構成変化の決定要因と企業パフォーマンスへの影響」『商事法務』No. 1874.

内田交謹 (2012)、「社外取締役割合の決定要因とパフォーマンス」『証券アナリストジャーナル』50巻5号.

内田交謹 (2013)、「日本企業の取締役会の進化と国際的特徴」『商事法務』No. 2007.

Yermack, David (1996), "Higher Market Valuation of Companies with a Small Board of Directors," *Journal of Financial Economics*, 40 (2).

第3章　経営者の保身行動と企業統治

野崎竜太郎

1. はじめに

　本章では，取締役会による経営者（代表取締役や最高経営責任者（CEO：Chief Executive Officer）など）の選任や解任と経営者の保身行動について考察を行う．

　株式会社における経営陣のトップである代表取締役の選定・解職は取締役会の職務として会社法第362条2項3号に，また3項には代表取締役は取締役のなかから取締役会決議によって選定されなければならないと規定されている．選定された代表取締役は，取締役会で決定された事項，および取締役会から委任された事項の執行を行い，対外的に会社を代表する．一方，取締役会を構成する取締役は，株主から委任を受けて職務を遂行する関係にあり，職務遂行にあたり，善管注意義務（会社法第330条，民法第644条），忠実義務（会社法第355条）を負う．したがって，取締役会は株主の意向に沿ってその職務や権限を執行しなければならない．とくに企業統治の観点からは取締役の代表取締役の選任・解職の権限が重要である．

　一般に，企業の代表取締役やCEOの選任・解職（以下，経営者の交代という）の種類は自発的に退任する通常交代と業績不振などにより取締役会から強制的に交代させられる懲罰的交代の2つに大別できる．2種類の交代のうち，企業統治として関心が高いのは，経営者の懲罰的交代と企業の業績パフォーマ

ンスの関係である．それを検証した研究として，泉・権（2015）がある．この研究では，日米間の企業統治構造の差[1]が，企業のパフォーマンスにどのような影響を与えているかについて分析している．分析の結果，日米両国において，低い企業パフォーマンス下では懲罰的交代が起きる可能性が増すが，交代後の企業パフォーマンスは米国企業のみで回復がみられ，日本企業では回復していないという結論を得ている．また，Jenter and Kanaan（2015）では，CEO がコントロール不能な要因による企業業績の不振の後に解雇されることを理論と実証の両方で分析している．分析では CEO が悪い市場パフォーマンスの後では，解雇される可能性がかなり高いことを明らかにしている．

経営者の交代が生じる要因に注目して分析した研究に齋藤・宮島（2016）がある．この研究では 1990 年代以降の日本企業の統治制度の変化が経営者の交代に及ぼした影響について分析している．具体的には，1990 年から 2013 年について，東証 1 部上場企業からランダムに抽出した 500 社を対象として経営者交代の決定要因を分析している．この研究では，企業の業績と経営者の懲罰的交代には負の相関にある．すなわち，企業の業績が悪いと経営者の交代確率が高いことを明らかにしている．

しかしながら，一般に，健康面や高齢による退任などを除けば，経営者は交代させられると自分の利益が下がる（経営者としての報酬が得られなくなる）ことから，交代を阻止する行動，いわゆる保身行動（entrenchment）をとる可能性があるだろう．その場合，どのような保身行動が考えられるであろうか．保身行動として，①買収防衛策によるもの，②経営者特殊的投資によるもの，③負債契約を用いたもの，④利害関係者との協力によるものが考えられる．以下，これらの研究についてサーベイしよう．そのほかにも，株式持ち合いや取締役会の構成なども保身行動として考えられるだろう．

---

[1] 泉・権（2015）では，日米のコーポレートガバナンス構造の違いを以下のように説明している．「実際のコーポレートガバナンス構造は理論よりも複雑であり，株主も投資から得られるリターンを最大化するために，株式を保有しているとは限らない．日本に限って言えば，戦後からバブル経済が崩壊するまで，事業企業間での株式の持合いが主流であり，債権者であるメインバンクやグループ会社などが株主として大きな影響力を持っていた．……一方で，アメリカ企業では，金融機関が一定割合以上の株主を保有することが禁じられていることもあり，マーケットリターンを追求する株主と，経営から独立性の高い取締役会がトップマネージメントを監視するという体制が確立している．」

まず，買収防衛策による保身とは，合理的な理由のない買収防衛策の発動や，合理的な理由があっても過剰な内容の防衛策の発動が保身行動とみなされるかもしれないことである．滝澤・鶴・細野（2007）では，2005年度，2006年度に分けて，買収防衛策を導入した企業の特徴について実証分析を行った．分析の結果，買収防衛策を導入する傾向が強いのは，買収されやすい企業（支配株主比率が低く，機関投資家比率が高いといった株式保有の流動性の高い企業）や買収者にとって魅力的な企業（流動性資産比率が高く，負債比率が低い企業）であることを明らかにした．そして，社齢の長い，経営者持株比率の低い，株式持合比率が高い企業ほど買収防衛策を導入しやすく，経営保身や株主との利害対立が買収防衛策導入に影響を与えていることを示唆する結果を導き出している．具体的には社齢が長い企業は相対的に組織慣性や硬直性が高く，大きな経営変化に反対しがちで組織防衛の視点から買収防衛策を導入しやすい．経営者持株比率が低いと株主との利害が対立しやすく，保身の度合いが高くなり，買収防衛策を導入する．そして，株式持合比率が高ければ，買収されづらいにもかかわらず，買収防衛を導入しやすいという結果は経営者の保身行動を反映していると結論づけている．

　つぎに保身行動としてあげられるのは経営者特殊的投資である．経営者特殊的投資とは，投資後の企業（資産）価値が，他の経営者によって経営されるときよりも投資を行った既存の経営者によって経営されるときのほうが高くなる投資のことである．たとえば，その経営者以外には扱いづらいシステムをつくり上げることがこれにあたるだろう．Shleifer and Vishny（1989）は，経営者が交代させられる可能性がある場合，経営者は交代の対抗手段，すなわち保身として経営者特殊的投資を行うインセンティブを持つことを理論分析によって示している．経営者が経営者特殊的投資を行えば，他の経営者では，企業価値が低くなってしまい，取締役会や株主にとっての経営者交代コストを上昇させることになる．したがって，経営者特殊的投資による交代コストの上昇は取締役会や株主に経営者の交代を諦めさせることになる．

　そして，負債契約を用いた保身行動を説明したものとして Catherine and Wang（2011）がある．彼らは2期間モデルを用いて，能力の低い経営者が，株主や敵対的買収による交代を防ぐために，負債契約を活用して企業価値を下

げ，買収者に企業を買収する魅力を減らすことで，買収を諦めさせ，保身を図ることを指摘している．

さらに，既存の経営者は利害関係者との関係を保身に利用することもある．Pagano and Volpin（2005）では，既存の経営者は買収による交代を阻止するための方法として労働者と長期労働契約を結ぶことを指摘している．この研究では，長期労働契約は労働者からの支持を得られ，また労働者は買収時に経営者交代に反対する立場をとる主体となり，買収による経営者交代のプレッシャーを与えることになるとしている．また，長期労働契約は買収者の立場からは，買収後に生産コストを下げるために労働者と短期の労働契約で生産コストを下げたいが，長期労働契約が結ばれていると生産コストを下げることができず，買収後の企業価値の上昇が困難になる．したがって長期労働契約は，買収者の買収インセンティブを下げ，経営者の保身となりうると，彼らは指摘している．

Giovanni and Cestone（2007）では，Shleifer and Vishny（1989）の経営者特殊的投資の概念を用いて，利害関係者との関係を用いて保身を図る可能性を指摘している．すなわち，上記の分類の①と④を同時に取り扱った研究である．この研究では，取締役会に交代させられる可能性のある経営者が自己の保身を図るために，経営者の交代に影響を与えることのできる利害関係者と協力し，利害関係者に利益のあるようなプロジェクトを実施できるように経営者が経営者特殊的投資を行い，利害関係者に交代阻止の行動を実施してもらう可能性があることを指摘している．このような経営者の保身行動を防止する方法として，法によって，利害関係者に利益のあるプロジェクトを実施するように規制当局が経営者に強制（すなわち，法によって利害関係者の利益を保護）できれば，利害関係者は，経営者の協力がなくとも利益を得られるので，経営者からの協力依頼に魅力を感じなくなり，経営者の保身行動を防ぐことができることを示している．

本章では，Giovanni and Cestone（2007）で取り扱われた，利害関係者と協力することで，交代の可能性を低めるという保身行動をとる場合に，業績に応じた交代システムの導入が，経営者の保身行動をどれくらい防ぐことができるかについて分析を行う．

2. モデル

　Giovanni and Cestone（2007）のモデル（以下，GC モデルと呼ぶ）では，既存の経営者が，取締役会による経営者の交代を回避するために，利害関係者の協力を得る状況を想定し，既存の経営者の保身（交代回避）行動の抑制方法を検討している．とくに保身行動が起きる原因として既存の経営者と利害関係者の利害の一致に注目し，保身行動の抑制方法として，規制当局が利害関係者の利益をある程度保証する政策（具体的には，規制当局が経営者のプロジェクト選択をモニタリングし，モニタリングに成功すれば，規制当局は経営者に対して，利害関係者が利益を得られるプロジェクトを企業に強制させる政策）を考え，それによって，利害関係者が既存の経営者に協力するインセンティブを減退させ，既存の経営者の保身行動を抑制できることを明らかにしている．

　しかし，GC モデルは，経営者の保身行動を抑制するための政策について分析の焦点を当てており，取締役会による経営者の保身を防止する手段をとくに考えていない．そこで，取締役会による業績に応じた経営者の交代システムを導入し，それによって経営者の規律にどのような影響が与えられるかを検討する．現実には，経営者が交代する，または交代される理由の一つに業績不振があり，齋藤・宮島・小川（2016）の分析でも示されているように，企業は企業統治の方法として，業績に応じて経営者の交代を行う[2]．したがって，業績に応じた経営者の交代が，経営者の保身行動を抑制する方法となっているかを理論的に検討することは重要であると考えられる．

　本章では，1期間モデルを使用していた CG モデルを2期間モデルに拡張し，GC モデルの想定のもとで，1期目の企業業績によって取締役会による既存の経営者の交代確率の違いが，既存の経営者の保身行動の抑止に効果があるかを分析する．また，CG モデルでは規制当局がモニタリングを実施し，モニタリ

---

[2] たとえば，米ゼネラル・エレクトリック（GE）は，2018年10月1日に最高経営責任者（CEO）が業績悪化と株価低迷の責任をとり退任した（2018年10月1日（日本経済新聞電子版））．また，三越伊勢丹ホールディングスでは2017年3月7日の取締役会において，同年4月1日付で業績悪化の責任をとるために社長が退任することが決議された（2017年3月7日（日本経済新聞電子版））．

ングに成功すればプロジェクトを強制できる設定であったが，取締役会による モニタリングが成功すれば，取締役会がプロジェクトを指示できることを想定 して分析を行う．

既存の経営者，潜在的な経営者，取締役会，株主，利害関係者（たとえば， その企業の労働者，取引先企業，顧客など既存の経営者と長期的な関係がある 個人，組織を想定し，企業に対していくらかの影響力を持つ主体と想定してい る[3]）で構成される経済を考え，各経済主体はリスク中立的であると仮定する． また，2 期間の経済を想定し，期間を 1 期，2 期と呼び，1 期目は既存の経営 者が企業を経営しているとする．

企業の所有構造は既存の経営者が α（$0<\alpha<1$）の割合を保有し，残りは他 の株主によって分散所有されているものとする．既存の経営者の株式所有割合 は，企業からのストック・オプションとして考える．また，既存の経営者以外 の株主1人あたりの所有割合は非常に小さく，企業の経営には興味を持ってい ない主体として想定しておく．

既存の経営者

既存の経営者は 1 期目より前に雇われた経営者であり，1 期目に経営コント ロール権を持つ主体である．既存の経営者は自身の経営能力によってプロジェ クトを実施し，彼の経営能力を θ_M と定義しておく．経営の能力には，さまざ まなものが考えられるだろうが，最終的にはその能力を用いてどれだけ企業価 値を高められるかということになるだろう．そこで，本章での経営能力とは， リスクのあるプロジェクトを成功させられる可能性の高さとし，経営能力 θ_M そのものをリスクのあるプロジェクトの成功確率として考える．

企業が選択できるプロジェクトは 2 つあり，1 期間で完結する（期首にどち らかのプロジェクトを選択し，期末に収益が実現する）．選択可能な 2 つのプ ロジェクトをプロジェクト I とプロジェクト II と定義し，その選択は，経営

---

[3] クックパッド（株）は，2016 年に代表取締役会社長と創業者が対立し，代表取締役会が解職さ れた．しかし，この解職に従業員は反対を表明し，署名活動を行っていることが報じられている（Diamond Online DOL 特別レポート「経営の混乱続くクックパッド，ついに社員が「社長解任反対」 で決起」2016 年 4 月 1 日（https://diamond.jp/articles/-/88847），最終閲覧日 2019 年 1 月 29 日）．

表 3-1 プロジェクトから得る利得

	成功	失敗
プロジェクト I	$(V_I, 0)$	$(0, 0)$
プロジェクト II	(V_{II}, B)	$(0, B)$

注：左の値は株主全体の利得，右の値は利害関係者の利得を表す．

コントロール権を持つ経営者が期首に選択する（ここでは，経営者の交代の可能性があることを想定しているので，交代すれば，新経営者が選択することになる）．プロジェクト i ($i=I, II$) を実行すると，期末に収益が実現し，先行研究 GC モデルと同様に，株主に対する金銭的利益である企業価値 V_i と利害関係者への非金銭的な利益 B_i を発生させるものと仮定する．そして，各期において経営コントロール権を持つ経営者が各期のコントロール便益 γ を得るとする．すなわち，既存の経営者は交代させられなければ，各期でコントロール便益 γ を得る．

実施されるプロジェクトによって，企業価値の大きさは異なり，プロジェクト I を選択したとき，プロジェクトが成功すれば，株主に V_I の企業価値が生じ，失敗すれば，生じる企業価値は 0 とする．一方，利害関係者の非金銭的な利益 B_I はプロジェクトの結果にかかわらず 0 であるとする．プロジェクト II を選択したとき，プロジェクトが成功すれば，株主に V_{II} ($<V_I$) の企業価値が生じ，失敗すれば，企業価値は 0 であるとする．プロジェクト II の企業価値がプロジェクト I より低いのは，プロジェクト II は，株主にとっては非効率的なプロジェクトであり，その分，企業価値が小さいことを意味する．一方，利害関係者にはプロジェクトの結果にかかわらず B_{II} の利益が発生する．ここで表記の簡単化のために $B_{II}=B$ と定義しなおす．プロジェクトから得られる利益を表にまとめたものが**表 3-1** である．

表 3-1 をみるとわかるように，株主と利害関係者が好むプロジェクトが異なる状況，すなわち，両者の間に利害対立がある状況を想定する[4]．

---

[4] もちろん，両者の利害が一致することはある．本章では分析の簡素化のため，利害対立がある状況のみに限定している．Giovanni and Cestone (2007) では，確率的に利害が一致する状況を考察している．

最後に，既存の経営者の投資についての想定をする．既存の経営者のみ1期期首のプロジェクト選択の直前（以後，0期と呼ぶ）に，投資を行うことができると仮定する．これは既存の経営者は，すでに企業の経営に携わっているため，企業の状態などについてよく知っており，長期にわたり経営をコントロールしていることで培ったものである．ここでは既存の経営者は，投資を企業価値の向上のためにではなく，自身の利益（私的便益）のために行う投資であると想定し，また，保身行動のために投資を利用することを想定する．そこで，既存の経営者は投資を行い，各期にプロジェクトIIを実施すれば，その投資効果から企業価値V_{II}や，利害関係者の非金銭的利益Bとは別に，既存の経営者に私的便益bをもたらすとする[5]．たとえば，投資を行うことで，ペットプロジェクトを実施でき，その利益は既存の経営者にしか得ることができないことを想定している．既存の経営の投資は単純に一定の投資を行うかどうかの選択であるとし，簡単化のために投資コストを0とする．

取締役会

取締役会は，既存の経営者を解職できる権限を持ち，新経営者を選任することができる主体である．また，経営者（既存の経営者，および新経営者）の行動をモニタリングし，それによって経営者が株主の意向に沿わない行動（すなわち，経営者がプロジェクトIIの選択）を発見した場合には，プロジェクトIの実施を強制できる主体であり，株主との間に利害対立はないものとする[6]．

取締役会のモニタリングのタイミングは，各期でプロジェクトが選択された直後である．しかし，取締役会のモニタリングが成功するとは限らない．場合によっては経営者の行動を把握できなかったり，見逃してしまったりすることもあるだろう．そこで，取締役会がt期（tは期間を意味し，$t=1,2$）で実施

---

[5] たとえば，既存の経営者は投資を行うことで，プロジェクトIIを実施したときにもV_Iを実現することができるが，私的便益として得ていると考えることも可能である．ただし，その場合，ここでは差額を私的便益の大きさとして考えておらず，私的便益の一部に差額が含まれるとして解釈する．
[6] 現実的には取締役会と株主の間に利害対立が生じる場合は多くあることが指摘されている．しかしながら，取締役会によるトップマネジャーである既存の経営者の解職と，それを阻止したい既存の経営者の保身行動に焦点を当てているため，株主と取締役会との間の利害対立はないものとして分析を行う．

するモニタリングの成功確率を m_t ($t=1,2$) と定義する．ただし，分析の簡単化のため，取締役会は主体的に行動を決定せず，成功確率はパラメータとして取り扱い，また，モニタリングコストも無視する．

取締役会は1期末のプロジェクトの成果 V_i をみて，既存の経営者を交代させるかどうかを決定する．現実的には企業では業績が悪いと交代させられる可能性が高いと考えられるため，プロジェクトの利益が低いほど，交代の可能性は高くなることを仮定する．そこで，交代の可能性についても，モニタリングの成功確率と同様に確率的に交代が起きるものとして考え，つぎのように仮定する．プロジェクトⅠが成功したときの交代確率を0（取締役会は既存の経営者を交代しない），失敗したときの交代確率を1（既存の経営者を交代する）とする．プロジェクトⅡが成功したときの交代確率を p（$0<p<\bar{p}<1$），失敗したときの交代確率を0と仮定する[7]．これは V_I が実現したときは企業価値も高く，株主の利益を追求したプロジェクトを実施しているので，交代は行われないとし，V_{II} が実現したときは，ある程度の企業価値は実現できているものの，株主の利益を追求はされていないので，取締役会による交代の可能性はあるが，その確率は失敗したときよりも小さいことを意味している．また，どちらのプロジェクトを実施したとしても失敗した場合は，その責任から交代させられるとして考えている．

取締役会は既存の経営者を交代した場合，新経営者として経営能力 θ_R を持つ経営者を選任するものと仮定する．この能力は既存の経営者と同様に総合的な経営者の能力として考える．また，取締役会は既存の経営者を交代するのであるから，より能力の高いと考えられる経営者を選任するだろう．したがって，$\theta_R(>\theta_M)$ を仮定する．さらに，潜在的な経営者は，取締役会との考えが一致している経営者であるとし，プロジェクトⅠをつねに選択する主体であると仮定する．分析の単純化のために，ここでは潜在的な経営者への金銭的インセンティブについては考えない．

---

[7] もちろん，成功したからといって解職されないことはないだろうし，反対に失敗したからといって直ちに解職されることはないだろうが，ここでは計算の簡単化のために交代確率を極端にしている．

利害関係者

　企業の利害関係者として，従業員や取引先や顧客，地域のコミュニティなどが想定される．彼らは既存の経営者との長期的な取引関係にあり，一定の関係が築かれているとする．たとえば従業員であれば，賃金や福利厚生などの金銭的だけでなく，労働環境（たとえば，休暇のとりやすさや職場環境など）など非金銭的なものが考えられるし，取引先や顧客であれば，長期取引における信頼関係があるだろう．地域のコミュニティであれば，その地域の環境への配慮などが考えられる．これらの理由から，彼らは非金銭的な利益が発生するプロジェクトIIの実施を好む主体であるとする．取締役会が既存の経営者を交代し，潜在的な経営者を新経営者として選任すれば，利害関係者は，2期目にプロジェクトIIが実施されないことを知っており，プロジェクトIIの実施可能性を持つ既存の経営者が交代されないことを望む主体である．したがって，既存の経営者がプロジェクトIIの実施の可能性があるならば，既存の経営者が交代されないように行動するかもしれない．たとえば，既存の経営者が交代されそうなときに，それを阻止するような行動（たとえば，従業員が取締役会に対して既存の経営者の交代に反対する声明を発表するなどがあるだろうし，取引先や顧客は，今後の取引の見直しなどを表明することがあるだろう．また地域のコミュニティであれば，新経営者による地域への配慮への方針転換があれば，それに対する抗議運動を行うなどが考えられる）を企業に対してとるだろう．もし，既存の経営者と利害関係者が協力するならば，利害関係者は1期末に取締役会による既存の経営者の交代を一定の割合で阻止することができ，その協力水準をaと定義し，その水準だけ交代確率を下げることができるとする．すなわち，利害関係者の協力水準そのものが交代確率を下げる割合として考え，既存の経営者の交代確率を$1-a$の割合だけ低下させるとする．

　しかしながら，既存の経営者は，利害関係者が協力行動をとった後，交代が起きなかったときにプロジェクトIIを実施するとは限らない．よって，利害関係者もプロジェクトIIの選択がコミットされていなければ，交代阻止行動をとることはないだろう．そこで，両者の協力は0期で話し合われ，CGモデルと同様に，約束内容はコミットされることを仮定する．また，既存の経営者が投資を行い，プロジェクトIIを選択したときに得られる私的便益の大きさ

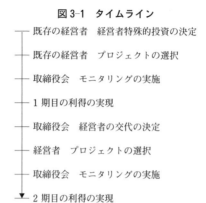

図3-1 タイムライン

について $b > \theta_M \alpha \Delta V$ ($\Delta V \equiv V_I - V_{II}$) の仮定を置く．これは既存の経営者が投資を行えば，彼にとってはプロジェクトIIを選択することが望ましくなることを意味する仮定である．また，利害関係者も交代阻止の協力をコミットすることになる．

これらの設定のもとで，経営者の保身行動について分析を行っていく．分析を行う前に各主体の行動を図3-1のタイムラインで示す．

3. 既存の経営者の保身行動

3.1 利害関係者との協力ができない場合

ベンチマークとして，既存の経営者と利害関係者の協力ができない場合について考察する．既存の経営者と利害関係者は協力できないか，協力するには非常にコストが高い状態であるとする．

まず，2期目の経営者のプロジェクトの選択からみていく．取締役会によって既存の経営者が交代されている場合，潜在的な経営者がプロジェクトの選択を行い，仮定より潜在的な経営者はプロジェクトIを選択し，既存の経営者は株主としての期待利得 $\theta_R \alpha V_I$ を得る．

反対に既存の経営者が交代されなかったときは，既存の経営者がプロジェクトを選択し，彼は自己の期待利得が高くなるようにプロジェクトを選択するこ

となる．既存の経営者がプロジェクト I を選択したときの期待利得は $\theta_M \alpha V_I$ であり，一方，プロジェクト II を選択したときは，取締役会のモニタリングが成功するとプロジェクト I を実施しなければならないので，既存の経営者の期待利得は $m_2 \theta_M \alpha V_I + (1-m_2) \theta_M \alpha V_{II}$ である．期待利得を比較すると，仮定よりプロジェクト I を選択したときの期待利得 $\theta_M \alpha V_I$ のほうが高いので，既存の経営者はプロジェクト I を選択し，期待利得 $\theta_M \alpha V_I$ を得る．しかしながら，交代したときの期待利得の大きさ次第で，既存の経営者は保身したいかどうかが決まるだろう．すなわち，

$$\theta_R \alpha V_I < \theta_M \alpha V_I + \gamma \tag{1}$$

でなければ，2期目も経営者としてコントロール権を持ちたいとは考えないだろう．そこで，(1) 式が成り立つようにするために次の仮定を置く．

$$\alpha \leq \frac{\gamma}{\Delta \theta V_I} \equiv \bar{\alpha}(<1) \quad (\Delta \theta \equiv \theta_R - \theta_M) \tag{2}$$

そして，コントロール便益は既存の経営者が交代させられたときに株式保有から得られる追加的な利益よりも小さい．すなわち，$\gamma < \Delta \theta V_I$ も仮定する．この仮定を置くことで，既存の経営者のストック・オプションとして割り当てられた株式割合の上限は 1 より小さいことを意味している．

以上のことを考慮して，1 期目期首の既存の経営者の期待利得を求める．既存の経営者は 2 期目ではプロジェクト I を選択するので，1 期目にプロジェクト I を選択したときの 1 期期首における 2 期間の期待利得の和は，

$$\theta_M \alpha V_I + \gamma + \theta_M (\theta_M \alpha V_I + \gamma) + (1 - \theta_M) \theta_R \alpha V_I \tag{3}$$

である．ここで第 1 項と第 2 項の和は 1 期の期待利得であり，第 3 項以降は 2 期目以降の期待利得である．一方，1 期目にプロジェクト II を選択したときの 1 期期首における 2 期間の期待利得の和は，

$$\begin{aligned} m_1 \theta_M \alpha V_I + (1-m_1) \theta_M \alpha V_{II} + \gamma + m_1 \{\theta_M (\theta_M \alpha V_I + \gamma) + (1-\theta_M) \theta_R \alpha V_I\} \\ + (1-m_1)[\theta_M \{p \theta_R \alpha V_I + (1-p)(\theta_M \alpha V_I + \gamma)\} + (1-\theta_M) \theta_R \alpha V_I] \end{aligned} \tag{4}$$

である．これらを比較するために (3) 式から (4) 式を引くと，

$$(1-m_1)\{\theta_M \alpha \Delta V + \theta_M(1-p)(\gamma - \Delta\theta\alpha V_I)\} > 0$$

を得る．すなわち，プロジェクトIを選択したときの期待利得が大きく，この差はプロジェクトIIを選択することで，既存の経営者が失う期待利得の大きさを意味している．したがって，既存の経営者は利害関係者との協力もなにもなければ，プロジェクトIIを選択することは自らの期待利得を下げるだけであり，プロジェクトIIを実施するインセンティブを持たないことを意味している．また，このときの株主全体の期待利得は

$$\theta_M V_I + \theta_M \theta_M V_I + (1-\theta_M)\theta_R V_I \tag{5}$$

である．

3.2 利害関係者との協力がある場合

以上のことから，既存の経営者は利害関係者と協力ができなければ，プロジェクトIIを自ら実施しないことがわかった．

ではつぎに，利害関係者と既存の経営者で協力ができる場合を考えていく．既存の経営者と利害関係者が協力するのは，既存の経営者が協力することで，自身の期待利得が上昇し，かつ，既存の経営者がプロジェクトIIを選択し，利害関係者も正の期待利得を得られるときであろう．また，既存の経営者は2期目も経営者として企業に残りたいと考えているため，利害関係者と協力することで，自身が高い確率で企業に残れることを考えるだろうし，一方，利害関係者はプロジェクトIIの実施を既存の経営者に約束してもらう代わりに経営者の交代を阻止する行動をとるだろう．そこで，GCモデルと同様に既存の経営者はプロジェクトIIの実施をコミットするために投資を行い，プロジェクトIIを2期間とも実施することを考える．既存の経営者にとって2期目のプロジェクトの選択は，利害関係者の協力後なので，プロジェクトIを実施する可能性がある．しかし，投資を行うことによって私的便益が得られるので，既存の経営者はプロジェクトIIを実施するインセンティブを持つことになる．

2期間の期待利得の和で既存の経営者は利害関係者との協力をするかどうかを0期に決定することなる．プロジェクトIIを実施する場合は，プロジェク

図 3-2 既存の経営者と利害関係者の協力がある場合の交代確率

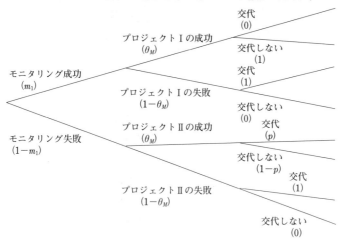

注：カッコの中の値は事象の起こる確率．

トⅠを選択したときよりも複雑になるため，1期目にプロジェクトⅡが選択されたときの交代確率を**図 3-2**で示しておく．

よって，既存の経営者と利害関係者の協力がある場合の既存の経営者の1期期首における期待利得は，

$$
\begin{aligned}
& m_1\theta_M\alpha V_I+(1-m_1)(\theta_M\alpha V_{II}+b)+\gamma \\
& \quad +\{(1-m_1)\theta_M p(1-a)+(1-\theta_M)(1-a)\}\theta_R\alpha V_I \\
& \quad +\{(1-m_1)\theta_M(1-p+pa)+(1-\theta_M)(1-a)\}\{m_2\theta_M\alpha V_I \\
& \quad +(1-m_2)(\theta_M\alpha V_{II}+b)+\gamma\} \quad (6)\\
& =m_1\theta_M\alpha V_I+(1-m_1)(\theta_M\alpha V_{II}+b)+\gamma+\{(1-m_1)\theta_M p+1-\theta_M\}(1-a)\theta_R\alpha V_I \\
& \quad +[1-\{(1-m_1)\theta_M p+1-\theta_M\}(1-a)]\{m_2\theta_M\alpha V_I \\
& \quad +(1-m_2)(\theta_M\alpha V_{II}+b)+\gamma\}
\end{aligned}
$$

また，株主全体の期待利得は

$$
\begin{aligned}
& m_1\theta_M V_I+(1-m_1)\theta_M V_{II}+\{(1-m_1)\theta_M p+1-\theta_M\}(1-a)\theta_R V_I \\
& \quad +[1-\{(1-m_1)\theta_M p+1-\theta_M\}(1-a)]\{m_2\theta_M V_I+(1-m_2)\theta_M V_{II}\}
\end{aligned} \quad (7)
$$

である.ここで利害関係者と協力がないときの株主全体の期待利得(4)式と比較するために(4)式から(7)式を引き,整理すると,

$$m_1\theta_M V_I+(1-m_1)\theta_M V_{II}+m_2\theta_M V_I+(1-m_1)\theta_M V_{II}$$
$$+\{1-\theta_M+(1-m_1)\theta_M p\}(1-a)\{\Delta\theta V_I+(1-m_2)\theta_M V_{II}\}>0$$

が得られ,協力がないときの期待利得が大きいことがわかる.よって,株主や取締役会は,既存の経営者と利害関係者による協力が起きると株主全体の利得が下がることから,両者の協力,すなわち,既存の経営者の保身行動を防ぐことを考える.

つぎに既存の経営者の期待利得について,同様に利害関係者との協力の有無によってどのよう変わるかを調べる.すなわち,(3)式と(6)式の大小関係を調べる.ここで,(6)式と(3)式の差をΘと定義すると,

$$\Theta=m_1\theta_M\alpha V_I+(1-m_1)(\theta_M\alpha V_{II}+b)+\gamma+\{(1-m_1)\theta_M p+1-\theta_M\}(1-a)\theta_R\alpha V_I$$
$$+[1-\{(1-m_1)\theta_M p+1-\theta_M\}(1-a)]\{m_2\theta_M\alpha V_I+(1-m_2)(\theta_M\alpha V_{II}+b)+\gamma\} \quad (8)$$
$$-[\theta_M\alpha V_I+\gamma+_M(\theta_M\alpha V_I+\gamma)+(1-\theta_M)\theta_R\alpha V_I]$$

$\Theta>0$のとき,既存の経営者は投資を行い,利害関係者と協力したときの期待利得が高いことを意味する.そこで$\Theta>0$となる条件を利害関係者の協力水準aに関して求めると,

$$a\geq 1-\frac{(2-m_1-m_2)(b-\theta_M\alpha\Delta V)+(1-\theta_M)(\gamma-\Delta\theta\alpha V_I)}{\{(1-m_1)\theta_M p+1-\theta_M\}\{(1-m_2)(b-\theta_M\alpha\Delta V)+\gamma-\Delta\theta\alpha V_I\}}\equiv a^* \quad (9)$$

(9)式が等号で成り立つaをa^*と定義し,最低協力水準と呼ぶことにする.利害関係者は最低協力水準a^*以上の協力を行えば,既存の経営者は投資を行い,プロジェクトIIを実行することになる.ここでは,経営者の保身行動と取締役会の行動の関係に興味があり,また,分析の範囲を最低協力水準a^*が非負の値に限定するため,既存の経営者の私的便益bについて,つぎの仮定を置く.

$$\theta_M\alpha\Delta V<b<\theta_M\alpha\Delta V+\frac{(1-m_1)\theta_M p(\gamma-\Delta\theta\alpha V_I)}{(1-m_1)\{1-\theta_M p(1-m_2)\}+(1-m_2)\theta_M} \quad (10)$$

ここで最低協力水準が低いほど,利害関係者からみれば,既存の経営者から

図 3-3　既存の経営者の保身に必要な協力水準

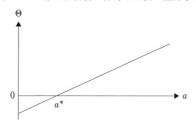

の協力を得やすい．そこで，まず，取締役会のモニタリングがこの最低協力水準に与える効果について調べると，次の補題を得る．

補題 1　取締役会のモニタリング水準の上昇は既存の経営者の保身を起こしやすくする．すなわち，$\frac{\partial a^*}{\partial m_1}<0, \frac{\partial a^*}{\partial m_2}<0$ である．

$$\frac{\partial a^*}{\partial m_1}=-\frac{\{(1-m_2)\theta_M p-1+\theta_M\}(b-\theta_M\alpha\Delta V)+\theta_M p(1-\theta_M)(\gamma-\Delta\theta\alpha V_I)}{\{(1-m_1)\theta_M p+1-\theta_M\}^2\{(1-m_2)(b-\theta_M\alpha\Delta V)+\gamma-\Delta\theta\alpha V_I\}}$$

より分子が正となる条件を求めると，

$$b<\theta_M\alpha\Delta V+\frac{\theta_M p(1-\theta_M)(\gamma-\Delta\theta\alpha V_I)}{(1-\theta_M)-(1-m_2)\theta_M p} \tag{11}$$

となるとき，$\frac{\partial a^*}{\partial m_1}<0$ であることがわかる．(10) 式の範囲を仮定していたので，(11) 式の範囲と大小関係を調べると，

$$\frac{(1-m_1)\theta_M p(\gamma-\Delta\theta\alpha V_I)}{(1-m_1)\{1-\theta_M(1-m_2)\}+(1-m_2)\theta_M}-\frac{\theta_M p(1-\theta_M)(\gamma-\Delta\theta\alpha V_I)}{(1-\theta_M)-(1-m_2)\theta_M p}$$

を求めると，

$$-\frac{\{(1-m_1)\theta_M p\theta_M+(1-\theta_M)(1-m_2)\theta_M\}(\gamma-\Delta\theta\alpha V_I)}{[(1-m_1)\{1-\theta_M(1-m_2)\}+(1-m_2)\theta_M]-\{(1-\theta_M)-(1-m_2)\theta_M p\}}<0$$

が得られ，(11) 式の右辺の方が大きい．よって，仮定の範囲内では，最低協力水準は 1 期目の取締役会のモニタリング水準 m_1 の減少関数であることがわかる．すなわち，モニタリング水準が低いほど，協力したときに得られる期待利得は小さい．したがって，協力したときの既存の経営者の期待利得を引き上げるためには，交代確率を下げなければならないので，利害関係者の最低協力水準 a^* はそれだけ高くなければならない．

同様に，2期目の取締役会のモニタリング水準についてみてみると，
$$\frac{\partial a^*}{\partial m_2} = -\frac{(b-\theta_M\alpha\Delta V)\{(1-m_1)(b-\theta_M\alpha\Delta V)-\theta_M(\gamma-\Delta\theta\alpha V_I)\}}{\{1-\theta_M+(1-m_1)\theta_M\}\{(1-m_2)(b-\theta_M\alpha\Delta V)+\gamma-\Delta\theta\alpha V_I\}^2}$$
よって，
$$b < \theta_M\alpha\Delta V + \frac{\theta_M}{1-m_1}(\gamma-\Delta\theta\alpha V_I) \Rightarrow \frac{\partial a^*}{\partial m_2} < 0 \quad (12)$$
である．ここで，(10) 式の右辺と (8) 式の右辺の大小関係を比較すると
$$\frac{\theta_M p(1-\theta_M)}{(1-\theta_M)-(1-m_2)\theta_M p} - \frac{\theta_M}{1-m_1} = -\frac{(1-m_1)\{1-(1-m_1)p\}+\theta_M^2 m_1(1-m_2)}{(1-m_1)\{(1-\theta_M)-(1-m_2)\theta_M p\}}$$
より，負であることがわかる．したがって，仮定する範囲内（(10) 式）において，減少関数であることがわかる．1期目のモニタリング水準のときと同様の理由により，利害関係者の協力水準が高くなければ，協力するメリットが既存の経営者にないことを意味している．

(6) 式から，1期目のモニタリング水準の変化が既存経営者の期待利得に与える効果は 2 つある．1 つ目は，既存の経営者の 1 期目の期待利得を減少させる効果であり，2 つ目は，1 期期末に交代させられることで既存の経営者が失う期待利得の減少分を小さくする効果（すなわち，2 期目の期待利得を上昇させる効果）である．既存の経営者は 1 期目のモニタリング水準が高いほど 1 期目の利得は減少するが，その減少効果より利害関係者の協力行動による限界的な利得上昇効果は強くなるので，保身に必要なモニタリング水準は小さくなる．

2期目のモニタリング水準の変化も同様である．2 期目に交代されなかったときの限界的な期待利得減少効果よりも，利害関係者の交代阻止行動による限界的な利得上昇効果のほうが大きいので，モニタリング水準の上昇は，保身に必要な利害関係者の最低協力水準を引き下げてしまう．

交代確率に関する既存の経営者による保身行動の抑制について，つぎの命題を得る．

命題1 経営者が株主の利益のために行動しないことがわかったとき，取締役会による既存の経営者の交代の可能性を高くすると，既存の経営者が保身に必

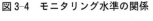

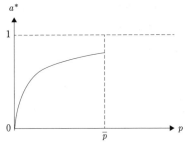

図3-4 モニタリング水準の関係

要な利害関係者の最低協力水準は大きくなる．すなわち，既存の経営者による保身は起こりにくくなる．しかし，完全には防ぐことはできない．

(6)式からプロジェクトIIに成功したときの交代確率pの上昇は2期目の期待利得を下げる効果を持つ．したがって，減少した分の期待利得をカバーする以上の利害関係者の協力がなければ，既存の経営者は利害関係者と協力してプロジェクトIIを実行しないことを意味している．よって，交代確率pが高くなるほど，最低協力水準は上昇する．その一方で，(10)式をみると，プロジェクトIIが成功したときの交代確率が高ければ，(10)式の右辺の値が大きくなることがわかる．しかし，仮にpが1まで引き上げられるとしても，最低協力水準a^*は1より小さい値にしかならない（図3-4）．すなわち，株主の意向に沿わないときは，つねに交代させることができるとしても，既存の経営者が利害関係者と協力して，保身しようと行動することを完全に防ぐことはできない．

3.3 取締役会による交代の決定とストック・オプションの設計

先ほどの分析でみたように，プロジェクトIIが成功したときの交代確率pが高くなるほど，既存の経営者の保身に必要な利害関係者の最低協力水準が高くならなければならないことがわかった．

ここでは，いままで一定の値としていたストック・オプション（既存の経営者の株式保有割合）と交代確率の関係に注目してみる．すなわち，ストック・オプションの大きさは，既存の経営者の保身行動にどのように影響するだろう

か. もし, 保有割合が大きいほど, 保身行動が起きやすいならば, ストック・オプションの付与を小さくした方がよいだろうし, 反対に, ストック・オプションの付与が大きい方が, 保身行動を抑制するならば, ストック・オプションを割り当てておいた方がよいだろう. そこで, ストック・オプションと既存の経営者の交代の程度をどのように設計すればよいかについて考察する. 分析にあたって, 分析の焦点を既存の経営者の株式保有量とプロジェクトIIが成功したときの交代確率 p にあてるため, t 期のモニタリング水準 m_t は所与として分析を行う.

まず, 交代確率と株式保有割合の関係を調べるために, ある最低協力水準を $\overline{a^*}$ と定義し, この水準を保つ交代確率 p と既存の経営者の株式保有割合 α の関係式を求めると,

$$p = \frac{(2-m_1-m_2)(b-\theta_M \alpha \Delta V)+(1-\theta_M)(\gamma - \Delta \theta \alpha V_I)}{(1-\overline{a^*})\{(1-m_2)(b-\theta_M \alpha \Delta V)+\gamma - \Delta \theta \alpha V_I\}(1-m_1)\theta_M} - \frac{1-\theta_M}{(1-m_1)\theta_M} \quad (13)$$

が得られる. すなわち, (13) 式を等最低協力水準曲線と定義する. ここで, (13) 式について, 経営者の株式保有割合 α に対する変化を調べると,

$$\frac{dp}{d\alpha} = \frac{\{1-m_1+(1-m_2)\theta_M\}(b\Delta\theta V_I - \gamma\theta_M \Delta V)}{(1-\overline{a^*})\{(1-m_2)(b-\theta_M \alpha \Delta V)+\gamma - \Delta\theta \alpha V_I\}^2} \quad (14)$$

$$\frac{d^2 p}{d\alpha^2} = \frac{2\{1-m_1+(1-m_2)\theta_M\}(b\Delta\theta V_I - \gamma\theta_M \Delta V)\{(1-m_2)\theta_M \Delta V - \Delta\theta V_I\}}{(1-\overline{a^*})\{(1-m_2)(b-\theta_M \alpha \Delta V)+\gamma - \Delta\theta \alpha V_I\}^2} \quad (15)$$

となり, 1階微分, 2階微分の符号はパラメータの大きさに依存して決まることがわかる. そこで, パラメータの範囲を以下のように仮定し, 分析の範囲を限定する.

まず, 交代確率 p は正でなければならず, また, 非負の最低協力水準の範囲に限定する. すなわち,

$$\frac{\theta_M \Delta V}{\Delta \theta V_I} \leq \frac{(1-m_1)\theta_M p}{(1-m_1)\{1-\theta_M p(1-m_2)\}+(1-m_2)\theta_M} \quad (16)$$

を満たす p に限定する. (16) 式を変形して, まとめると,

$$p \geq \frac{\{1-m_1+(1-m_2)\theta_M\}\Delta V}{(1-m_1)\{\Delta\theta V_I+(1-m_2)\theta_M \Delta V\}} \quad (17)$$

が得られ, 等号で成り立つ p を $\hat{p}$ と定義し, $\hat{p} < \bar{p}$ であるとしておく. (17)

式の右辺の値が1より小さくなるように，さらにプロジェクトⅠとⅡの企業価値の差 ΔV についてもつぎのように仮定を置く．

$$\Delta V < \frac{(1-m_1)\Delta\theta V_I}{1-m_1+m_1(1-m_2)\theta_M}\left(<\frac{\Delta\theta V_I}{(1-m_2)\theta_M}\right)$$

すなわち，プロジェクトⅠとⅡの企業価値の差はある程度の大きさの範囲としておく．これらの仮定をおくことで，先ほどの（14）式と（15）式の符号が私的便益 b の値によって確定し，

$$b \leq \frac{\theta_M \Delta V}{\Delta\theta V_I}\gamma \text{ のとき，} \frac{dp}{d\alpha}<0, \quad \frac{d^2p}{d\alpha^2}>0$$

$$b > \frac{\theta_M \Delta V}{\Delta\theta V_I}\gamma \text{ のとき，} \frac{dp}{d\alpha}>0, \quad \frac{d^2p}{d\alpha^2}>0$$

となる．このとき，既存の経営者の交代確率とストック・オプションの関係について，つぎの命題が成り立つ．

命題2 取締役会の交代確率とストック・オプションの設計は，既存の経営者の私的便益の大きさにより異なる．
1. 私的便益が中程度 $\left(b \leq \frac{\theta_M \Delta V}{\Delta\theta V_I}\gamma\right)$ までは，取締役会は，既存の経営者の保身行動を抑制するには，交代確率 p を上限に設定し，ストック・オプションの割り当ても上限まで割り当てたほうがよい．
2. 私的便益が中程度より大きい $\left(b > \frac{\theta_M \Delta V}{\Delta\theta V_I}\gamma\right)$ ときは，取締役会が既存の経営者の保身行動を抑制するには，交代確率 p を上限に設定し，ストック・オプションの割り当ては最小にしたほうがよい．
3. 私的便益があまりにも大きいときは，取締役会は既存の経営者の保身行動を抑制することができない．

既存の経営者の株式保有割合の増加は既存の経営者が利害関係者と協力したときの期待利得を増加させ，協力しないときの期待利得に近づいていく．一方，交代確率の変化は，既存の経営者が経営者協力投資を行い，プロジェクトⅡを実施したときに得られる私的便益 b の大きさに影響を受ける．b がそれほど大きくないときは，p の増加は既存の経営者の期待利得を増加させる効果を持

図3-5 ストック・オプションと交代確率の関係（$\bar{a}_1^* < \bar{a}_2^*$）

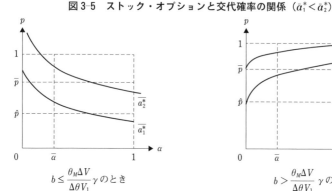

つ．しかし，私的便益が大きくなると，pの増加は期待利得の減少をもたらすことになる．すなわち，私的便益が中程度までの大きさのときは，交代確率が上がることによる限界的な損失が小さいので，pが上昇しても期待利得は増加する．反対に私的便益が中程度より大きいときは，交代確率が上昇することによる限界期待損失が大きくなり，期待利得が下がってしまうので，交代確率を上げるならば，その分，ストック・オプションを増やす必要がある（図3-5）．

また，最低協力水準$\overline{a}^*$を上げるほど，等最低協力水準曲線は上にシフトする．よって選択できる範囲において，最低協力水準を最も高くできるのは，私的便益が中程度までの大きさのとき，交代確率とストック・オプションのどちらも上限を選択するときである．反対に私的便益が中程度より大きいときには，ストック・オプションを最小にし，交代確率を上限に設定することがよい．

4. おわりに

本章では，取締役会の懲罰的交代システムが，ステークホルダーとの協力による既存の経営者の保身行動をどれくらい抑止できるかについて分析を行ってきた．主な結果はつぎのとおりである．既存の経営者は保身にステークホルダーの協力が得られるならば，保身行動をとるインセンティブがある場合，株主の意向に沿ったプロジェクトを実施していなければ，成功したとしても交代の

可能性を高くしておいたほうがよい．また，既存の経営者の私的便益の大きさは経営者へのストック・オプションの設計に関係する．私的便益が大きいときは，ストック・オプションの割り当てが大きければ，既存の経営者の保身行動を引き起こす可能性があるので，最小限に止めておいたほうがよい．反対に私的便益が小さければ，ストック・オプションを付与することで，既存の経営者による保身行動を抑制することが可能になる．

　GC モデルでは，規制当局や法によって利害関係者の利益を保証する政策が，既存の経営者の保身行動を抑制する効果を持つことを示した．本章では，前の期の業績による既存の経営者への懲罰的交代システムが，既存の経営者の保身行動の抑止効果を持ち，さらに，私的便益の大きさによってストック・オプションの割り当て量を変えることが，既存の経営者の保身行動を抑制につながることを示した．懲罰的交代システムが企業統治として有効な手段であることを理論的に示すことができたと考えられるだろう．

　最後に，本章では，各主体の行動にかかるコスト（取締役会のモニタリングや交代に関するコスト，既存の経営者の投資コスト，さらには，利害関係者の協力コスト）を考慮していない．これらのコストを含めた分析を行い，さらに懲罰的交代に関する議論を深める必要がある．

◆参考文献

Catherine, T. and Y. Wang (2011), "When Managers cannot commit: Capital Structure under Inalieble Managerial entrenchment," *Economic Letters*, 110, pp. 107–109.

Giovanni, C. and G. Cestone (2007), "Corporate Social Responsibility and Managerial Entrenchment," *Journal of Economics and Management Strategy*, 16 (3), pp. 741–771.

泉敦子・権赫旭 (2015),「社長交代と企業パフォーマンス：日米比較分析」RIETI Discussion Paper Series 15-J-032, 経済産業研究所．

Jenter, D. and F. Kanaan (2015), "CEO Turnover and Relative Performance Evaluation," *Journal of Finance*, 70 (5), pp. 2155–2183.

神田秀樹 (2016),『会社法（第 18 版）』弘文堂．

久保克行 (2010),『コーポレートガバナンス 経営者の交代と報酬はどうあるべきか』日本経済新聞社．

Pagano, M. and P. F. Volpin (2005), "Managers, Workers, and Corporate Control," *Journal of Finance*, 60 (2), pp. 841–868.

齋藤卓爾・宮島英昭・小川亮（2016），「企業統治制度の変容と経営者の交代」RIETI Discussion Paper Series 16-J-039, 経済産業研究所.

Shleifer, A. and R. W. Vishny (1989), "Management Entrenchment The Cace of Manager-Specific-Investments," *Journal of Financial Economics*, 25 (1).

滝澤美帆・鶴光太郎・細野薫（2007），「買収防衛策導入の動機─経営保身仮説の検証─」RIETI Discussion Paper Series 07-J-033, 経済産業研究所.

中小企業庁（2016），『中小企業白書』.

第4章　会計情報，経営者のモラル，および企業統治

花村信也

1. はじめに

　本章は，取締役会によるガバナンスが，財務報告に関わる選択と会計報告を操作しようとする経営者のインセンティブに与える影響について，モデルを構築して分析する．

　わが国の企業会計原則は，一般原則の一つに「保守主義の原則」をあげ，「企業の財政に不利な影響を及ぼす可能性がある場合には，これに備えて適当に健全な会計処理をしなければならない」と規定している．しかし他方，「企業会計は，予測される将来の危険に備えて慎重な判断にもとづく会計処理を行わなければならないが，過度に保守的な会計処理を行うことにより，企業の財政状態および経営成績の真実な報告をゆがめてはならない」（注解4）と規定しており，過度に保守的な会計処理をいましめている．

　このため，各企業の採用する会計基準のあり方が，企業業績や投資効率にどのように影響するかは，LaFond and Watts (2008) や Lara, Osma, and Penalva (2016)，わが国では中野・大坪・高須 (2015) など，これまで多くの研究がなされている．たとえば，Lara, Osma, and Penalva (2016) は，（条件付）保守主義の程度が高まるほど，過剰投資企業では投資が抑制される一方，過小投資企業では投資が促進されることを発見している．中野・大坪・高須 (2015) では条件付保守主義に関しては，その程度が高い企業ほど，投資水準

が抑制されることが示唆され，また，無条件保守主義に関しては，その程度が高い企業ほど，より多くの投資を行うほか，投資を実行する際にはリスクの高いタイプの投資を行う可能性があることが確認された[1]．

また，どのような企業がどのような会計基準を採用するかという会計基準の内生性の問題についてさまざまな研究がなされており，たとえば，Ahmed et al. (2002) は，配当政策をめぐる株主・債権者間の利害対立（エージェンシー問題）が深刻な企業ほど，保守主義の程度が高いことを発見している．また，Lara, Osma, and Penalva (2016) は，意思決定において非対称情報をより多く持つ企業は保守主義会計の投資への効果が大きいことを示している．その結果として企業が取り入れる保守主義会計の程度は年々高まっていると指摘する論者もいる (Lobo and Zhou (2006))．

以上のように，保守主義の会計基準の企業業績への影響と，また，どのような企業がどの程度の保守主義基準を採用するかについては主として実証の観点からではあるが，検討されてきた．しかし，コーポレートガバナンスのなかでどのように会計基準が決定され，それはどのような業績をもたらすかというガバナンスの構造を明らかにした研究は少ない．

本章では，保守主義的な会計基準の採用および経営者の会計操作の内生的決定問題を取り扱い，コーポレートガバナンスのあり方がもたらす投資効率への影響を理論的に検討する．なお，首藤・岩崎 (2009)，浅野・古市 (2015) もコーポレートガバンナンスと会計上の保守主義との関係について議論している．

まず，他を一定とすれば，保守主義会計は，取締役会が企業の投資決定をより良く監視できるようにするという点で望ましい手法であるという結果が導出される．しかし，保守主義会計の持つこの特性は，会計システムを操作し，投資決定を歪めるように取締役会をミスリードしようとする動機を経営者にもたらす．財務報告に対する監視が有効に行われるならば，会計操作をする経営者の力を弱め，保守主義会計の利便を高める．本章のモデルは，財務報告に対す

---

[1] 条件付保守主義とは，「ニュース依存的」あるいは「事後的」保守主義であり，会計利益には良いニュースよりも悪いニュースのほうが早く織り込まれることを言う．棚卸資産の低価法，固定資産の減損がある．一方，無条件保守主義とは，「ニュース独立的」あるいは「事前的」保守主義である．無形資産の即時費用化や固定資産の加速償却があげられる．

図4-1 監査役会設置会社と監査等委員会設置会社

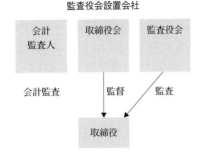
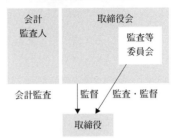

る取締役会の監視の強化が，保守主義会計の水準を引き上げ，会計操作を拡大しつつも，投資効率を改善することを示す．

　本章のモデルで想定している取締役会は，まず，会計基準を設定，すなわち会計政策を決定する．この意味で，ここでの取締役会は監査に重要な役割を持つものとしている．日本のこれまでの典型的な取締役会の役割は通常，代表取締役の監視と取締役相互の監視があり，また，会社の重要な経営方針を決定するということにある．これは日本の会社法だけでなく英米の場合も同様である．ただし，英国は一元的なボードのなかに監査委員会があり，過半数以上の社外取締役がいるかたちで事実上モニタリングボード化している．これに対して日本では従来より，取締役会と監査役会が典型的であり，経営者の監査に関してはもっぱら監査委員会で，経営政策の決定については取締役会で行われ，取締役会はマネジメントボードとして経営者の意思決定を共同で支援していく役割を持っていた．それゆえ監査機能が限定的であることが問われていた．しかし，昨今のコーポレートガバナンス改革によって，取締役会のモニタリングボード化が進み，独立社外取締役の導入，監査等委員会設置会社の導入，さらに，コーポレートガバナンス・コードの策定が確立されてきた[2]．

---

[2] 平成26年改正会社法により，株式会社の新たな機関設計として監査等委員会設置会社制度が創設された．監査の範囲について，監査役会設置会社における監査役の監査は，適法性監査が原則であるとされている．一方，監査等委員会設置会社における監査は，取締役が担い手であるため，適法性監査にとどまらず，妥当性監査にも範囲は及ぶものと解されている．したがって，監査役よりもより広範な経営全般に渡り監督機能を発揮することが期待されていると考えられている．監査等委員会設置会社は，モニタリング型のガバナンス体制であることから，従前よりも内部監査部門と連携，協働

また，2003年に導入された指名委員会等設置会社は，現在採用する上場会社数は少ないが，米国流のモニタリングボードの普及を致したものであった．その意味で，本章で取り扱う取締役会は昨今の監査システムに重要な役割を持つものとして位置づけることができる．図4-1は内部監査の体制について示したものである．

2. モデル

2.1 会計情報

本章は，Laux and Stocken（2018）にもとづき分析する[3]．リスク中立の経営者が，リスク中立の株主によって所有され，株主に忠実な取締役会によって代表される企業の運営を任されているモデルを検討する．モデルには3つの時点が存在する．

時点0で，経営者は投資案件を検討する．投資により，投資の経済的利益，キャッシュフローを見込むこととなる．取締役会は会計政策（保守主義会計の水準）を決定し，経営者はコストを負担して財務報告システムを歪める行動を選択することができる．経営者の負担するコストとは，投資案件を取締役会で通すにあたってのコストであり，財務報告システムを歪めるだけにとどまらず，取締役会で案件を通す手続きに関係する費用等も含まれる．時点1で，会計システムが，投資案件を行うことでの収益状況を知らせる財務報告を出力する．この報告にもとづいて，取締役会は投資案件を承認するか否かを決定する．時点2で，最終ペイオフが，実現して株主に分配される．

投資は，時点1から時点2をつうじて経済的利益 $\theta \in \{\theta_h, \theta_l\}$ を発生させる（$\theta_h > \theta_l$）．θ は時点1で確定するが，時点2までに実現しないため，θ についてノイズのないシグナルを入手することはできない．$\theta = \theta_h$ が生じる事前確率は $\alpha < 1$ で与えられる．企業の情報システムは，θ を知らせる（不完全な）会計シグナル $S \in \{S_h, S_l\}$ を産出する．しかし，経営者はシグナルを操作して，S

を強めたかたちの活動が株主から要求されて委員会を運営していく必要が出てくる．
3）Laux and Stocken（2018）は企業の会計基準と経営者による裁量の問題を外部監査の観点から取り扱っている．

図4-2 情報システム

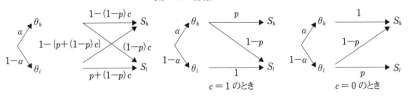

とは異なる公的な報告 R を行うことができる．θ_j のもとで S_i $(i,j\in\{h,l\})$ を報告する確率を $\Pr(S_i|\theta_j;c)$ とする．c は保守主義会計の水準を表し，取締役会は時点 0 で $c\in[0,1]$ を決定する．経営者は取締役会が決定する c を観察できる．それを踏まえて会計操作の程度 m を決定する．取締役会によって選択された c の値は共通知である．この情報システムをつぎのように具体化しよう．

$$p(S_h|\theta_h) = 1-(1-p)c, \quad p(S_h|\theta_l) = (1-p)(1-c), \quad p(S_l|\theta_h) = (1-p)c$$
$$p(S_l|\theta_l) = p+(1-p)c$$

ここで，$c=1$ のとき

$$p(S_h|\theta_h) = p, \quad p(S_h|\theta_l) = 0, \quad p(S_l|\theta_h) = 1-p, \quad p(S_l|\theta_l) = 1$$

となることに注意する．したがって，$1-p$ は会計システムの誤差を表す．

c は保守主義会計の程度を表し，c が小さくなると $\Pr(S_h|\theta_h)$ は増加していき，また，$\Pr(S_l|\theta_l)$ は減少していく．すなわち，c が小さくなるにつれて良いシグナルが発生する可能性が増加し，悪いシグナルの発生する可能性は減少していく．したがって c が減少していくことは保守主義からの逸脱を意味する（図4-2 の右がこれを示している）．逆に $c=1$ は完全保守主義という（図4-2 の真ん中がこれを示している）．ここから，シグナル S_i がでたときの事後確率を求めると，

$$p(\theta_h|S_h) = \frac{p(\theta_h)p(S_h|\theta_h)}{p(\theta_h)p(S_h|\theta_h)+p(\theta_l)p(S_h|\theta_l)} = \frac{\alpha(1-(1-p)c)}{\alpha p+(1-p)(1-c)} \geq \alpha \qquad (1)$$

$$p(\theta_l|S_l) = \frac{p(\theta_l)p(S_l|\theta_l)}{p(\theta_l)p(S_l|\theta_l)+p(\theta_h)p(S_l|\theta_h)} = (1-\alpha)\frac{p+(1-p)c}{(1-\alpha)p+(1-p)c} \geq 1-\alpha \qquad (2)$$

他の2つの事後確率も同様に算出できる．この情報システムはいくつかのことを含意している．いずれも (1), (2) 式より導出される．

(A1) 任意の c を所与として，尤度比 $\dfrac{\Pr(S|\theta_h)}{\Pr(S|\theta_l)}$ はシグナル S に関して増加する：

$$\frac{\Pr(S_h|\theta_h)}{\Pr(S_h|\theta_l)} > 1 > \frac{\Pr(S_l|\theta_h)}{\Pr(S_l|\theta_l)} \Rightarrow \Pr(S_h|\theta_h),\ \Pr(S_l|\theta_l) > 0.5$$

$dp(\theta_h|S_h)/dp > 0,\ dp(\theta_l|S_l)/dp > 0$ より，まず，会計システムの精度 p が増加すれば，高いシグナルも低いシグナルも利益について情報をより持つこととなる．もし，$p=1$ であれば，$p(\theta_h|S_h)=1,\ p(\theta_l|S_l)=1$ となるので，保守主義会計はなんら問題とならない．つまり，実際の利益とシグナルがずれる事前確率は0となる．一方，$p=0$（会計システムが全く機能しない）であるとすると，$p(\theta_h|S_h)=\alpha,\ p(\theta_l|S_l)=1-\alpha$ であるので，事前確率は，事後確率と同じになる．

(A2) 各状態 θ において，会計報告が S_l (bad) になる確率は c に関して増加する：

$$\frac{d\Pr(S_l|\theta_h)}{dc} > 0,\quad \frac{d\Pr(S_l|\theta_l)}{dc} > 0$$

保守主義会計はシグナル S_h よりもシグナル S_l の発生確率を高める．保守主義会計の程度が増加すれば，高いシグナルは情報をより持つこととなる．c を極度に大きくすると，$\Pr(S_l|\theta_h) \to 1, \Pr(S_l|\theta_l) \to 1$ より $\Pr(\theta_h|S_h)=1$ となる．

(A3) 各シグナル S において，尤度比 $\dfrac{\Pr(S|\theta_h)}{\Pr(S|\theta_l)}$ は c に関して増加する：

$$\frac{d}{dc}\frac{\Pr(S_h|\theta_h)}{\Pr(S_h|\theta_l)} > 0,\quad \frac{d}{dc}\frac{\Pr(S_l|\theta_h)}{\Pr(S_l|\theta_l)} > 0$$

保守主義会計の程度が強まるほど，S_h の情報内容（θ の予測能力）は高まり，S_l の予測能力は低下する $\left(\dfrac{d\Pr(\theta_h|S_h)}{dc} > 0,\ \dfrac{d\Pr(\theta_l|S_l)}{dc} < 0\right)$．

(A4) c が及ぼす影響は状態 θ に依存しない：

$$\frac{d\Pr(S_l|\theta_l)}{dc} = \frac{d\Pr(S_l|\theta_h)}{dc}$$

2.2 会計報告と利益操作

経営者は，観察したシグナル S とは異なる会計報告 $R \in \{R_h, R_l\}$ をすること

図4-3 情報システムと会計操作

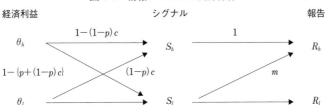

ができる．時点1で，S_lを観察した後で，経営者は会計操作水準 $m\in[0,1]$ を選択する．良いニュースを歪めることはないから，会計操作がなされるのは S_l を観察したときに限られる．確率 m で会計操作が成功し，S_l が R_h と報告される（$1-m$ で失敗し，$R=R_l$ となる）．ここで会計操作が成功したとは報告内容が取締役会に了承される水準になる水準の操作ができたということである．

したがって，会計操作にはコストが発生する．このコストは会計操作の成功確率に依存し，その成功確率を上げるためにはコストは逓増的に増加するであろう．ここで簡単化のためにそのコスト関数を $\frac{1}{2}km^2$ で表す．k ($k>0$) は会計報告に対する取締役会の監視の強度を表す所与のパラメータである．監視の強度が上がる場合は，経営委員会，取締役会と複数回の説明をして会計操作がわからないように潜り抜けることのコストも含まれる．監視の強度は取締役会などでの取締役の監視努力にも依存するか，独立社外取締役がどれだけ採用されているか，また，専門性を持つ監査担当取締役がどれだけ採用されているかに依存する[4]．また，内部統制システムの水準や会社法上の取締役の権限の位置づけにも依存するであろう．なお，情報システムと会計操作との図は**図4-3**となる．投資から発生する経済的利益から会計システムによりシグナルが出て報告するというフローになる．

θ_h のときに，R_h と報告される確率は，θ_h のもとでシグナル S_h となり R_h が報告される経路と θ_h のもとでシグナル S_l となり R_h が報告される経路の合計となるので，$p(R_h|\theta_h)=p(S_h|\theta_h)+mp(S_l|\theta_h)$，同様に $p(R_h|\theta_l)=p(S_h|\theta_l)+mp(S_l|\theta l)$ となる．

---

4) 社外役員の独立性と企業業績に関する実証分析は入江・野間（2008），また，取締役会などの独立性と財務報告の質に関する実証分析は岩崎（2010）などがある．

2.3 投資の実行

投資の決定は，取締役会の承認が必要となるほど重要であると仮定する．また，投資コストは一定値 I (>0) とする．経済的利益 θ は投資がもたらす期待収益に関する情報を伝えるが，取締役会は経営者の報告 R しか観察することができない．報告 R を取締役会が観察した後，事業投資をするかどうかを決定する．ここで $\theta=\theta_h$ ならば，投資が成功して，期待キャッシュフロー X をもたらすが，$\theta=\theta_l$ ならば，投資は失敗し，期待キャッシュフローはゼロとなるとする．したがって，$\theta=\theta_l$ ならば，投資をしないことが正しい決定となる．また，経済的利益 θ が θ_h となる事前確率は α であるので，追加情報が全くないのであれば期待 NPV は $\alpha X - I$ となるが，負になるものとする．したがって，この状態だけであれば取締役会は事業投資を承認しない．事前にNPV が負となることは保守主義会計を誘発し，また，経営者と株主（取締役会）との利益相反を生み出すこととなる．取締役会は NPV が正とならない限り投資投資は承認しない．経営者は報告利益を悪くするということはないので，低い報告利益はシグナルが低いことを意味する．つまり事前確率は，$p(\theta_h|R_l)=p(\theta_h|S_l)\leq\alpha$ となる．つまり，R_l を報告したときの期待利得は $\alpha X - I$ よりも小さく負となる．このとき，取締役会は投資を承認しない．高い報告がされたときは，$p(\theta_h|R_h)x-I\geq 0$ と仮定する．このとき取締役会は投資を承認する．ここで確認しておくべきは，$p(\theta_h|R_h)$ は，m が増加すると減少し，$p(\theta_h|R_h)$ は α よりも大きいが，$m=1$ のとき $p(\theta_h|R_h)$ であり $p(\theta_h|R_h)x-I<0$ となり，報告は会計操作されているので，取締役会にとって意味を持たないという点である．

2.4 経営者の選好

経営者は投資から私的便益を得る．ここで，投資が成功したときにのみ，投資のなかから私的便益 B (>0) が得られるとする．これは，良くない見込みであった場合には収益が見込めないために経営者が私的便益を享受する余地がないということである．この私的便益の存在が経営者のエージェンシー問題の象徴であり，会計操作をして事業を投資したいという動機を生むという設定である．経営者の選好はこの私的便益を獲得することにあると仮定する．経営者

は投資Iに関する費用を効用関数に入れていない．したがって，投資が失敗しないのであれば，経営者はいくらでも投資をする[5]．

3. 取締役会による保守主義会計の選択

以上の設定のもとで，取締役会による保守主義会計の選択が，経営者のインセンティブにどのように影響を及ぼし，投資行動をつうじて企業価値にどのように反映されるのかを分析する．まず，投資案件の期待企業価値は次式になる．

$$U = m(\alpha X - I) + (1-m)Q(c) \tag{3}$$

$$\text{ただし，} Q(c) = \Pr(S_h)(\Pr(\theta_h|S_h)X - I) \tag{4}$$

（m の確率で）経営者の会計操作が成功する場合，（S_l と S_h のいずれが観察されても R_h が報告され），会計報告は無情報になり，S に関係なく拡張が選択されるから，NPV は $\alpha X - I$ になる．他方，$1-m$ の確率で会計操作が失敗するから，R_h ならば状態 S_h が生起したことを誤りなく伝え（つまり，S_h が観察されたとき R_h が報告され，S_l が観察されたときは R_l が報告されて投資案件案が拒否されるから），その場合の期待 NPV は $\Pr(\theta_h|S_h)X - I$ になる．保護主義会計の程度 c に関する (3) 式の1階条件は次式となる．

$$\underbrace{(1-m)\partial Q/\partial c}_{\partial U/\partial c} + \underbrace{(\alpha X - I - Q(c))}_{\partial U/\partial m}\frac{\partial m}{\partial c} = 0 \tag{5}$$

第1項は保守主義会計の程度が企業価値 U に及ぼす直接効果を表し，第2項は保守会計が会計操作 m に与える影響をつうじて企業価値に及ぼす間接効果を表す．

---

[5] このモデルでは，経営者の報酬を株式にしてストック・オプションを得るモデルと解釈できる．過大に投資を行うことで株式価値を高め，自らの保有するストック・オプションの価値を高めることができるからである．契約理論では，株主が経営者に努力をさせるための条件として誘因両立制約を課す．このとき，経営者が努力を怠り企業価値を毀損して得る利得を私的便益という．本章の私的便益はこの意味での私的便益ではなく，株主の意向に反した行動により得る便益を意味する．

3.1 保守主義会計の直接効果

(5) 式の直接効果を分析するため，会計操作の水準を所与として m を定数に固定化する．保守主義会計の水準の変化が企業価値に及ぼす影響は次式に表される．

$$\frac{\partial U}{\partial c} = (1-m)\frac{\partial Q}{\partial c} = (1-m)(I-\alpha X)\frac{d\Pr(S_l|\theta_h)}{dc} \qquad (6)$$

$Q = \Pr(S_h)(\Pr(\theta_h|S_h)X - I)$ は，会計操作に失敗するときの期待 NPV であるから確率 $\Pr(S_h|\theta_h)$ で X が生じ，確率 $\Pr(S_h)$ で投資案件が承認され I が支出される．

これより，以下の補題が導かれる．

補題 会計操作水準 m が外生的に固定されている場合，保守主義会計を強めると企業価値を高める $\left(\frac{\partial U}{\partial c} > 0\right)$．

証明は章末の注を参照．

保守主義会計の程度が強くなり c が増加すると，S_h の情報内容を高め，一方で S_l の情報内容を低めるので ((A3) より)，保守主義会計により，取締役会は失敗に終わる可能性の高い投資案件案をより正確に棄却できるようになる．ただし，成功する見込みのある投資案件案を棄却してしまうコストを伴う．なぜなら，取締役会で棄却すべき投資案件は事前 NPV が負であるから，(R_h にもとづく過大投資案件の可能性を低めるという) 保守主義会計の長所が (R_l にもとづく過小投資案件の可能性を高めるという) 保守主義会計の短所を優越して，投資案件決定の効率性を改善するからである．つまり，事前 NPV が負であることが保守主義会計に対する需要をつくり出している．このように会計システムの特性が取締役会の投資決定に影響を与えるのは，固定された $1-m$ の確率で経営者が会計システムの操作に失敗する場合に限られる．

3.2 保守主義会計の間接効果

つぎに，(5) 式の保守主義会計の程度の間接効果に関して分析する．会計操作の水準と企業価値の関係は以下の命題が導かれる．

命題1 他を一定とすれば，会計操作 m は過大な投資案件と企業価値 U の低下をもたらす $\left(\frac{\partial U}{\partial m}<0\right)$.
証明は章末の注を参照.

経営者による会計操作の程度が大きくなると，S_l の情報内容を高くして取締役会に報告するために，投資が過大になると同時に企業価値も低下する．そして，会計操作の水準に対して影響を与える要因（保守主義会計の程度 c，取締役会による監視強度 k，経営者の私的便益 B）と会計操作の水準 m との関係について以下が導出される．

命題2 経営者が選択する会計操作水準 m が大きくなる場合は，
（ⅰ）会計システムがより保守的になる（c が高くなる $\frac{dm}{dc}>0$）
（ⅱ）会計報告に対する監視が緩やかになる（k が低くなる $\frac{dm}{dk}<0$）
（ⅲ）経営者の私的便益が大きくなる（B が増加する $\frac{dm}{dB}>0$）
証明は章末の注を参照.

保守主義会計は R_l になる確率（ゆえに，取締役会が投資案件案を拒否する確率）を高めるから（その場合利得の機会を失うため），経営者はそうなる確率を低めるべく会計操作を行う．経営者の関心は取締役会が投資案件を拒絶することではなく，成功する見込みのある投資案件案を棄却することにある（投資に失敗したときは $B=0$ だから，失敗する投資案件案は拒否されてもかまわない）．ゆえに，この場合には S_l の情報内容が決め手になる．たとえば，R_l が確実に S_l の生起を予測する極端な会計方針が選択される場合には，経営者は S_l を R_h に操作するインセンティブを持たない．投資案件は確実に失敗し便益がゼロになることがわかっているからである．しかし，会計方針が保守的になると，S_h が R_l に変換される可能性が生じる．つまり過小投資案件によっても B を得る機会を増やすべく，会計操作をするインセンティブが生まれる．

3.3 最適会計システム

株主にとっての最適な会計システムを分析しよう．まず，経営者の会計操作戦略について考える．取締役会が決定する最適な保守主義会計の程度を命題3で示すために，経営者の利得と株主の利得の両方を最大にする会計操作の水準と保守主義会計の水準を調べる．

経営者は会計操作をして経営者の利得を最大化する．このときの条件を求めよう．経営者の利得 U_m から，m に関する1階条件より経営者の期待利得を最大にする会計操作の程度 m は経営者の効用最大化の1階条件から

$$\frac{\partial U_m}{\partial m} = (1-p)c\alpha B - km = 0 \Rightarrow m = \frac{(1-p)c\alpha B}{k}$$

したがって，保守主義会計の程度が会計操作に与える限界的な寄与は $\partial m/\partial c = \frac{(1-p)\alpha B}{k}$ となる[6]．

つぎに，株主の利得と会計操作を考えよう．取締役会は株主の利益を代表して株主の利得（企業価値）を最大にする会計方針 c を決定する．株主の利得 U_s は

$$U_s = \alpha(X-I) - (p(R_h, \theta_h)I + p(R_l, \theta_h)(X-I))$$

となる[7]．これより，$\frac{\partial U_s}{\partial c} = -\frac{I\partial p(R_h, \theta_l)}{\partial c} - (X-1)\frac{I\partial p(R_l, \theta_h)}{\partial c} = 0$ として，企業価値を最大にする c を求めると，$c = \frac{1}{2(1-p)}\left(\frac{k}{\alpha B} - p\frac{(1-\alpha)I}{I-\alpha X}\right)$ となる．以上より命題3が導かれる[8]．

---

[6] $U_m = p(R_h)p(\theta_h | R_h)B - \frac{km^2}{2} = \alpha B - p(R_l, \theta_h)B - \frac{km^2}{2}$
$\therefore \alpha - p(R_l, \theta_h) = p(\theta_h) - p(R_l, \theta_h) = p(\theta_h) - p(\theta_h)(p(R_l | \theta_h) = p(\theta_h)(1 - p(R_l | \theta_h))$
$= p(\theta_h)p(R_h | \theta_h) = p(R_h)p(\theta_h | R_h)$

[7] $\frac{\partial U_s}{\partial m} = -\frac{I\partial p(R_h, \theta_l)}{\partial m} - (X-I)\frac{I\partial p(R_l, \theta_h)}{\partial m} = -p(1-\alpha)I$

[8] $\partial m/\partial c = \frac{(1-p)\alpha B}{k}$ であるから，

$p(R_h, \theta_l) = p(\theta_l)p(R_h | \theta_l) = (1-\alpha)(p(S_h | \theta_l) + mp(S_l | \theta_l)) = (1-\alpha)(1-p)(1-c) + m(p + (1-p)c)$ より，

$$\frac{\partial p(R_h, \theta_l)}{\partial c} = -(1-\alpha)(1-p) + \partial m/\partial c(1-p) = -(1-\alpha)(1-p) + \frac{(1-p)\alpha B}{k}$$

命題 3 取締役会が保守主義会計の内点を選択する監視レベルの閾値 k が存在する．保守主義会計の最適水準 c^* は会計操作 $m^* \in (0, 0.5)$ を誘導する．
証明は章末の注を参照．

　株主の利得（企業価値）を最大にする保守主義会計の水準 c は，取締役会の監視水準により決定され，このときの会計操作の水準 k には上限が存在することを命題3は示している．つまり取締役会は，企業価値を最大にするために経営者の監視水準を際限なく引き上げるわけではない．株主の利得を最大にする保守主義会計の水準では，経営者が会計操作を行って成功する確率は50％以下となる[9]．

4. 比較静学

　保守主義会計の程度が企業価値に影響を与える直接効果と間接効果の両方の効果を踏まえて，取締役会の監視の強度が，保守主義会計の水準にどのように影響し，経営者の会計操作の程度にどのように関係して，企業価値にどのように反映されるかを分析する．

4.1 会計報告を監視する強度

　命題1では，その他の条件を一定として会計操作の程度 m が大きくなると企業価値は減少することをみた．しかしながら，保守主義会計の程度が企業価値に与える直接効果と間接効果の両方を踏まえると，監査強度 k を強めると会計操作の程度 m が増加し，企業価値が増加することになる．以下の命題はそれを主張する．

また，$p(R_l, \theta_h) = p(\theta_h)p(R_l|\theta_h) = \alpha(1-m)p(S_l|\theta_h) = \alpha(1-m)(1-p)c$ より，

$$\partial p(R_l, \theta_h)/\partial c = \alpha(1 - \partial m/\partial c)(1-p) = \alpha\left(1 - \frac{(1-p)\alpha B}{k}\right)(1-p)$$

これらを1階条件に代入して整理すると c が導出される．
9）　この結果は命題4が成立するための必要条件となる．

命題 4 会計報告を監視する強度 k が高まるほど，(i) 取締役会が選択する保守主義会計の水準 c が増加し，(ii) 経営者が選択する会計操作水準 m が増加し，(iii) 企業価値 U が増加する．

証明は章末の注を参照．

命題 4 (i) $\left(\dfrac{dc}{dk}>0\right)$ は，監視強度 k が高まり操作コストが大きくなるほど，最適な保守主義会計の水準 c が高くなることを示す．この結果は，監視の強化が保守主義会計の直接効果（好ましい効果）と，会計操作をつうじた間接効果（好ましくない効果）から生じる．他を一定とすれば，監視が有効になるほど会計操作のインセンティブが下がる $\left(\dfrac{\partial m}{\partial k}<0\right)$．経営者が報告の改竄に失敗したときにのみ，保守的会計報告が意思決定有用性を改善するから，m が小さくなるほど，保守主義会計が企業価値に及ぼすプラスの効果 $\left(\dfrac{\partial U}{\partial c}>0\right)$ が増加する．つぎに，保守主義会計の程度が高まるほど，監視の強化が会計操作の意欲を減退させる $\left(\dfrac{\partial^2 m}{\partial c \partial k}<0\right)$．どちらの効果も取締役会により保守的な会計を選択させる．

命題 4 (ii) $\left(\dfrac{dm}{dk}>0\right)$ は，監視強度 k が高まり操作コストが大きくなるほど，会計操作の均衡水準 m が高くなることを示す．監視は会計操作のインセンティブを直接削減する $\left(\dfrac{\partial m}{\partial k}<0\right)$ が，取締役会はより大きなを選択して，この変化に反応するのが経営者にとって最適となる．これが m を高めようする欲求を経営者に与える．これら 2 つの要因は m に相反する影響を与えるが，c の増加をつうずる間接効果が優越する結果，m が増加する．なぜ，後者が前者を優越するのであろうか．c の増加を緩やかにすれば，m を不変に維持することができるが，c が m を高める限界効果 $\left(\dfrac{\partial m}{\partial c}>0\right)$ を k の増加が弱める $\left(\dfrac{\partial^2 m}{\partial c \partial k}<0\right)$ ために，m を一定に保つ水準を超えて c を増やす圧力が生じる．c のその増加が m を増加させる結果，（直感に反して）$\dfrac{dm}{dk}>0$ をもたらすのである．

命題 4 (iii) $\left(\dfrac{dU}{dk}>0\right)$ は c を一定に保つと，k の増加は直接 m を低下させるから，会計報告の情報内容を高め，投資案件の効率を改善する．$\dfrac{dc}{dk}>0$ であるから，取締役会は k が増加すると c を高めて，m の増加を招くが，間接

効果 $\dfrac{dU}{dc}$ は無視されるから $\dfrac{dU}{dk}>0$ となる．

5. おわりに

　会計操作を抑制する取締役会の能力が，最適な保守主義会計の水準，会計操作水準，そして企業価値にどのような影響を与えるかが分析された．会計報告は，経済的利益についての不完全情報を提供し，企業の投資案件決定を是認するか否決するかの取締役会の決定に情報を与える．他を一定とすれば，取締役会が成功する投資案件を棄却するリスクよりも失敗する投資案件を採択するリスクにより大きな関心を持つ場合には，保守主義会計が望ましい．しかし，保守主義会計によって取締役会がより積極的に投資案件決定に介入できるようになることが，会計システムを歪めるインセンティブを経営者に与えることになる．

　保守主義会計の最適水準は，会計システムの歪曲に失敗としたときに，より良い投資案件決定がもたらす便益と，会計操作のインセンティブを高めることの損失をバランスさせる点となる．会計操作の抑制に関して，より有効な取締役会は，保守主義会計がもたらすコストよりもそれの持つ便益をより良く引き出すことが示された．その結果，過大投資案件が過小投資案件よりも懸念される企業では，監視強度の高い取締役会がより保守的な会計システムを持つことになる．

　逆説的に言えば，本章のモデルは，会計報告に対する有効な監視は，より多くの会計操作を生み出す可能性があることを示唆する．なぜならば，より強力な取締役会は直接的には会計操作を抑制するが，同時に，より強度の保守主義を選択させ，それにより会計操作を誘発させるという間接効果が直接効果を上回るからである．ただし，取締役会の監視体制の強化がより効率的な投資案件決定をもたらし，企業価値を高める[10]．

---

10) 本章の設定では，経営者と取締役会の間で情報の非対称性が存在することを前提としており，完全情報の場合のファーストベストを導出しているわけではない．つまり，取締役会は情報が非対称である状況で企業価値を最大にすることを目標としている．しかしながら，会計操作のコストが発生して企業価値が増加しているので，必ずしも社会的厚生が最大化されているわけではない点は留意が必要である．

本章の分析の含意は，コーポレートガバナンスの一層の強化をめざし，監査等委員会設置会社に移行し従来の監査役を取締役とする場合，本章のモデルで示されるように，経営者のインセンティブと会計規則（本章では保守主義会計），さらに会計操作の3つの観点から，取締役，とくに監査委員会の取締役が会社統治を行う必要があるというものである．そうでなければ，真の意味で株主を代表して会社を統治するコーポレートガバナンスが機能せず，単なる制度目的を記しただけに過ぎないこととなる．

注 証明

補題の証明

$$Q = \Pr(S_h|\theta_h)X - [\alpha\Pr(S_h|\theta_h) + (1-\alpha)\Pr(S_h|\theta_l)]I$$

$$\frac{\partial Q}{\partial c} = \alpha\frac{d\Pr(S_h|\theta_h)}{dc}X - \frac{d\Pr(S_h|\theta_h)}{dc}(\alpha + 1 - \alpha)I$$

$$\left(\because \frac{d\Pr(S_h|\theta_h)}{dc} = \frac{d\Pr(S_h|\theta_l)}{dc}\right)$$

$$= -\frac{d\Pr(S_l|\theta_h)}{dc}\alpha X + \frac{d\Pr(S_l|\theta_h)}{dc}I = (I - \alpha X)\frac{d\Pr(S_l|\theta_h)}{dc} > 0 \quad \text{ゆえに，} \frac{\partial U}{\partial c} > 0$$

(A2) より $\dfrac{d\Pr(S_l|\theta_h)}{dc} > 0$ であり，$\dfrac{\partial Q}{\partial c}$ は $\alpha X - I$ の符号に依存するから，$\dfrac{\partial Q}{\partial c} > 0$ となる．

命題1の証明

会計操作は投資案件決定の効率性を低め，企業価値を低下させる．

$$\frac{\partial U}{\partial m} = \Pr(S_l)(\Pr(\theta_h|S_l)X - I) < 0 \tag{7}$$

導出は

第4章　会計情報，経営者のモラル，および企業統治　　　　　　　113

$$\frac{\partial U}{\partial m} = \alpha X - I - Q(c) = [\Pr(\theta_h) - \Pr(S_h)\Pr(\theta_h|S_h)]X - [1 - \Pr(S_h)]I$$

$$= [\Pr(\theta_h) - \Pr(S_h|\theta_h)]X - \Pr(S_l)I = \Pr(S_l|\theta_h)X - \Pr(S_l)I$$

$$= \Pr(S_l)(\Pr(\theta_h|S_l)X - I) < 0 \quad \because \Pr(\theta_h|S_l) < \alpha$$

$$\frac{\partial^2 U}{\partial m \partial c} = \frac{d\Pr(S_l|\theta_h)}{dc}X - \frac{d\Pr(S_l)}{dc}I$$

$$= \alpha\frac{d\Pr(S_l|\theta_h)}{dc}X - \left(\alpha\frac{d\Pr(S_l|\theta_h)}{dc} + (1-\alpha)\frac{d\Pr(S_l|\theta_l)}{dc}\right)I$$

$$= \frac{d\Pr(S_l|\theta_h)}{dc}[\alpha X - I] < 0 \quad \square$$

命題2の証明

経営者は会計操作水準の決定に際して，期待ペイオフを最大にするmを選択する（次式）．期待ペイオフは

$$m\alpha B + (1-m)\Pr(S_h)\Pr(\theta_h|S_h)B - km^2/2 \tag{8}$$

また

$$B(\alpha - \Pr(\theta_h|S_h)) = B(\alpha - \Pr(S_h|\theta_h)) = B\alpha\Pr(S_l|\theta_h)$$

から，mに関する1階条件より

$$m = \frac{[\alpha B - \Pr(S_h)\Pr(\theta_h|S_h)B]}{k} = \frac{\Pr(S_l|\theta_h)\alpha B}{k} \tag{9}$$

(9)式より，$F = mk - \Pr(S_l|\theta_h)\alpha B = 0$を得る．

$$\frac{\partial F}{\partial c} = -\alpha B\frac{d\Pr(S_l|\theta)}{dc}, \quad \frac{\partial F}{\partial k} = m, \quad \frac{\partial F}{\partial B} = -\alpha\Pr(S_l|\theta_h)$$

陰関数定理より，

$$\frac{dm}{dc} = -\frac{\partial F/\partial c}{\partial F/\partial m} = \frac{\alpha B}{k}\frac{d\Pr(S_l|\theta)}{dc} > 0$$

$$\frac{dm}{dk} = -\frac{\partial F/\partial k}{\partial F/\partial m} = -m/k < 0, \quad \frac{dm}{d\beta_h} = -\frac{\partial F/\partial \beta_h}{\partial F/\partial m} = \Pr(S_l|\theta_h)\alpha/k > 0 \quad \square$$

命題 3 の証明

$p\dfrac{(1-\alpha)I}{I-\alpha x} < \dfrac{k}{\alpha B} < p\dfrac{(1-\alpha)I}{I-\alpha x} + 2(1-p)$ となる．なぜならば，

$$c = \dfrac{1}{2(1-p)}\left(\dfrac{k}{\alpha B} - p\dfrac{(1-\alpha)I}{I-\alpha x}\right) > 0 \Rightarrow \dfrac{k}{\alpha B} > p\dfrac{(1-\alpha)I}{I-\alpha x}$$

$$c = \dfrac{1}{2(1-p)}\left(\dfrac{k}{\alpha B} - p\dfrac{(1-\alpha)I}{I-\alpha x}\right) < 1 \Rightarrow \dfrac{k}{\alpha B} < p\dfrac{(1-\alpha)I}{I-\alpha x} + 2(1-p)$$

内点解のうち，最適な保守主義会計の水準は

$$c^* = \dfrac{1}{2(1-p)}\left(\dfrac{k}{\alpha B} - p\dfrac{(1-\alpha)I}{I-\alpha x}\right)$$

このとき，会計操作の程度は

$$m^* = \dfrac{(1-p)\alpha B}{k}\dfrac{1}{2(1-p)}\left(\dfrac{k}{\alpha B} - p\dfrac{(1-\alpha)I}{I-\alpha x}\right) = \dfrac{1}{2}\left(1 - p\dfrac{(1-\alpha)I}{I-\alpha x}\dfrac{\alpha B}{k}\right) < \dfrac{1}{2} \quad \square$$

命題 4 の証明

(i) $m = [\alpha\beta_h + (1-\alpha)\beta_l - \Pr(S_h)(\Pr(\theta_h|S_h)\beta_h + \Pr(\theta_l|S_h)\beta_l)]/k$ より $\dfrac{\partial m}{\partial c}$

$= \dfrac{d\Pr(S_l|\theta_h)}{dc}\dfrac{\alpha\beta_h + (1-\alpha)\beta_l}{k}$ となり，$\dfrac{\partial U}{\partial m} = \alpha X - I - Q(c)$ を $\dfrac{dU}{dc} =$

$\underbrace{(1-m)(I-\alpha X)\dfrac{d\Pr(S_l|\theta_h)}{dc}}_{\text{positive direct effect}} + \underbrace{\dfrac{\partial U}{\partial m}\dfrac{\partial m}{\partial c}}_{\text{indirect effect}}$ に代入すると，企業価値 U を最大にする c に関する 1 階条件 U_c は

$$U_c = \left((1-m)(I-\alpha X) + \Pr(S_l)(\Pr(\theta_h|S_l)X - I)\dfrac{\alpha\beta_h + (1-\alpha)\beta_l}{k}\right)\dfrac{d\Pr(S_l|\theta_h)}{dc} = 0$$

となる．これに陰関数定理を適用すると，$\dfrac{dc}{dk} = -\dfrac{\partial U_c/\partial k}{\partial U_c/\partial c}$ となる．一方で，

$\dfrac{dU_c}{dc} = \underbrace{\left((1-m)(I-\alpha X) + P(S_l)(\Pr(\theta_h|S_l)X - I)\dfrac{\alpha\beta_h + (1-\alpha)\beta_l}{k}\right)\dfrac{d^2\Pr(S_l|\theta_h)}{dc^2}}_{= 0 \text{ when } U_c = 0}$

$-\underbrace{2(I-\alpha X)}_{+}\dfrac{\alpha\beta_h + (1-\alpha)\beta_l}{k}\left(\dfrac{d\Pr(S_l|\theta_h)}{dc}\right)^2 < 0$

であるから 2 階微分 $\partial U_c/\partial c$ が負となり，$\dfrac{dc}{dk}$ の符号は $\dfrac{\partial U_c}{\partial k}$ の符号と同一に

第4章 会計情報，経営者のモラル，および企業統治

なる．(10) 式より，$\frac{dc}{dk}>0$ となる．

(ii)

$$\frac{\partial U_c}{\partial k}=-\underbrace{(I-\partial X)}_{+}\underbrace{\frac{d\Pr(S_l|\theta_h)}{dc}}_{+}\underbrace{\frac{\partial m}{\partial k}}_{-}$$

$$+\Pr(S_l)\underbrace{(\Pr(\theta_h|S_l)X-I)}_{-}\underbrace{\frac{\alpha\beta_h+(1-\alpha)\beta_l}{-k^2}}_{}\frac{d\Pr(S_l|\theta_h)}{dc}>0 \quad (10)$$

$$\frac{\partial m}{\partial k}=-\frac{\Pr(S_l|\theta_h)\alpha\beta_h+\Pr(S_l|\theta_l)(1-\alpha)\beta_l}{k^2}=-\frac{m}{k}<0$$

$$\frac{\partial^2 m}{\partial k\partial c}=-\frac{1}{k^2}\frac{d\Pr(S_l|\theta_h)}{dc}(\alpha\beta_h+(1-\alpha)\beta_l)<0 \quad \square$$

$\frac{\partial m}{\partial k}<0$ は，$\frac{\partial^2 m}{\partial k\partial c}<0$ (c の増加が，m を高め，企業価値を引き下げる) とともに，k の増加が m を引き下げる直接効果によって，c が増加する余地を生み出すことを意味する．$\frac{\partial U}{\partial m}<0$, $\frac{\partial^2 m}{\partial k\partial c}<0$ であるから，k の増加は c が m を高める効果を弱める $\left(\frac{dm}{dc}>0\rightarrow\frac{\partial^2 m}{\partial k\partial c}<0\right)$ ことをつうじて，c の増加に貢献する．$\frac{dm}{dk}$ を導くために，まず陰関数定理に従って，$\frac{dc}{dk}$ を求めておくとつぎのようになる．

$$\frac{dc}{dk}=-\frac{\partial U_c/\partial k}{\partial U_c/\partial c}=\frac{1}{2k}\frac{1}{\partial m/\partial c} \quad (A)$$

(9) 式より求めた $\frac{\partial m}{\partial c}$ を代入すると次式を得る．

$$\Pr(S_l)(\Pr(\theta_h|S_l)X-I)\frac{\alpha\beta_h+(1-\alpha)\beta_l}{-k^2}\frac{d\Pr(S_l|\theta_h)}{dc}=\frac{(1-m)(I-\alpha X)}{k}$$

これを (10) に代入すると，$\frac{\partial U_c}{\partial k}=(I-\partial X)\frac{d\Pr(S_l|\theta_h)}{dc}\frac{1}{k}$ を得る．また，$\frac{\partial U_c}{\partial c}=-2(I-\alpha X)\frac{\alpha\beta_h+(1-\alpha)\beta_l}{k}\left(\frac{d\Pr(S_l|\theta_h)}{dc}\right)^2=-2(I-\alpha X)\frac{d\Pr(S_l|\theta_h)}{dc}\frac{\partial m}{\partial c}$ を得る $\left(\because\frac{\partial m}{\partial c}=\frac{d\Pr(S_l|\theta_h)}{dc}\frac{\alpha\beta_h+(1-\alpha)\beta_l}{k}\right)$．ゆえに，上式 (A) を得る．$\square$

したがって，$\frac{dm}{dk}=\frac{\partial m}{\partial k}+\frac{\partial m}{\partial c}\frac{dc}{dk}=-\frac{m}{k}+\frac{1}{2k}=\frac{1-2m}{2k}>0(\because m^*<1/2)$ を得る．$\partial m/\partial k<0$ に対して，(直観に反して) $dm/dk>0$ となることに留意．

(iii) 包絡線定理より，$\dfrac{dU}{dk}$ の符号は $\dfrac{\partial U}{\partial m}\dfrac{\partial m}{\partial k}$ の符号に一致する。$\dfrac{\partial U}{\partial m}$ と $\dfrac{\partial m}{\partial k}$ はいずれも負であるから，$\dfrac{dU}{dk}>0$ となる。□

◆参考文献

Ahmed, Anwer S., Bruce K. Billings, Richard M. Morton, and Mary Stanford-Harris (2002), "The Role of Accounting Conservatism in Mitigating Bondholder-Shareholder Conflicts over Dividend Policy and in Reducing Debt Costs," *The Accounting Review*, 77 (4), pp. 867-890.

浅野敬志・古市峰子 (2015), 「企業のガバナンス構造と会計戦略および企業価値との関連性について」『金融研究』第 34 巻第 1 号, 日本銀行金融研究所.

Beatty, A., W. S. Liao, and J. Weber (2010), "The effect of private information and monitoring on the role of accounting quality in investment decisions," *Contemporary Accounting Research*, 27.

入江和彦・野間幹晴 (2008), 「社外役員の独立性と企業価値・業績」『経営財務研究』第 28 巻第 1 号.

岩崎拓也 (2010), 「財務報告の質と会計機関の独立性に関する実証分析」『六甲台論集―経営学編―』第 57 巻第 1 号.

LaFond, Ryan and Ross L. Watts (2008), "The Information Role of Conservatism," *The Accounting Review*, 83 (2), pp. 447-478.

Lara, Juan Manuel García, Beatriz García Osma, and Fernando Penalva (2016), "Accounting conservatism and firm investment efficiency," *Journal of Accounting and Economics*, 61 (1), pp. 221-238.

Laux, Volker and Phillip C. Stocken (2018), "Accounting standards, regulatory enforcement, and innovation," *Journal of Accounting and Economics*, 65 (2), pp. 221-236.

Lobo, Gerald J. and Jian Zhou (2006), "Did Conservatism in Financial Reporting Increase after the Sarbanes-Oxley Act? Initial Evidence," *Accounting Horizons*, 20 (1), pp. 57-73.

中野誠・大坪史尚・高須悠介 (2015), 「会計上の保守主義が企業の投資水準・リスクテイク・株主価値に及ぼす影響」『金融研究』第 34 巻第 1 号, 日本銀行金融研究所.

大橋良生 (2018), 「保守主義会計と将来業績」『会津大学短期大学部紀要』75.

首藤昭信・岩崎拓也 (2009), 「監査役会および取締役会の独立性と保守主義の適用」『産業経理』69 巻 1.

第5章　取締役会における委員会設置の経済分析

内田交謹

1. はじめに

　会社法の重要な論点として，適切な業務執行と監督を実現するための取締役会や監査役会，委員会等の機関設計がある．従来，日本では監査役設置会社という形態が採用されてきたが，平成15年商法特例法改正で委員会等設置会社（現指名委員会等設置会社）という形態が採用できるようになり，平成26年改正会社法では，さらに監査等委員会設置会社という形態が採用できるようになった．2018年6月時点で，上場企業の約4分の1が監査等委員会設置会社に移行したと報道されている[1]．

　監査等委員会設置会社は監査役会を置かず，取締役会のなかに監査等委員会を設置する形態であり，従来の日本で採用されていた監査役会設置会社に比べれば，米国で採用されている会社形態に近い．では，なぜ近年の日本企業は監査等委員会設置会社に移行する傾向にあるのだろうか．あるいは，なぜ監査役会を廃止し，取締役会のなかに委員会を設置する傾向にあるのだろうか．本章ではこれらの疑問について実証的に分析し，機関設計として取締役会に委員会を設置することのコストベネフィットを検討する．

---

1) 『日本経済新聞』2018年6月24日朝刊.

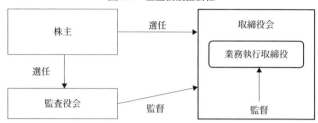

図 5-1　監査役設置会社

2. 株式会社の機関と変遷

　株式会社は広範に分散した多数の株主の出資によって成立している．日々の業務執行を効率化するため，その多くの権限は経営者に委譲されるが，一般に経営者の持株比率は高くない．この所有と経営の分離と呼ばれる現象に加え，株主・経営者間には情報の非対称性が存在することから，経営者が株主の利害に反する行動をとり，企業価値を低下させてしまう事態が起こりうる．会社法においては，業務執行の効率化とエージェンシー問題を軽減するための監督制度を両立する機関設計を提示することが重要になる．このため株式会社においては，株主から選任された取締役が重要な意思決定を行うとともに，経営者に権限委譲した業務執行の監督を行い，不適切な経営者を更迭する役割を担っている[2]．

　取締役が経営者を監督するという機関設計は多くの国で共通するものであるが，その詳細をみると，国や時代によって相違がある．第 1 に，日本の会社法が取締役会の「決定を執行する代表取締役または代表取締役以外の業務執行取締役を選定し，権限を委譲し，かつその者の職務の執行を監督する」（会社法第 362 条 2 項・4 項）と規定しているように，日本の取締役会は業務執行を担う

---

[2]　具体的には，会社法において「取締役会設置会社においては，株主に選任された 3 人以上の取締役全員によって構成される取締役会が，業務執行の決定を行い」（会社法第 362 条 2 項 1 号・4 項），「その決定を執行する代表取締役または代表取締役以外の業務執行取締役を選定し，権限を委譲し，かつその者の職務の執行を監督する」（会社法第 362 条 2 項），「取締役会はこれら取締役の職務の執行を監督し」（会社法第 362 条 2 項 2 号），「不適任と認めた場合にはそれらの者を解職しなければならない」（会社法第 362 条 2 項 3 号）と規定されている．

第5章 取締役会における委員会設置の経済分析　　119

図5-2　執行役員制（監査役設置会社）

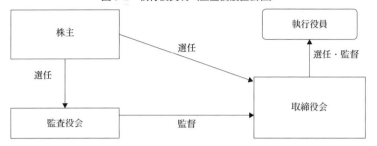

経営者（代表取締役および業務執行取締役）を内部に含む設計となっている（図5-1参照）．いわば，経営者の監督を担当する取締役会が業務執行も担っており，業務執行と監督が組織上分離されていなかったのである．このように業務執行と監督が未分離の状態では，取締役会が実効的な監督機能を果たすとは考えにくい．日本の取締役会はこのように業務執行に重点を置いていることから，マネジメントボードと呼ばれてきた．伝統的に日本の取締役は内部出身者が多く，社外取締役が非常に少なかったのも，マネジメントボードとしての機能と整合的といえる．これに対して米国では，かねてより業務執行は執行役員と呼ばれる役員が担当し，社外取締役が過半数を占める取締役会は経営の基本方針の決定，業績評価，業務執行者の選任・解任しか行わない設計（モニタリングボード）になっており，組織上，監督機関と経営者が分離されてきた（ただし，取締役が執行役員を兼任するケースも多い）．このような設計は執行役員制と呼ばれている（図5-2参照）．

　日本の株式会社の機関設計のもう一つの特徴は，かつては会社法で「大会社は，監査役会を置かなければならない」とされ，取締役の他に監督機関として監査役を選任することである．伝統的な日本の会社形態を監査役会設置会社と呼ぶはこのためである．江頭（2017）によれば，業務執行の決定を取締役会が行い，株主総会の権限が制約される等のことから，株主に代わる取締役の監督機関として監査役が設置される．なお監査役会は3人以上の監査役で構成され，そのうち半数以上は社外監査役であることが必要である．これに対して，米国企業は監査役会を設置せず，取締役会のなかに報酬・指名・監査等の委員会を設置する．報酬委員会は執行役および取締役の報酬等の内容，指名委員会は株

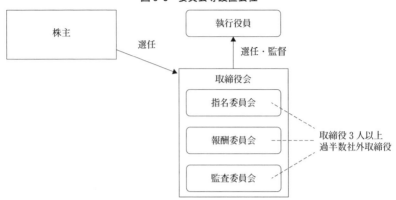

図 5-3　委員会等設置会社

主総会に提出する取締役の選解任の議案内容をそれぞれ決定する．監査委員会は，執行役および取締役の職務の執行の監査および監査報告の作成を行うことになっている．

　このように日本の株式会社の伝統的な機関設計は，経営者と監督機関の未分離，委員会ではなく監査役会の設置という特徴を有していた．しかしながら，1990 年代以降，コーポレートガバナンスの強化，とくに経営者に対する監督機能の強化が叫ばれるなかで，これらの機関設計においてもさまざまな変更がなされてきた．第 1 に執行役員制については，1997 年にソニーが導入して以来，多くの企業が採用するようになり，2016 年度末で東証 1 部上場企業の約 70％が執行役員制を採用している[3]．また監査役会は経営者の意思決定や業務執行に対してさまざまな監査を行うものの，意思決定機関である取締役会において議決権を持たないことから，その監督機能には限界がある．平成 15 年商法特例法改正では，監督機能の強化を求めて，米国型の機関設計である委員会等設置会社が採用できるようになった．図 5-3 に示されているように，委員会等設置会社は，取締役会のなかに指名委員会・監査委員会・報酬委員会の三委員会を置くものである．これらの委員会は，構成員を 3 名以上とし，その過半数を社外取締役が占めることになる．会社の重要事項に関する意思決定権を

---

3)　ただし執行役員制は会社法で規定された機関設計ではなく，各企業が監査役会設置会社，監査等委員会設置会社などの会社法上認められた機関設計の枠組みのなかで採用しているものである．

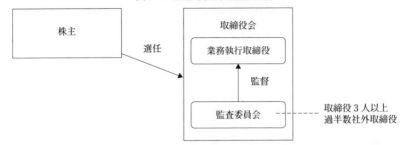

図5-4　監査等委員会設置会社

持つ取締役会のなかに委員会を設置して監督を委任することで，より強力な監督効果を持つことが期待されるのである．さらに委員会等設置会社では，「取締役会は，その決議によって，委員会設置会社の業務執行の決定を執行役に委任することができる」とされており，取締役会の機能としてより監督機能を重視する設計になっている．一言で言えば，監査役会設置会社から委員会等設置会社に移行することで，マネジメントボードからモニタリングボードへの意向を図るということである．なお委員会等設置会社では，取締役からなる監査委員会が設けられる関係で，監査役会は置かれない．

　しかしながら，委員会等設置会社（平成18年会社法改正で委員会設置会社に名称変更）はほとんど普及せず，2016年度末時点で全上場企業のうち72社の採用にとどまっている．一般に指摘されている理由として，日本の経営者の間に，社外取締役が過半数を占める指名委員会や報酬委員会に取締役候補者の指名や取締役・執行役の報酬の決定を委ねることへの抵抗感があること，多数の社外取締役を選任することが困難であり，また抵抗感があることが指摘されてきた．このことを背景に，平成26年改正会社法では，取締役会のなかに監査等委員会（のみ）を設置する監査等委員会設置会社が認められるようになった（図5-4参照）．監査等委員会は3名以上で，過半数は社外取締役である．ただし，監査等委員会設置会社では執行役員制の導入は要求されない．冒頭で紹介したように監査等委員会設置会社は急速に普及しており，2016年度末時点で，全上場企業のうち828社が採用している．なお監査等委員会設置会社の導入に伴い，委員会設置会社は指名委員会等設置会社に名称変更された．

3. 仮　　説

　前節でみたように，日本企業の主たる機関設計は監査役会設置会社から執行役員制の導入，監査等委員会設置会社への移行という大きな変化をとげている．本章では，監査等委員会設置会社への移行がなぜ生じているのかを検証することで，取締役会の外部に監査役会を設置するのでなく，取締役会の内部に委員会を設置することのコストベネフィットを検討する．

　前述のように，監査役は，経営者の解雇権を持つ取締役会における議決権を持たないため，そのモニタリング能力には限界がある．監査等委員会設置会社への移行により，監査等委員が取締役会における議決権を持つモニターとして機能するため，より強力なモニタリングが行われると期待される．一般に成長性が乏しく，Jensen (1986) の指摘するフリーキャッシュフロー問題が深刻な企業はモニタリングの強化が重要と考えられる (Coles et al. (2008); Guest (2008))．フリーキャッシュフローとは，企業が有望な投資プロジェクトをすべて実施した後に残るキャッシュのことであり，規模拡大志向を持つ経営者によって，収益性の低いプロジェクトに用いられる可能性がある．よってフリーキャッシュフロー問題の大きい企業は，監査等委員会設置会社を採用してマネジメントボードからモニタリングボードに移行する可能性が高いと予想される．

モニタリング強化仮説　フリーキャッシュフロー問題の大きい企業ほど監査等委員会設置会社に移行する可能性が高い．

　一方で，監査等委員会設置会社への移行はコストも伴う．監査等委員会は社外取締役が過半数を占め，モニタリング専門の委員会として運営されることから，監査役会設置会社の取締役に比べれば情報の非対称性に直面すると考えられる．つまり，監査役会設置会社と比べれば，情報の非対称性に直面するモニターの権限が強くなると言える．経営者の行動に関する情報の非対称性が深刻な企業の場合，不十分な情報にもとづいて誤ったモニタリングが行われてしまう恐れがある．Adams and Ferreira (2007) は，独立的な取締役会のコスト

として，経営者が強力なモニタリングを懸念する結果，取締役会に提示する情報を少なくし，取締役のもう一つの重要な機能であるアドバイス機能が低下すると指摘している．監査等委員会設置会社，すなわちモニタリングボードへの移行も同様の問題に直面する可能性がある．

取締役会における委員会設置の効果に関する先行研究として，Adams et al.（2018）がある．この研究は，米国企業1996～2010年の株主総会招集通知（Proxy Statement）30,000件のテキスト分析を行い，すべて社外取締役からなる委員会が，1996年にはモニタリング業務の40％を担っていたのに対し，2010年には60％のモニタリング業務を担ったと指摘している．重要な分析結果として，委員会へのモニタリング委任度が高くなるほど，取締役による自社株購入時や買収発表時の株価反応が弱くなり，企業価値の代理変数であるトービンのqが低くなる傾向にあった．委員会を設置してモニタリング機能を強化すると，経営者・取締役間の情報共有が低下し，全体として企業価値が低下すると解釈できる．これらの議論から，つぎの仮説が提示される．

モニタリングコスト仮説　情報の非対称性の深刻な企業は，監査等委員会設置会社に移行する確率が低い．

なお，監査等委員会設置会社に移行することのコストベネフィットは，その時点の機関構造によっても変わると考えられる．執行役員制を導入している監査役会設置会社の場合，すでに業務執行とモニタリングを組織上分離していることから，取締役会が監査等委員会と同様の機能を果たしている可能性があり，監査等委員会設置会社に移行した場合のベネフィットはそれほど大きくないと考えられる．議決権を持つ取締役と執行役員の間にも一定の情報の非対称性が存在すると考えられるため，監査等委員会設置会社に移行することのコストもそれほど大きくないであろう．一方で，執行役員制を導入していない監査役会設置会社については，取締役と業務執行役が同じ取締役会に所属していることから，強力なモニタリングは期待できない代わりに，情報の非対称性はそれほど大きくないと考えられる．よって，監査等委員会設置会社に移行した場合のコストベネフィットの変化が大きく，それらが意思決定に大きな影響を与える

と考えられる．

　同様の議論は，社外取締役を設置している企業についてもあてはまる．一般に社外取締役は社内取締役に比べれば経営者に対するモニタリングを行うインセンティブを持つと考えられるが，情報の非対称性に直面しているため，適切なモニタリングを行うことができない可能性がある．すでに社外取締役を設置している企業は，取締役会における議決権を情報の非対称性によるコストの大きい取締役に与えているため，監査等委員会設置会社に移行したとしても，情報の非対称性によるコストの増大はそれほど大きくないと予想される．

　これまで，取締役会内に委員会を設置することの経済的なコストベネフィットを議論した．一方で，一般にコーポレートガバナンス改革は，社会的プレッシャーへの対応という側面もある（Uchida (2011)）．近年，日本政府がスチュワードシップ・コードやコーポレートガバナンス・コードを策定するなどガバナンス改革に取り組み，多くの機関投資家・企業がコンプライ（遵守）していることを考慮すると，監査等委員会設置会社への移行も，政府方針からのプレッシャーによるものかもしれない．具体的には，2015年6月に策定されたコーポレートガバナンス・コードにより，上場企業は最低2名の独立社外取締役を選任することが原則とされた（原則4-8）．コーポレートガバナンス・コードはコンプライ・オア・エクスプレイン（comply or explain）アプローチが採用されており，この原則に従う必要はないが，従わない場合はその理由を説明することが求められる．この結果，多くの企業が独立社外取締役を選任することとなり，取締役会独立性が大幅に上昇した．

　ここで，独立社外取締役を2名設置していない監査役会設置会社は，監査等委員会設置会社に移行することで，比較的容易にコーポレートガバナンス・コードの原則4-8を満たすことができる．というのも，監査役会設置会社は3名以上の監査役を設置しており，その過半数（2名以上）が社外監査役であることから，極端な場合には，監査等委員会設置会社に移行して，現任の監査役をすべて取締役として選任することで，原則4-8を満たすことができるのである．監査等委員会設置会社への移行が，このようなガバナンス改革のプレッシャーに対応するためのものであれば，独立社外取締役数が2名未満の会社は監査等委員会設置会社に移行する動機が強いと予想される．

ガバナンス改革仮説 独立社外取締役数が2名未満の企業は，すでに2名以上の独立社外取締役を設置している企業に比べて監査等委員会設置会社への移行確率が高い．

4. サンプルとデータ

本章のサンプルは，日本のコーポレートガバナンスに関する代表的なデータベースである Nikkei NEEDS Cges より収集する．このデータには全上場企業の会社形態が収録されており，2014年度末時点で監査役会設置会社であり，かつ2016年度末時点で監査等委員会設置会社であるか否かを特定できるすべての企業をサンプルとする[4]．これらの企業について，不足する財務データを NIKKEI NEEDS FinancialQUEST から収集した．なお金融業および公益企業は財務諸表のフォーマットが異なり，監督官庁のモニタリングを受けているため，サンプルから除外した．必要なデータがとれない企業はサンプルから外し，2,965社がサンプルとして採用された．このうち693社が2016年度末時点で監査等委員会設置会社に移行している．以下では，2016年度末時点で監査等委員会設置会社に移行した企業を移行企業，そうでない企業を非移行企業と表記する．2014年度末時点で委員会設置会社が74社あったが，これらの企業が監査等委員会設置会社に移行する可能性は低く，また前節の仮説があてはまらないため，サンプルから外している．

表5-1は，サンプル企業のコーポレートガバナンス構造を移行企業・非移行企業の別に示している．2014年度末時点において，移行企業の平均取締役数は7.6人であり，非移行企業の7.9人に比べ若干少なく，その差は統計的に有意である．また社外取締役数も移行企業の平均は1.4人と，非移行企業の平均1.5人よりわずかに少ないだけであるが，その差は統計的に有意である．一方，監査役数については，移行企業は平均2.6人と非移行企業の3.6人よりもかなり小さくなっている．監査役数が多い場合，監査等委員会設置会社に移行する

---

[4] t年4月〜$t+1$年3月までを期末とする決算を t 年度としている．

表 5-1　サンプル企業のコーポレートガバナンス構造

2016年度時点で監査等委員会設置会社に移行した企業，移行していない企業について，それぞれ2014年度末時点，2016年度末時点の取締役会，監査役会の構成および執行役員制の採用状況を示している．執行役員制については，執行役員制の採用企業割合を示している．一番右の平均差の検定，中央値の差の検定は，それぞれt値，Z値を示している．執行役員制については，採用企業の比率の差の検定結果（Z値）を示している．

	移行企業				非移行企業				平均差の検定	中央値の差の検定
	平均	標準偏差	中央値	サンプル数	平均	標準偏差	中央値	サンプル数		
パネルA: 2014年度末										
取締役数	7.55	2.79	7	693	7.88	2.92	7	2272	2.57**	2.71***
社外取締役数	1.39	1.09	1	693	1.52	1.00	1	2272	3.01***	3.59***
社外取締役割合	0.18	0.13	0.17	693	0.20	0.13	0.18	2272	3.70***	3.26***
監査役数	2.65	1.46	3	693	3.57	0.68	3	2272	23.02***	14.82***
社外監査役数	1.84	1.07	2	693	2.43	0.59	2	2272	18.71***	12.32***
社外監査役割合	0.70	0.15	0.67	545	0.69	0.15	0.67	2272	−1.71*	−1.95*
執行役員制	0.56			693	0.59			2272		−0.55
パネルB: 2016年度末										
取締役数	9.42	2.51	9	693	8.01	2.78	8	2272	−11.96***	−12.80***
社外取締役数	2.90	0.94	3	693	1.89	0.95	2	2272	−24.33***	−23.66***
社外取締役割合	0.32	0.11	0.30	693	0.24	0.12	0.22	2272	−15.01***	−15.90***
監査役数	0	0	0	693	3.55	0.70	3	2272	133.93***	42.10***
社外監査役数	0	0	0	693	2.40	0.58	2	2272	108.91***	42.98***
社外監査役割合	0	0	0	693	0.68	0.15	0.67	2272	116.77***	40.93***
執行役員制	0.62			693	0.63			2272		−0.28
パネルC: 2014〜2016年度の変化										
取締役数	1.87	2.01	2.00	693	0.13	1.56	0.00	2272	−23.83***	−21.83***
社外取締役数	1.51	1.15	2	693	0.37	0.73	0	2272	−30.83***	−24.44***
社外取締役割合	0.14	0.13	0.14	693	0.05	0.10	0.02	2272	−20.55***	−17.90***
監査役数	−2.65	1.46	−3	693	−0.01	0.41	0.00	2272	76.65***	39.62***
社外監査役数	−1.84	1.07	−2	693	−0.04	0.41	0	2272	66.30***	38.65***

注：***1％水準で有意；**5％水準で有意；*10％水準で有意．

際に取締役数を大きく増加させる必要があるか，あるいは監査役の処遇をどうするのか難しい面があるのかもしれない．

2016年度末時点のガバナンス構造をみると，移行企業は取締役数平均が9.4人に増加し，8.0人の非移行企業に比べてかなり大きくなっている．同様に社外取締役数が平均2.9人となり，非移行企業の1.9人を大きく上回っている．

移行企業の75%以上が社外取締役数2名以上となり，コーポレートガバナンス・コードの原則4-8にコンプライするために監査等委員会設置会社に移行するというガバナンス改革仮説と整合的な結果となっている．2014〜2016年度の間で移行企業の取締役数は1.9人増加しており，従前の監査役数平均を下回っているが，社外取締役数増の平均は1.5人，中央値は2名となっており，2014年度末時点の社外監査役数にかなり近い値となっている．社外取締役と社外監査役を合わせた社外役員数をそれほど変化しないかたちで監査等委員会設置会社への移行が行われていることがわかる．

　本章では，監査等委員会設置会社への移行のコストベネフィットにもとづき，モニタリング強化仮説とモニタリングコスト仮説を提起した．モニタリング強化仮説を検証するには，フリーキャッシュフロー問題の深刻さを表す代理変数が必要であり，ここではトービンのq（(株式時価総額＋負債総額)/総資産）と超過キャッシュ（トービンのqが1を下回る企業については現金および現金等価物/総資産，トービンのqが1以上の企業についてはゼロ）を採用する．トービンのqは成長機会の代理変数として一般的に用いられており，これが大きくなるほど投資機会が豊富になり，フリーキャッシュフロー問題が生じにくくなるため，監査等委員会設置会社への移行確率は低くなると予想される．トービンのqが1を下回る，すなわち企業の将来の投資機会の価値を含む時価評価額が総資産額を下回る企業は，有望な投資機会に乏しいと考えられる(Lang et al. (1991))．そのような企業が保有するキャッシュは収益性の低い投資に用いられる可能性があるため，超過キャッシュは監査等委員会設置会社への移行確率に正の影響を与えると予想される．

　モニタリングコスト仮説については，Coles et al.（2008），Guest（2008）等を参考に，トービンのq，株式変動（過去3年間の株式日次収益率の標準偏差），ROA変動（過去8年間のROAの標準偏差），R&D（試験研究費/売上）を採用する[5]．先に述べたように，トービンのqは成長機会の代理変数として用いられることが多い．既存プロジェクトに関する意思決定に比べ，新規投資プロジェクトに対する意思決定は外部の投資家にとって評価が難しく，情報の

---

[5]　ROA変動の計算にあたっては，過去5年以上のROAが入手できることを条件としている．

非対称性による問題が大きいと考えられる．よってモニタリング強化仮説と同様に，トービンの q が高くなるほど監査等委員会設置会社への移行確率は低くなると予想される．同様に R&D 投資は有形資産への投資に比べて評価が難しいと考えられ，R&D と監査等委員会設置会社への移行確率は負の関係にあると予想される．株式変動，ROA 変動は企業のリスクを表しており，一般にリスクの高い企業ほど情報の非対称性が大きいと予想される．このため，株式変動，ROA 変動は監査等委員会設置会社への移行確率と負の関係にあると予想される．

モニタリングコストについては 4 つの代理変数を利用しているが，いずれの変数もさまざまな企業特性を反映しており，またある程度の相関があると考えられることから，多重共線性の問題も懸念される．このため，主成分分析を用いてこれら 4 つの変数を集計した新しい変数を作成する（INFO1）．トービンの q はモニタリング強化仮説の代理変数の作成にも用いられており，またパフォーマンスの代理変数として用いられることもあることから，トービンの q を除いた 3 つのモニタリングコスト変数について主成分分析を行った変数も作成する（INFO2）．

ガバナンス改革仮説については，2014 年度末時点における社外取締役数が 2 名未満の企業に 1，2 名以上の企業に 0 となるダミー変数を作成する．また，取締役数の多い企業の場合，監査等委員会設置会社への移行による取締役数増が取締役会規模を過大にする可能性があるため，取締役数も分析に用いる．監査役数が多い企業の場合，監査役会を廃止することのコストが大きいと考えられるため，監査等委員会設置会社への移行確率が低くなると予想される．

監査等委員会設置会社への移行確率に影響を与える他の変数として，セグメント数がある．Coles et al.（2008）は組織が複雑な企業ほど取締役会へのアドバイスのニーズが強くなり，大規模で独立性の高い取締役会が採用されると指摘している．また負債比率の高い企業は財務管理の面で複雑であり，やはり大規模で独立性の高い取締役会を採用すべきである．したがってセグメント数が多く，負債比率（負債総額/総資産）の高い企業は監査等委員会設置会社を採用することで，それまで監査役として登用していたような人材を取締役にする可能性がある．セグメント数は NIKKEI NEEDS FinancialQUEST より入手

し，その対数値を採用する．また収益性が低く，企業規模の大きい企業ほどコーポレートガバナンス改革へのプレッシャーが強くなると考えられることから，ROA（経常利益/総資産），総資産の自然対数（Ln 総資産）を採用する．

取締役会，監査役会以外のコーポレートガバナンス構造も監査等委員会設置会社への移行に影響を与える可能性がある．執行役員制を採用している企業は，すでに業務執行とモニタリングを組織上分離しており，情報の非対称性に直面する取締役に取締役会の議決権を与えている．このため，監査等委員会設置会社への移行は比較的コストが低いと予想される．外国人株主は情報の非対称性に直面しており，日本企業とビジネス上のコネクションも強くないことから，モニタリングボードの性質を持つ監査等委員会設置会社への移行を推奨すると考えられるため，外国人持株比率を採用する（Shinozaki et al.（2016））．取締役会に関する先行研究では，取締役会構成は経営者の交渉力に影響を受けることが指摘されている（Guest（2008））．この点を分析するために，社長級持株比率と社長在任年数の自然対数を加える．最後に，東京証券取引所1部上場企業は，他の企業に比べて社会的注目度が高く，コーポレートガバナンス改革に関するプレッシャーを強く受けると予想される．この点を分析するために，東京証券取引場1部上場企業に1，その他の企業にゼロとなる東証1部ダミーを採用する．なお，ROA 変動を除き，これらのすべての変数は2014年度の値を利用し，異常値の影響を避けるため，各変数の上下1パーセンタイルで winsorize している．

表5-2 は，移行・非移行企業ごとに，各変数の記述統計を示したものである．モニタリングのコストを表す変数については，移行・非移行企業間で統計的に有意な差がみられない．一方ベネフィットについては，移行企業は予想に反して負債比率が低い傾向にある．移行企業には比較的小規模の企業が多く，外国人持株比率が高い傾向にある．

5．実証結果

表5-2 の結果は，モニタリング強化仮説，モニタリングコスト仮説のいずれも支持しないが，企業規模や外国人持株比率などの要因をコントロールしてい

表 5-2 記述統計

2016年度末時点で監査等委員会設置会社に移行した企業，移行していない企業について，それぞれ各変数の記述統計を示している（株式変動，ROA変動を除いて2014年度末の値を用いる）．一番右の平均差の検定，中央値の差の検定は，それぞれt値，Z値を示している．東証1部上場ダミーについては，東証1部上場企業の比率の差の検定結果（Z値）を示している．

	移行企業				非移行企業				平均差の検定	中央値の差の検定
	平均	標準偏差	中央値	サンプル数	平均	標準偏差	中央値	サンプル数		
超過現金	0.12	0.20	0	693	0.11	0.21	0	2272	−1.10	−1.51
トービンのq	1.29	0.94	1.01	693	1.29	0.87	1.03	2272	−0.04	1.36
株式変動	0.03	0.01	0.02	679	0.02	0.01	0.02	2219	−0.59	−0.65
R&D	0.02	0.04	0.00	693	0.02	0.05	0.00	2272	1.48	0.14
ROA変動	0.04	0.04	0.03	679	0.04	0.04	0.03	2220	−0.53	−1.96*
INFO1	0.01	1.42	−0.42	678	0.00	1.47	−0.40	2219	−0.22	−0.55
INFO2	0.01	1.22	−0.33	678	0.00	1.31	−0.32	2219	−0.28	−1.01
セグメント数	2.60	2.49	3	693	2.61	2.37	3	2272	0.12	0.54
負債比率	0.45	0.19	0.45	693	0.47	0.20	0.47	2272	2.51**	2.52**
ROA	0.06	0.07	0.05	693	0.06	0.07	0.05	2272	−1.32	−0.73
総資産	89824	290712	21211	693	174471	461131	33070	2272	4.56***	5.59***
外国人持株比率	0.09	0.12	0.04	693	0.10	0.14	0.05	2272	2.56**	2.86***
社長級持株比率	0.06	0.11	0.01	693	0.05	0.10	0.01	2272	−1.96*	−3.33***
社長在任年数	7.16	7.83	4.17	693	7.02	8.13	3.92	2272	−0.40	−1.08
東証1部ダミー	0.51			693	0.54			2272		0.98

注：***1%水準で有意；**5%水準で有意；*10%水準で有意．

ないという欠点がある．ここでは，さまざまな企業特性をコントロールしながら仮説を検証するため，移行企業に1，非移行企業に0となるダミー変数を従属変数としたロジット分析を行う．

全サンプルの結果は**表5-3**に示されている．モニタリングコストの代理変数（MNTCOST）については，6つの変数のうちいずれか一つを用いて，6本の推計を行った．第1に，社外取締役2名未満のダミー変数が有意に正となっており，コーポレートガバナンス・コードの原則4-8にコンプライしていない企業が監査等委員会設置会社に移行する傾向にあることが示されている．このダミー変数を社外取締役数に変更しても結果は同様であり，監査等委員会設置会社に移行する主な動機として，政府方針に沿ったガバナンス改革仮説が支持されることになる．その際，監査役数の係数が有意に負であることから，監査役の多い企業の場合，監査役会を廃止することのコストが大きく，監査等委員会設

表 5-3 ロジット分析の結果

従属変数は 2016 年度末に監査等委員会設置会社である企業に 1, 監査役会設置会社である企業に 0 となるダミー変数. サンプルは 2014 年度末に監査役会設置会社であった企業より収集している. 各モデルは, それぞれ MNTCOST (モニタリングコスト) の 6 つの代理変数のうちいずれか一つを採用して推計している. INFO1 はトービンの q, 株式変動, R&D, ROA 変動の主成分分析によって作成した変数, INFO2 は株式変動, R&D, ROA 変動の主成分分析によって作成した変数である. 係数の下のカッコ内は標準誤差.

MNTCOST	(1) トービンのq	(2) 株式変動	(3) R&D	(4) ROA 変動	(5) INFO1	(6) INFO2
超過現金	−0.163	−0.252	−0.133	−0.225	−0.309	−0.269
	(0.225)	(0.227)	(0.218)	(0.225)	(0.232)	(0.234)
トービンの q						0.00963
						(0.0837)
MNTCOST	−0.0710	−12.64**	−2.769*	−3.205**	−0.108**	−0.134**
	(0.0680)	(5.350)	(1.639)	(1.545)	(0.0430)	(0.0559)
社外取締役 2 名未満	0.671***	0.676***	0.665***	0.686***	0.675***	0.673***
	(0.117)	(0.118)	(0.117)	(0.118)	(0.119)	(0.118)
取締役数	−0.0158	−0.0174	−0.0170	−0.0154	−0.0161	−0.0177
	(0.0223)	(0.0228)	(0.0222)	(0.0227)	(0.0228)	(0.0228)
監査役数	−1.093***	−1.101***	−1.095***	−1.104***	−1.099***	−1.100***
	(0.0543)	(0.0546)	(0.0542)	(0.0547)	(0.0546)	(0.0545)
Ln セグメント数	0.108	0.0957	0.108	0.0889	0.0952	0.0981
	(0.0738)	(0.0750)	(0.0736)	(0.0749)	(0.0750)	(0.0750)
負債比率	−0.224	−0.0885	−0.350	−0.250	−0.203	−0.209
	(0.273)	(0.289)	(0.281)	(0.280)	(0.283)	(0.283)
ROA	0.112	−0.541	−0.395	−0.194	−0.236	−0.472
	(0.731)	(0.755)	(0.734)	(0.777)	(0.787)	(0.803)
Ln 総資産	−0.0363	−0.0971	−0.0194	−0.0803	−0.102	−0.0999
	(0.0616)	(0.0646)	(0.0587)	(0.0644)	(0.0658)	(0.0658)
執行役員ダミー	0.119	0.107	0.117	0.112	0.107	0.104
	(0.105)	(0.106)	(0.105)	(0.106)	(0.106)	(0.106)
外国人持株比率	0.854	1.137*	0.744	1.098*	1.259**	1.193**
	(0.590)	(0.588)	(0.570)	(0.589)	(0.596)	(0.599)
社長級持株比率	−0.361	−0.530	−0.342	−0.570	−0.529	−0.489
	(0.516)	(0.541)	(0.511)	(0.546)	(0.543)	(0.544)
Ln 在任年数	−0.0774	−0.0782	−0.0763	−0.0808	−0.0798	−0.0824
	(0.0496)	(0.0508)	(0.0498)	(0.0508)	(0.0507)	(0.0508)
東証 1 部ダミー	0.337**	0.355***	0.323**	0.364***	0.361***	0.348**
	(0.135)	(0.136)	(0.134)	(0.137)	(0.137)	(0.137)
定数項	2.241***	3.124***	2.101***	2.804***	2.879***	2.866***
	(0.586)	(0.648)	(0.526)	(0.605)	(0.599)	(0.621)
サンプル数	2,951	2,886	2,951	2,887	2,885	2,885
業種ダミー	Yes	Yes	Yes	Yes	Yes	Yes

注:***1% 水準で有意;**5% 水準で有意;*10% 水準で有意.

置会社に移行しにくい傾向にあることがわかる．一方，モニタリング強化仮説については，超過現金，トービンの q のいずれも係数が有意でないことから，監査等委員会設置会社への移行の主要動機として支持されない．他にモニタリングのベネフィットの代理変数として，利益調整の代理変数である裁量会計発生高を用いた分析を行ったが，係数は有意でなかった．

モニタリングコスト仮説については，トービンの q の係数は有意でないものの，株式変動や主成分分析を用いて作成した変数など MNTCOST の係数がすべて有意に負となっている（R&D の有意水準は限界的である）．モニタリングコストの大きな企業の場合，監査等委員会設置会社に移行し，情報の非対称性に直面する監査等委員会が強力なモニタリングを行うことのコストが大きいと考えられる．

その他の変数についてみると，東証1部ダミーの係数が有意に正であり，東証1部上場企業は他の企業に比べて注目度が高く，社会的プレッシャーからガバナンス改革を行うという考え方と整合的である．推計によっては，外国人持株比率の係数が有意に正となっており，頑健性は欠けるものの，外国人持株比率が監査役会設置会社よりも監査等委員会設置会社を好む傾向がうかがわれる．セグメント数の対数や負債比率など，アドバイス需要の代理変数を含め，他の変数はすべて有意でなかった．アドバイス機能については監査役会でも対応できるため，監査等委員会設置会社に移行する動機にならないと考えられる．Ln 総資産など，その他の変数の係数はすべて有意でなかった．

表5-3の結果は，ガバナンス改革へのプレッシャーが監査等委員会設置会社への移行の主要動機になる一方で，モニタリングコストと監査役会の廃止コストがそのブレーキになっている状況を示唆している．一方で，執行役員制を導入している企業の場合，取締役会での議決権を持つモニターがすでに一定の情報の非対称性に直面していると考えられ，監査等委員会設置会社への移行が大きくコストを増加させるわけではないと考えられる．そこで，全サンプルを執行役員制導入企業 1,738 社と非導入企業 1,227 社に分割して同様の分析を実施した．結果は表5-4に示されている．パネル A は，執行役員制非導入企業についての結果であり，表5-3と同様に，トービンの q を除く情報の非対称性の代理変数が有意に負の係数を有している．一方，執行役員制導入企業の結果を

表5-4 ロジット分析の結果：サブサンプル

従属変数は2016年度末に監査等委員会設置会社である企業に1，監査役会設置会社である企業に0となるダミー変数．サンプルは2014年度末に監査役会設置会社であった企業より収集している．パネルAは2014年度末に執行役員制を導入していなかった企業，パネルBは執行役員制を導入していた企業をサンプルとしている．各モデルは，それぞれMNTCOST（モニタリングコスト）の6つの代理変数のうちいずれか一つを採用して推計している．INFO1はトービンのq，株式変動，R&D，ROA変動の主成分分析によって作成した変数，INFO2は株式変動，R&D，ROA変動の主成分分析によって作成した変数である．係数の下のカッコ内は標準誤差．

MNTCOST	(1) トービンのq	(2) 株式変動	(3) R&D	(4) ROA変動	(5) INFO1	(6) INFO2
パネルA：執行役員制非導入企業						
超過現金	−0.143	−0.266	−0.136	−0.207	−0.347	−0.312
	(0.321)	(0.332)	(0.313)	(0.323)	(0.341)	(0.340)
トービンのq						−0.00879
						(0.109)
MNTCOST	−0.0986	−20.01**	−3.637*	−4.179*	−0.156**	−0.184**
	(0.0896)	(8.080)	(2.130)	(2.242)	(0.0617)	(0.0825)
社外取締役2名未満	0.856***	0.929***	0.845***	0.934***	0.923***	0.922***
	(0.196)	(0.198)	(0.196)	(0.198)	(0.198)	(0.198)
取締役数	−0.0482	−0.0563	−0.0502	−0.0476	−0.0501	−0.0529
	(0.0339)	(0.0349)	(0.0338)	(0.0344)	(0.0348)	(0.0350)
監査役数	−1.189***	−1.222***	−1.182***	−1.220***	−1.223***	−1.219***
	(0.0904)	(0.0914)	(0.0901)	(0.0912)	(0.0916)	(0.0914)
Lnセグメント数	0.161	0.166	0.162	0.151	0.162	0.167
	(0.107)	(0.110)	(0.107)	(0.109)	(0.110)	(0.110)
負債比率	−0.344	−0.0919	−0.522	−0.333	−0.289	−0.295
	(0.402)	(0.434)	(0.410)	(0.418)	(0.427)	(0.427)
ROA	0.270	−0.581	−0.340	−0.0284	−0.175	−0.397
	(1.031)	(1.070)	(1.011)	(1.106)	(1.150)	(1.168)
Ln総資産	0.0389	−0.0580	0.0707	−0.0217	−0.0653	−0.0611
	(0.0967)	(0.102)	(0.0919)	(0.102)	(0.106)	(0.106)
外国人持株比率	0.523	1.003	0.305	0.923	1.198	1.110
	(0.988)	(0.983)	(0.967)	(0.986)	(0.994)	(1.006)
社長級持株比率	−0.259	−0.585	−0.224	−0.697	−0.608	−0.569
	(0.705)	(0.755)	(0.699)	(0.748)	(0.749)	(0.747)
Ln在任年数	−0.0977	−0.117	−0.0890	−0.110	−0.110	−0.113
	(0.0783)	(0.0801)	(0.0788)	(0.0800)	(0.0802)	(0.0802)
東証1部ダミー	0.362*	0.372*	0.329	0.374*	0.385*	0.364*
	(0.204)	(0.210)	(0.202)	(0.211)	(0.211)	(0.212)
定数項	1.976**	3.429***	1.670**	2.735***	3.018***	3.007***
	(0.909)	(1.051)	(0.819)	(0.974)	(0.971)	(0.998)
サンプル数	1,211	1,180	1,211	1,180	1,180	1,180
業種ダミー	Yes	Yes	Yes	Yes	Yes	Yes

表 5-4　ロジット分析の結果：サブサンプル（つづき）

MNTCOST	(1) トービンの q	(2) 株式変動	(3) R&D	(4) ROA 変動	(5) INFO1	(6) INFO2
パネル B：執行役員制導入企業						
超過現金	−0.184	−0.287	−0.180	−0.277	−0.304	−0.247
	(0.315)	(0.314)	(0.306)	(0.315)	(0.318)	(0.324)
トービンの q						0.0630
						(0.130)
MNTCOST	−0.00699	−5.427	−1.107	−2.030	−0.0489	−0.0891
	(0.104)	(7.583)	(3.011)	(2.209)	(0.0652)	(0.0827)
社外取締役 2 名未満	0.556***	0.544***	0.552***	0.552***	0.545***	0.543***
	(0.153)	(0.154)	(0.153)	(0.154)	(0.155)	(0.155)
取締役数	−0.00467	−0.00293	−0.00511	−0.00491	−0.00327	−0.00442
	(0.0320)	(0.0324)	(0.0320)	(0.0325)	(0.0324)	(0.0325)
監査役数	−1.047***	−1.043***	−1.047***	−1.045***	−1.040***	−1.045***
	(0.0706)	(0.0701)	(0.0700)	(0.0703)	(0.0703)	(0.0708)
Ln セグメント数	0.0795	0.0528	0.0794	0.0508	0.0524	0.0560
	(0.106)	(0.108)	(0.106)	(0.107)	(0.108)	(0.107)
負債比率	−0.0796	−0.0461	−0.119	−0.130	−0.0862	−0.0845
	(0.385)	(0.400)	(0.397)	(0.391)	(0.391)	(0.392)
ROA	−0.486	−0.719	−0.615	−0.535	−0.515	−0.835
	(1.122)	(1.128)	(1.123)	(1.161)	(1.149)	(1.181)
Ln 総資産	−0.0829	−0.120	−0.0821	−0.114	−0.121	−0.119
	(0.0842)	(0.0878)	(0.0812)	(0.0872)	(0.0887)	(0.0885)
外国人持株比率	1.029	1.201	1.042	1.213	1.248	1.185
	(0.778)	(0.781)	(0.752)	(0.778)	(0.793)	(0.793)
社長級持株比率	−0.475	−0.533	−0.465	−0.489	−0.521	−0.464
	(0.759)	(0.785)	(0.758)	(0.789)	(0.785)	(0.788)
Ln 在任年数	−0.0674	−0.0564	−0.0688	−0.0629	−0.0612	−0.0638
	(0.0659)	(0.0671)	(0.0661)	(0.0672)	(0.0672)	(0.0674)
東証 1 部ダミー	0.363**	0.390**	0.359*	0.392**	0.385**	0.375**
	(0.184)	(0.187)	(0.184)	(0.187)	(0.187)	(0.186)
定数項	2.576***	3.072***	2.596***	2.998***	2.946***	2.876***
	(0.814)	(0.867)	(0.743)	(0.821)	(0.807)	(0.843)
サンプル数	1,718	1,684	1,718	1,685	1,683	1,683
業種ダミー	Yes	Yes	Yes	Yes	Yes	Yes

注：***1% 水準で有意；**5% 水準で有意；*10% 水準で有意．

示したパネルBをみると，情報の非対称性の代理変数がすべて有意でなくなっている．この結果は，監査等委員会設置会社のコストが執行役員制のコストと類似しており，執行役員制導入企業にとっては監査等委員会設置会社移行によって追加コストはそれほど発生しないという考え方と整合的である．

ガバナンス改革仮説に関する社外取締役2名未満ダミーと監査役数は，**表5-4**のパネルA，Bのいずれにおいても有意な係数を有している．執行役員制の採用の有無にかかわらず，政府方針によるガバナンス改革のプレッシャーと監査役会の廃止コストが監査等委員会設置会社移行の主要な決定要因であることを示している．東証1部ダミーもパネルA，Bの多くの推定において有意に正である．

表5-4では執行役員制採用の有無を基準にサンプルを分割したが，社外取締役が存在する場合も，情報の非対称性に直面する取締役に取締役会での議決権を与えていることになり，監査等委員会設置会社への移行によるモニタリングコストの増大は重大でないと思われる．そこで全サンプルを2014年度において社外取締役2名以上の企業と2名未満の企業で分割した分析も行った．分析結果の表は省略するが，モニタリングコスト仮説が社外取締役2名未満の企業では概ね支持される一方で，社外取締役2名以上の企業では支持されなかった．この分析では，社外取締役2名未満ダミーの代わりに社外取締役数を独立変数に用いた．社外取締役数の係数は，社外取締役2名未満の企業では有意に負となったのに対し，社外取締役2名以上の企業では有意にならなかった．この結果も，ガバナンス改革仮説と整合的である．監査役数はいずれのサブサンプルにおいても係数が有意に負であり，監査役会の廃止コストの存在が示唆される．

6. おわりに

平成26年改正会社法で，取締役会の内部に監査等委員会を設置する監査等委員会設置会社の採用が認められた．平成15年商法特例法改正で認められた委員会等設置会社は採用がほとんど進まなかったのに対し，監査等委員会設置会社は2018年6月時点で700社以上が採用している．本章では，日本企業の

監査等委員会設置会社への移行の決定要因を分析することで,取締役会内部に委員会を設置することのコストベネフィットを分析した.

分析の結果,2014 年度末時点で社外取締役数が 2 名未満の監査役会設置会社はそうでない企業に比べて監査等委員会設置会社への移行確率が高く,監査役数が多い企業は移行確率が低いことが明らかになった.日本企業が監査等委員会設置会社に移行する主要な動機として,コーポレートガバナンス・コードの原則 4-8 への遵守がある一方,監査役会の廃止コストがそのブレーキとなっていることが示唆される.取締役会における委員会設置のコストベネフィットについては,情報の非対称性の程度が大きい企業ほど監査等委員会設置会社に移行する確率が低いことが示された.この結果は,取締役会に委員会を設置することは,情報の非対称性に直面する取締役(監査等委員)に強力なモニタリング権限(取締役会での議決権)を与えることになり,不適切なモニタリングが行われる可能性を高めるという仮説と整合的である.なおこの傾向は,2014 年度において執行役員制を導入していない企業や社外取締役数が 2 名未満の企業においてのみ観察された.執行役員制導入や社外取締役設置にもコストがかかると考えられ,取締役会に委員会を設置することのコストはそれらとほぼ同等であることが示唆される.

一方で,モニタリングやアドバイスのベネフィットを表す変数は監査等委員会設置会社への移行確率に有意な影響を与えるという結果が得られなかった.監査等委員会設置会社への移行は主にガバナンス改革のプレッシャーから動機づけられていると解釈できる.またアドバイス機能については,議決権を持たない監査役でも果たすことができると解釈できるだろう.

◆参考文献

Adams, R. B. and D. Ferreira (2007), "A Theory of Friendly Boards," *Journal of Finance*, 62 (1), pp. 217-250.

Adams, R. B., V. Ragunathan, and R. Tumarkin (2018), "Death by Committee? An Analysis of Corporate Board (Sub-) Committees," Working Paper Available at: http://www.tumarkin.net/papers/Death_by_Committee.pdf

Coles, J. L., N. D. Daniel, and L. Naveen (2008), "Boards: Done One Size fit All?" *Journal of Financial Economics*, 87 (2), pp. 329-356.

江頭憲治郎（2017），『株式会社法　第7版』有斐閣.

Guest, P. M. (2008), "The Determinants of Board Size and Composition: Evidence from the UK," *Journal of Corporate Finance*, 14 (1), pp. 51–72.

Jensen, M. (1986), "Agency Costs of Free Cash Flow, Corporate Finance, and Takeovers," *American Economic Review*, 76 (2), pp. 323–329.

Lang, L. H. P., R. M. Stultz, and R. A. Walkling (1991), "A Test of the Free Cash Flow Hypothesis: The Case of Bidder Returns," *Journal of Financial Economics*, 29 (2), pp. 315–335.

Shinozaki, S., H. Moriyasu, and K. Uchida (2016), "Shareholder Composition and Managerial Compensation," *Journal of Financial and Quantitative Analysis*, 51 (5), pp. 1719–1738.

Uchida, K. (2011), "Does Corporate Board Downsizing Increase Shareholder Value? Evidence from Japan," *International Review of Economics & Finance*, 20 (4), pp. 562–573.

第6章 上場企業における株主提案に関する経済分析

葉　聰明

1. はじめに

　所有と経営が分離している現代企業では，経営陣が株主の代理（エージェント）として意思決定することが一般的である．しかし，経営陣は株主の利益を考えたうえで行動するとは限らない．とくに経営陣が会社の株式をわずかしか所有していない場合，経営者による非効率的もしくは利己的な行動は一般株主の利益を損なうようなものであっても，経営陣が株式を所有している割合の分だけ，その損害を負担するため，経営陣が利己的な行動をとるインセンティブがつねに存在する（Jensen and Meckling (1976))．この問題はエージェンシー問題と呼ぶ．

　経営陣のエージェンシー問題を軽減するメカニズムとして，企業内部では取締役による監督，インセンティブ報酬，外部では債権者によるチェック，大株主による監督，敵対的買収などが存在しており，企業統治の分野で研究が積み重ねられてきた．それ以外にも，国の法律規定も重要な役割を果たすということは，La Porta et al. (1997, 1998, 2000, 2002) の一連の研究を濫觴として明らかにされてきた．たとえば，取締役の過度な権限拡大を予防する対抗権（anti-director rights）として，株主が持つ一票の投票権（one vote one share），取締役の選任方法に累積議決権の導入，議決権や委任状の行使に関する規定などがあるが，国によってその規定に大きな相違が存在し，資本市場の発展，企業

価値の評価や配当政策などに影響を与えるということが報告されている．

本章では会社法で保障される株主提案権という法的手段を取り上げ，それが経営陣のエージェンシー問題を抑制するメカニズムとしてどのような役割を果たしているのか，国内外の現状や関連する研究結果を紹介する．2000年代に入り，日本において上場会社での株主提案は飛躍的に増加してきている．『日本経済新聞』の報道によると，2007年においては34件しかなかったが[1]，2013年には144件[2]，2017年には212件といった具合に[3]，株主提案権は経営陣への対抗権として積極的に活用されるようになり，日本における株主のアクティビズムの台頭を具現化している．

2. 日本における株主提案権とその特徴

本節ではまず，株主提案権を中心に，日本と米国における株主の権限に関する会社法の規定についてそれぞれ概要を述べる．次に日本と米国での株主提案権の規定を比較する．

日本において株主提案権は1981年以降，旧商法と現行の会社法で規定されている．それに関連する株主総会は，原則として取締役会が議題を決め，招集権者である取締役がこれを招集するが，株主も招集請求権と招集権が認められる．さらに，株主総会の議題・議案を株主が追加提出することもできる．ただし，議題提案権は6か月前から議決権の1％以上の議決権（あるいは300個以上の議決権）を有する必要がある（公開会社の場合）．また，議案の提案者は提案の概要を一般株主に通知するよう会社に請求することもできる．

株主総会での決議は議決権の定足数を満たすうえで，過半数以上の賛成（普通決議）が原則である．つまり，議決権の過半数を有する株主が出席したうえで，出席株主の議決権の過半数が必要である．計算書類の承認，配当，取締役の選任・解任，取締役の報酬などの決議事項は普通決議が適用される．しかし，定款変更や事業の譲渡，会社の解散・合併，募集株式の第三者に対する有利発

---

1) 『日本経済新聞』2007年11月29日．
2) 『日本経済新聞』2013年7月15日．
3) 日経速報ニュースアーカイブ，2017年6月29日．

表 6-1　日本と米国での株主提案権関する規定の主な差異

比較事項	日本	米国
関連法律	会社法	証券取引委員会（SEC）の規定，州の会社法
株主は株主総会の召集権を有するかどうか	あり	あり（ただし定款や附属定款で排除できる）
株主提案権	あり	あり
定足数規定	あり	あり
提案株主の資格	6か月前から1%以上の議決権の株式を所有	1年前から1%以上の議決権の株式を所有
一回に提出できる株主提案の件数	とくに制限なし（2018年12月現在）	SECの規定する株主提案の場合は1件（委任状争奪戦の場合を除く）
株主提案を一般株主に通知するための費用の負担	会社	SECの規定する株主提案の場合は会社が負担（委任状争奪戦の場合，提案株主が負担）
株主提案の法的拘束力	あり	なし（委任状争奪戦の場合は拘束力ある）
株主提案の内容について	とくに制限なし（2018年12月現在）	SECの規定する株主提案の場合は13種類の重大事項以外の内容という制限がある
役員人事に関する株主提案について	可能	SECの規定する株主提案の場合は不可（委任状争奪戦の場合はその限りではない）
定款変更に関する株主提案について	可能	不可
事業内容に関する株主提案について	可能	不可
配当に関する株主提案について	可能	不可

行などといった会社の基礎に関わるような決議事項の場合，出席株主の議決権の2/3以上の同意（特別決議）が必要になる．

　日本における株主提案に関する会社法の規定はどちらかといえば英国の法規定に近く，一方で，米国での法規定に比べより強い権限が株主に与えられている．日米の法規定の根本的な差異は，株主が会社に関する基本事項に能動的に変更を加えられるかどうかにある．以下，日本と米国とでその規定の主な差異を述べる．その主な差異は表6-1にまとめる[4]．

4）　本節の説明は，Goto（2014），Bebchuk（2004），Buchanan et al.（2012），Yeh（2014）にもとづいている．

日本では，条件を満たした株主は定時株主総会および臨時株主総会を招集する権利が与えられている．株主提案を総会の決議議案に追加提出し，株主に通知させることも会社に要求できる．その通知に関わるコストは会社が負担することになっている．また，一回で提案できる議案の内容や数について特に制限がかけられていない（2018年12月現在）[5]．つまり，事業内容，取締役の選任と解任，資本政策（配当など）において株主は介入する権利が日本の会社法では保障されている．

一方，米国の州の会社法では，株主は臨時総会（特別総会）を招集する権利は与えられているが，しかし，この招集権は会社の定款や附属定款によって制限されることが可能である．しかも株主が定款変更を発動するができないようになっている（定款変更を発動する権限は取締役会にある）．つまり，米国では取締役会の同意なしでは，株主が定款を変えることが不可能であり，株主総会を招集することもできない．

証券取引委員会（SEC）の規定では，株主は提案を総会の議題・議案に入れるよう経営陣に要求することができる．しかし，この場合でも，13種類の内容に関する提案を会社側は総会議案から除外できる[6]．具体的につぎのようなものがある．

①株主の行動として法律的には適切とは認められないもの
②会社は提案を実行した場合，法律に違反するもの
③SECの規定に違反するもの
④株主個人の私怨や私益に関係するようなもの
⑤会社の事業に無関連のもの
⑥会社が実行する権限を持たないようなもの
⑦会社の通常の事業・業務の運営に関するもの
⑧取締役の選任に関するもの

---

[5]　『日本経済新聞』（2018年12月29日）の報道によると，法相の諮問機関である法制審議会がまとめた会社法改正の要綱案では，「株主が提案できる現行のルールを改め，1人の株主が株主総会で提案できる議案数を最大10に制限し，株主提案の内容にも制約を設け，つまり，誹謗中傷や侮辱行為，総会運営を妨げるような提案は認めない」とする．2019年2月に法相に答申し，同年の通常国会に改正案を提出，2020年の施行を目指すという．

[6]　http://www.sec.gov/pdf/cfslb14.pdf.

⑨会社が提案する議案の内容に直接に抵触するもの
⑩会社がすでに実質的に行っている事項
⑪ほかの株主がすでに提出している，当該株主総会に決議される提案内容に類似するもの
⑫直近の総会ですでに提出されたことがある提案で，しかもそれに対する賛成が低かった提案と同様の内容のもの
⑬配当金額に関連するもの

さらに，株主総会で提出された株主提案が決議されたとしても経営陣にとっては法的強制力がない．この意味では，米国での株主提案は会社に対する勧告として受け止められることができる．

このように，米国の企業において取締役会は経営に対して強力な法的権限を与えられており，それに比べ，株主による介入の権限は制限されていることが言える．株主が会社の経営方針・事業戦略などの意思決定を変更させるための手段は株主提案ではなく，企業買収か委任状争奪戦のいずれかになる．企業買収の場合，会社の株式の過半数を取得する必要があり，膨大な買収資金が必要である．場合により，買収価格を釣り上げることを余儀なくすることもあり，さらに買収コストが膨らむこともよくある．委任状争奪戦の場合，提案株主は他の株主から議決権の委任状を募り，提案株主の支持する役員候補者を選任することに成功すれば，提案株主の望むような経営方針は新しい取締役会によって実現される．この場合でも，提案株主は誘致合戦のためのコストを負担しなければならない．ここでいうコストとは召集書類を株主に送付するのにかかる費用や株主の委任状を誘致するための宣伝広告費用，弁護士を雇用する費用などが含まれる．Gantchev（2013）の試算によると，委任状争奪戦は平均1千万ドルの費用がかかる．

以上のように，日本では株主の権利が手厚く保障されているのに対し，米国では株主による介入の権限が制限されている．その背景にあるのは，米国での取締役の"経営判断の原則"（business judgement rule）というものにある．すなわち，取締役は注意義務（duty of care）および忠実義務（duty of loyalty）を果たしていることを証明することができれば，法的責任は問われない（Monks and Minow（2011））．注意義務とは，取締役が意思決定を行う際，十

分に注意を払うことで，たとえば，できる限りの情報を収集し，あらゆる選択肢を検討したうえで意思決定を行うことである．忠実義務とは，取締役は株主の利益よりも個人の利益を優先させてはならないことを言い，たとえば，明らかに利害関係が衝突するような複数の企業の取締役を同時につとめるのは忠実義務に反することになる．この経営判断の原則にもとづき，注意義務および忠実義務が果たされる前提のもと，経営陣の自主的な判断を尊重するために，株主からの介入は法的に制限されている．

米国に比べ日本の会社法は株主により強い権限を与えていることを説明してきたとおりである．しかし，日本での株主提案は1980年代～1990年代においては，社会や環境などに関する議案が主であった．とくに電力会社に対して原発事業に関する議案が個人株主から頻繁に提出されている．2000年代に入ってからは，企業統治や株主利益などに関するような株主提案が増えるようになってきた．ちょうど外資系投資ファンドが日本企業への株式投資を増やし，株主提案をはじめとする株主活動（shareholder activism）に先駆的な役割を果たした時期にも重なっている（Yeh（2014））．

3. 株主提案の効果について

株主提案に関する研究について述べる前に，その研究でよく使われている分析方法を紹介する．株主提案の効果を分析する方法の一つにはイベントスタディ法（event study）がある．これは，株主提案に関する情報が初めてアナウンスされると，対象企業の株価はどのように変動するのかについて検証するものである．理論的には，企業の株価は将来の期待キャッシュフローを資本コストで割り引いた現在価値の合計とみなされる．市場が効率的であるという前提のもとで株主提案の情報が市場に知れわたると，将来期待できるキャッシュフローはどのように変動するかに関する市場の判断は対象企業の株価変動に反映される．株主提案がその現在価値への影響が正であると期待される場合，企業の株価は上昇するが，逆にマイナスと予想されれば株価は下落する．イベントスタディ法では株価の変化を推計する指標として超過（もしくは異常）収益率（CAR）を用いるが，その具体的な推計方法はCampbell et al.（1997）に参照

されたい．一方，短期の株価効果だけで効果を判断する以外に，中長期の効果を調べる方法もとられている．すなわち，収益性や成長性などの財務指標により株主提案前後の変化を調べるものである．

3.1 米国企業を対象とする研究

前節で述べたように，米国で許される株主提案は限られており，会社の経営に関わる重大な事項に関するものは除外されている．したがって米国企業を対象とする研究では，経営者報酬の開示や買収防衛策の撤廃などといった企業統治に関するものが主である．また，株主総会で可決されたとしても法的拘束力がないため，取締役はそれを無視することができる．これらの点を念頭に米国企業に関する研究結果をみる必要がある．

(1) どのような企業が株主提案を受けるのか

株主からの介入は企業の特徴・属性にどのように関連しているのか，についての研究がある．これらの研究では，株主提案のあった対象企業は，そうではない企業に比べて業績，株主構成，ガバナンスなどの面においてどのような差があるのか，について分析される．Karpoff et al. (1996) は規模の大きく，機関投資家の所有化率が高く，会計上の業績が悪いような企業は狙われやすいと報告した．Brav et al. (2008) でも似たような結果が報告されているが，手元資金の流動性が高い企業も株主からの介入を受けやすいと報告した．また，Wahal (1996) は株価低迷の企業が大手年金基金に狙われやすいと報告した．つまり，株主からの介入を受けやすいのは経営陣のエージェンシー問題の高いような企業であることがうかがえる．よって，株主提案権はエージェンシー問題を解消させようとするための一つのメカニズムとみなされていい．

株主からの介入自体のほかに，株主提案への賛同も企業の特徴・属性に関連するとの研究もある．その主な関連要因は提案株主の性格，対象企業の所有構成，提案内容などである．提案者は機関投資家の場合，または対象企業の機関投資家の所有比率が高い場合や，内部者の所有比率が低い場合，株主総会での決議で株主提案への支持票が高いと報告されている (Gordon and Pound (1993); John and Klein (1995); Gillan and Starks (2007); Thomas and Cotter

(2007)).一方で,Gordon and Pound (1993) が対象企業の業績(株価)が提案の支持率と負の相関を示したのに対し,Ertimur et al. (2010) では業績(株価でも会計利益でも)と提案への賛同率との関係がみつからない.

(2) 株主提案を受けた企業は変わるのか

株主提案を受けた企業はそのアナウンスの際,株価がどのように動いたか,また,その後の業績が提案前に比べてどのように変化するか,についての研究は最も多い.より以前の古い研究では,株主提案の効果がほとんどなかったとの結果が得られた(Wahal (1996); Karpoff et al. (1996); DelGuercio and Hawkins (1999); Gillan and Starks (2007)).これについてはいくつかの理由が考えられる.一つは,前章でも述べたように,米国では提案内容は会社経営に関する重要事項ではないものが多いことにあると考えられる.そのような株主提案よりも,むしろ特定の取締役に反対・抗議・攻撃を仕掛けるようなキャンペーンのほうが経営陣の対応を促すうえで効果的である(Grundfest (1993); DelGuercio et al. (2008)).もう一つの理由は,米国では株主提案は法的拘束力がないため,経営陣はそれを無視することができることにある.実際,Black (1998) によると,たとえ株主提案が可決された場合でも,会社はそれを無視することが一般的である.さらに,提案者の所有比率が低いことに,果たして会社への監督を果たすうえで十分な資源やインセンティブを有しているかどうか,という疑問もあげられる.

しかし,最近の研究では,機関投資家が強い影響力を発揮し,株主アクティズムが台頭するなかで,コーポレートガバナンスの構図が変わってきている.たとえば,一般株主からの支持が高いような株主提案の場合は,法的拘束力がないにもかかわらず,経営陣がなんらかのかたちで要求に対応する姿勢・行動をとるようになってきている.Thomas and Cotter (2007) によると,買収防衛策の撤廃を求めるような株主提案に対しては経営陣が応じるようになってきた.Ertimur et al. (2010) の研究では,可決された株主提案がその後会社により実行される確率は 2001 年以降増加しており,その確率は可決票の割合と提案株主の影響力に正比例していることが報告された.しかも,可決の株主提案が実行された企業の場合,その後,取締役が交代された確率が 1/5 程度減

少する結果もあった．また，Cunat et al.（2012）では，僅差で可決もしくは否決された株主提案のみが分析され，提案が可決された対象企業は正の超過収益率（CAR），および，提案後の数年間にわたり業績が改善する傾向が観察されたとの結果が得られた．Buchanan et al.（2012）は企業統治に関する提案内容が主な株主提案を分析し，提案が可決された対象企業はその後の数年間，業績や株価パフォーマンスが向上するとの結果が示されている．

最後に，SEC で規定されているような株主提案ではないが，取締役の交代を目的とする委任状争奪戦に関する研究もある．委任状争奪戦を仕掛けされた対象企業はアナウンスの際，正の CAR を示す結果が報告されている（Mulherin and Poulsen（1998）; Fos（2017））．

3.2 日本企業を対象とする研究

日本企業を対象とする株主提案権に関する実証研究は Yeh（2014）と Yeh（2017）がある．以下では，その分析結果を中心に紹介する．

日本の上場企業のうち，2004 年から 2013 年の間に株主提案を受けた企業が分析対象とされた．ただし，電力会社の場合，その提案内容が原発発電事業に関する案件は分析対象から除外された．最終的に分析で使われた株主提案対象会社は 200 社あり，全体では合計 478 件の議案を受けており，一回の株主総会で平均 2.4 件の提案を受けている．分析にあたり，一回の株主総会で複数の提案を受けた企業については，提案株主の所有比率が最も高い提案のみを分析の対象とされている．200 社のなかでは，役員人事の議案が 117 件，定款変更が 79 件，配当政策（増配）が 69 件，自己株式の買戻しが 21 件あった．取締役の交代と株主還元を求める内容が主な日本の株主提案は米国企業の場合と対照的である．

Yeh（2017）では株主提案の決議結果をまとめている．ただし，日本では決議結果の開示が義務づけられてきたのは 2010 年 3 月期以降であるため，一部の対象企業しかその決議結果が計算されていない．83 社のなかで賛成票を得られた割合が 31% であり，提案株主が個人少数株主の場合は 21% で，それ以外の大株主の場合は 51.59% であった．この傾向は役員人事と定款変更の議案に共通している．株主還元の提案の場合，全体的に可決の割合が 16% と低く

なり，提案者が個人少数株主の場合は9％であったことが低下の原因であった．部分的なサンプルではあるが，大株主による提案は過半数の支持を集められるほどの影響力を有しており，経営陣にとって大きなプレッシャーになっていることが考えられる．

(1) どのような企業が株主提案を受けるのか

この問題について Yeh (2017) では，分析対象期間にわたり全上場企業のパネルデータを分析し，提案対象企業の特徴について調べた．役員人事の提案の場合，対象企業は利益性が低く，役員の所有比率が低く，外国人の所有比率が高い．株主還元の提案の場合，対象企業は利益性が高く，一方，トービンのq（成長機会の見込みをはかる指標）が低い．定款変更の提案の場合，対象企業の規模が大きい以外に，ほかの要因では説明できない．

つまり，エージェンシー問題が深刻な企業ほど，株主から取締役交代の要求がされやすい．また，成長機会が乏しい企業に対し，その利益を無駄な使途に使わせないよう株主還元が求められる．一方で，提案内容が多岐にわたる定款変更の結果については，大企業が目立つためであると考えられる．

(2) 株主提案を受けた企業は変わるのか

Yeh (2017) では，提案対象企業について，提案を受ける際のアナウンス効果と，その後2年間の政策・業績の変化を分析した．

提案を受けるというニュースや告知がアナウンスされる日付を基準に，その前後数日間の超過収益率（CAR）が分析された．たとえば，3日間のCARは平均1％で統計的に有意である．しかし，この正の株価効果は大株主の提案（CAR＝2％前後）によるもので，個人少数株主の提案だと，株価がほとんど反応しないことがわかった．すなわち，市場は，大株主の提案によって会社の経営方針が変わり，それが会社の業績や株主の利益にもつながることを期待していることが考えられる．

一方，提案が決議された株主総会の日付を基準にその前後数日間のCARをみると，提案株主によっても，提案内容によっても，株価が反応しない結果になる．つまり，提案による効果がアナウンスの時点ですでに株価に反映され，

株主総会での決議の結果はほぼ株価に織り込み済みで，サプライズはない限り，株価の変動はないと考えられる．

さらに，提案を受けた後の2年間，対象企業の総資産営業利益率（ROA），配当対純現金フロー比率，自己株式対総資産比率を，提案前の水準と比較した．なお，提案対象企業の特有の要因による影響を排除するため，提案対象企業 i につき，提案直前の時点において，業績や所有構造などが最も近い同業種に属する非提案対象企業 j を選定し，対象企業 i の対比企業とする．この選定は傾向スコアマッチング（propensity score matching）という手法で行われた．前述の指標（ROAなど）については，対象企業 i の指標から対比企業 j のそれを差し引いた数値を用いて，提案前後の変化を比較する．これは，提案対象企業の特有の要因による影響を株主提案の効果から排除するための工夫である．

分析の結果としては，まず，提案後の2年間において変化が認められたのは大株主による提案対象のみであった．この結果は短期のアナウンス効果の結果と整合的である．そのなかで，株主還元を求められた対象企業は，配当水準と自己株式の増加が認められた．一方，定款変換や役員人事の提案対象企業はROAが改善する傾向がみられた．なお，大株主による定款変換の内容は買収防衛策の撤廃がほとんどである．買収防衛策の撤廃は役員の保身手段の一つが失われることを意味し，役員人事の提案と似たようなプレッシャーを与えることが考えられる．

Yeh（2014）とYeh（2017）の研究結果まとめると，日本企業にとって大株主による提案権の行使は経営陣のエージェンシー問題を抑制するメカニズムとして期待できることが示されている

4. おわりに

経営陣のエージェンシー問題を抑制するメカニズムとして会社法で保障される株主提案権という法的手段が存在している．大株主による提案もしくはある程度一般株主の賛成が得られた株主提案は，経営陣にプレッシャーをかけ，政策の転換や業績の改善につながることは2000年代に入ってからの国内外の研究結果で判明した．株主提案権の行使は会社にとってコストがかかるが，それ

を上回るようなメリットが期待できると言えよう．文中でもふれたように，日本において株主提案権の乱用を防ぐため，株主提案権を制限する会社法の改正が行われている（2018年12月現在）．本章で検討された先行研究の結果を鑑みると，株主提案権の乱用を防ぐ必要があるが，過度の制限がかからないよう注意を払うべきである．

◉参考文献

Bebchuk, L. (2004), "The case for increasing shareholder power," *Harvard Law School Discussion Paper*, 500.
Black, B. (1998). "Shareholder activism and corporate governance in the United States," in Peter Newman (ed.), *The New Palgrave Dictionary of Economics and the Law*, Palgrave Macmillan.
Brav, A., W. Jiang, F. Partnoy, and R. Thomas (2008), "Hedge fund activism, corporate governance, and firm performance," *Journal of Finance*, 63 (4), pp. 1729–1775.
Buchanan, B., J. Netter, A. Poulsen, and T. Yang (2012), "Shareholder proposal rules and practice: Evidence from a comparison of the United States and United Kingdom," *American Business Law Journal*, 49 (4), pp. 739–803.
Campbell, J., A. Lo, and C. MacKinlay (1997), *The Econometrics of Financial Markets*, Princeton University Press.
Cunat, V., M. Gine, and M. Guadalupe (2012), "The vote is cast: the effect of corporate governance on shareholder value," *Journal of Finance*, 67 (5), pp. 1943–1977.
DelGuercio, D. and J. Hawkins (1999), "The motivation and impact of pension fund activism," *Journal of Financial Economics*, 52 (3), pp. 293–340.
DelGuercio, D., L. Seery, and T. Woidtke (2008), "Do boards pay attention when institutional investor activists "just vote no"?" *Journal of Financial Economics*, 90, pp. 84–103.
Ertimur, Y., F. Ferri, and S. Stubben (2010), "Board of directors' responsiveness to shareholders: evidence from shareholder proposals," *Journal of Corporate Finance*, 16 (1), pp. 53–72.
Fos, V. (2017), "The Disciplinary Effects of Proxy Contests," *Management Science*, 63 (3), pp. 655–671.
Gantchev, N. (2013), "The costs of shareholder activism: Evidence from sequential decision model," *Journal of Financial Economics*, 107, pp. 610–631.
Gillan, S. L. and L. T. Starks (2007), "The evolution of shareholder activism in the United States," *Journal of Applied Corporate Finance*, 19 (1), pp. 55–73.
Gordon, L. and J. Pound (1993), "Information, ownership structure, and shareholder

voting: evidence from shareholder-sponsored corporate governance proposals," *Journal of Finance*, 48 (2), pp. 697–718.

Goto, G. (2014), "Legally "Strong" Shareholders of Japan," *Michigan Journal of Private Equity and Venture Capital Law*, 125 (3), pp. 142–152.

Grundfest, J. A. (1993), "Just vote no: a minimalist strategy for dealing with barbarians inside the gates," *Stanford Law Review*, 45, pp. 857–937.

Jensen, Michael C. and William H. Meckling (1976), "Theory of the firm: Managerial behavior, agency costs and ownership structure," *Journal of Financial Economics*, 3 (4), pp. 305–360.

Jensen, M. (1986), "Agency costs of free cash flow, corporate finance, and takeovers," *American Economic Review*, 76, pp. 323–329.

John, K. and A. Klein (1995), "Shareholder proposals and corporate governance," Unpublished Working Paper, New York University.

Karpoff, J., P. Malatesta, and R. Walkling (1996), "Corporate governance and shareholder initiatives: Empirical evidence," *Journal of Financial Economics*, 42, pp. 365–395.

La Porta, R., F. Lopez-de-Silanes, A. Shleifer, and R. Vishny (1997) "Legal Determinants of External Finance," *Journal of Finance*, 52 (3), pp. 1131–1150.

La Porta, R., F. Lopez-de-Silanes, A. Shleifer, and R. Vishny (1998), "Law and Finance," *Journal of Political Economy*, 106 (6), pp. 1113–1155.

La Porta, R., F. Lopez-de-Silanes, A. Shleifer, and R. Vishny (2000), "Agency Problems and Dividend Policies around the World," *Journal of Finance*, 54 (1), pp. 1–33.

La Porta, R., F. Lopez-de-Silanes, A. Shleifer, and R. Vishny (2002), "Investor Protection and Corporate Valuation," *Journal of Finance*, 57 (3), pp. 1147–1169.

Monks, R. and N. Minow (2011), *Corporate Governance*, Wiley.

Mulherin, H. and A. Poulsen (1998), "Proxy contests and corporate change: Implications for shareholder wealth," *Journal of Financial Economics*, 47 (3), pp. 279–313.

Thomas, R. and J. Cotter (2007), "Shareholder proposals in the new millennium: shareholder support, board response, and market reaction," *Journal of Corporate Finance*, 13, pp. 368–391.

Wahal, S. (1996), "Pension fund activism and firm performance," *Journal of Financial and Quantitative Analysis*, 31 (1), pp. 1–23.

Yeh, T-M. (2014), "Large Shareholders, Shareholder Proposals, and Firm Performance: Evidence from Japan," *Corporate Governance: An International Review*, 22 (4), pp. 312–329.

Yeh, T-M. (2017), "Determinants and consequences of shareholder proposals: The cases of board election, charter amendment, and profit disposal," *Journal of Corporate Finance*, 45, pp. 245–261.

第7章　企業投資と債権者の保護

吉田友紀

1. はじめに

　本章では組織再編における債権者保護手続きといった各論ではなく，より包括的な概念としての債権者の保護について考察する．民法において一般債権者の保護規定として債権者代位権（民法第423条），債権者取消権（民法第424条）が存在するが，会社法にもそれに関する規定が存在する．

　債権とは本来法学の概念であり，ある者が特定の相手方に対して一定の行為（給付）をするよう請求できる権利のことを言う．ここでは債権の一つとしての社債を取り上げてみよう．社債とは企業が資金調達のために発行する債券であり金銭債権であって，厳密には会社法において定義される債権である．社債を発行する株式会社は社債管理者を定める必要があり（会社法第702条），社債管理者は償還される金銭の受領や社債権の保全等の管理を行う善管注意義務を負う（会社法第704条2項）．

　債権の保有者である債権者は，一般債権者と担保債権者に大別できる．特段の言及なく債権者の保護と言うときは，前者の一般債権者である担保を持たない債権者の保護のことを指す．たとえばある企業がデフォルト（債務不履行）し清算となった場合には，まず担保債権者へ担保による弁済がなされ，その後一般債権者への返済となる．弁済順位として下位にある一般債権者の保護とは，ごく簡単に言えば債務者である当該株式会社からの財産流出を防ぐことである．

とくに株式会社については有限責任制であり，会社債務についてデフォルトとなった場合でも株主に返済義務はなく，いったん会社財産が流出してしまうとその財産をもって債務の返済にあてることは困難である．これについて会社法では分配可能額を制限する等の財源規制が設けられている（会社法第461条）．

2. 株式会社の有限責任制

まずは株式会社の有限責任制の功罪について，経済学的にみてみよう[1]．有限責任制のメリットとは，端的に言うと資金調達可能性の拡大である．近代産業革命以降，経済活動における分業が可能となり，生産活動は各専門業種において集約され，同時に生産資本の拡大をもたらした．企業活動は大規模化し，必要資金も以前とは比較できないほど多額となった．このような経済において無限責任制が適用されると，リスクも莫大なものとなる．そのリスクを恐れる投資家は資金投資を手控えるであろう．その結果として生産活動は縮小し，経済発展を妨げてしまう．有限責任制であればリスクは投資家が出資した額に抑えられるため，無限責任制よりも投資は活発化し経済は活性化することとなる．

しかし無限責任制は有限責任制に劣っているかと言えば必ずしもそうではない．無限責任制であれば出資者がすべての責任を負うことになるので行動上の歪みは生じず，とくに経営者に対する規律づけの意味では社会的に望ましいと言える．この点を裏返せば有限責任制のデメリットもみえてくる．投資家がすべての責任を負わないがゆえにリスクを過小評価し，社会的に望ましいリスクテイクではなく過大なリスクをとってしまう傾向がある．また有限責任制・無限責任制については主に企業がデフォルト（債務不履行）となった場合の債権者に対する責任の範囲を定めた制度である点に注意されたい．

2.1 有限責任制のデメリット

以上の有限責任制に関するデメリットの議論を簡単なモデルを用いて説明する．

---

[1] 法学的観点からの文献については藤田（2002）を参照されたい．

第7章 企業投資と債権者の保護

 ある生産プロジェクトを行う企業が,そのプロジェクト実行のために I という資金を必要としている.また簡単化のためこの企業の経営者はオーナー経営者であり,経営者が株主であるとする.必要資金のうち I_0 は企業が出資できるが,残りの $I-I_0$ については債務によって資金を調達すると想定する.この債務契約における返済額を F とする.企業はリスク y $(>F)$ を選択することによって,間接的にこのプロジェクトの成功確率 $p(y)$ と成功時の収益 y をコントロールすることができる.成功確率 $p(y)$ は0から1の間の値をとり,確率 $1-p(y)$ でプロジェクトは失敗して収益は0となり債務は履行されない.また $p'(y)<0, p''(y)<0$ を仮定し,リスクをたくさんとるほど成功確率は低くなるが成功したときの収益は大きくなる(ハイリスクハイリターン).

 このときプロジェクトの社会的価値は以下となる.

$$p(y)y+(1-p(y))\times 0 - I$$

これを最大化するリスク y を y^{fb} とおくと次式を満たす.

$$p(y^{fb})+p'(y^{fb})y^{fb}=0 \qquad (1)$$

 つぎに無限責任制を想定すると,リスクを選択する経営者の利得は

$$p(y)(y-F)+(1-p(y))(-F)-I=p(y)y-F-I$$

となり,経営者が選択するリスク水準は,社会的最適なリスク値と一致する.最後に有限責任制を想定すると,リスクを選択する経営者の利得は

$$p(y)(y-F)+(1-p(y))\times 0 - I=p(y)(y-F)-I$$

となり,以下を満たすリスク水準 y^* が選択される.

$$p(y^*)+p'(y^*)(y^*-F)=0 \qquad (2)$$

よって (1), (2) 式を比較すると $y^{fb}<y^*$ となっており,有限責任制においては過大なリスクテイクをもたらす[2].この過剰なリスクテイクは,資産代替と

---

2) (2) 式より $p(y^*)+p'(y^*)y^*=p'(y^*)F$.これと (1) 式に共通する左辺は y について減少関数であり,$p'(y^*)F<0$ であることからわかる.

呼ばれる問題である．社会的価値からみると本来は適度なリスクを選択するべきであるのに，リスクを選択する経営者がすべての責任を負わないことから会社の資産を危険な事業へ回してしまうことを意味する．この過剰なリスクテイクという結論は2式を比較するとプロジェクト失敗時の利得が異なることから生じた結果であることがわかる．

この有限責任制だけのもとでは債権者にとって返済リスクがあることから，債務の貸手の縮小も予想される．ここから債権者保護が企業活動にとっても重要であると主張できよう．以降では有限責任制を前提として考察していく．

3. 債務不履行時の法制度による債権者の保護

前節ではプロジェクト失敗時の利得すなわち責任範囲の違いが企業のリスクテイクに及ぼす影響についてみた．本節ではプロジェクト失敗時すなわち債務不履行時における，債権者の保護が各国の法制度によってどのように異なっているかについてみていこう．

La Porta et al.（1998）において，債権者保護の違いを比較するためにつぎの4つの項目をあげている（**表7-1**）．1つ目は自動停止（automatic stay）である．これらは関係者の申立等にもとづき倒産手続が開始された後は，担保権の実行を含む債務者からの債権取立行為を禁止することを意味する．たとえば米国連邦倒産法では automatic stay として第362条に規定されており，日本では同様の民事再生法第26条において保全処分として規定されている．各国各制度において要件や適用時期，適用期間は異なり，日米比較で言えば米国の倒産法 Chapter 11 においては自発的申立か非自発的申立かを問わず裁判所に申立がなされた時点で自動停止の効果が生じるのに対し，日本では債務者の保全申立と裁判所の決定が要件となっている点が異なり，この比較だけで言えば日本より米国が債務者寄りの制度であると言える（堀内・森・宮崎・柳田（2011）参照）．

2つ目は担保権付き債権者の最優先（Super-priority financing）であり，米国でみられるような DIP ファイナンスを許容する制度では，申立後の融資債権に超優先性を認めたり，既存担保権に優先する担保権設定が可能となってお

表7-1 各国の破産手続

	英国	フランス	ドイツ	米国	日本
対象手続	Administration 会社管理手続	Redressement judiciaire 再建型破産手続	Insolvenzordnung 倒産法（1999年）	Chapter 11 連邦倒産法第11章	民事再生法
倒産開始要件	デフォルト（財務条項違反）	支払停止	支払停止or債務超過	特定せず	支払停止や債務超過のおそれで可能
コントロール権	管理人	裁判所任命管理人	裁判所監督のもとで債権者	多くは債務者（DIP）あるいは債権者	経営陣の継続可能
自動停止	あり	制限なし	3か月	制限なし	裁判所の認可が必要
超優先的ファイナンス	なし	あり	債権者の認可が必要	あり	限定的
担保債権の希薄化	なし	顕著	限定的	限定的	限定的

出所：Davydenko and Franks（2008）をもとに筆者作成．

りこれは満たされていない．

3つ目は債権者による倒産処理方法の選択権であり，当該手続が開始された後の倒産処理方法を債務者が決定するのか，債権者が決定するのか，もしくは第三者（裁判所等）なのかという視点である．これもまた各国制度によって異なる．とくにドイツの場合管財型手続，債務者自己管理手続ともに，再建か清算かは裁判所が行うタイプの制度である．

4つ目は再建時におけるコントロール権すなわち経営権の所在である．米国ではDIPが可能となることからさしあたりは既存経営者による経営が認可される．逆に英国の倒産法に基づく会社管理手続による手続き期間中は倒産実務家が管理人（administrator）として会社経営権と財産管理処分権を行使する制度となっている．

米国連邦倒産法Chapter 11についてはDIPファイナンスや自動停止効の条項があることから，かなり債務者よりの手続きとして知られている．これらについて，根元（2006），経済産業省（2011）を参考にしながら日本・米国・英国・ドイツ各国の倒産法について概観する[3]．

3.1 英国

英国の企業再生に関する主要な倒産法制としては，会社管理手続（Administration），会社任意整理手続（Company Voluntary Arrangement），債務整理計画（Scheme of Arrangement）の3つがあげられる．ここでは会社管理手続を対象手続として取り上げる．さらに会社管理手続には，裁判所が管理人（Administrator）を選任して開始決定をする裁判所内倒産手続と，会社の取締役会または担保権者が管理人を選任する裁判所外倒産手続があるが，ここでは債権者の公的な保護を想定し裁判所内倒産手続を検討対象手続とする．

この会社管理手続の開始要件は債務超過，支払停止，またはその恐れがあるときに限定され，通常は当該企業，取締役，債権者によって申立が可能である．この申立後に裁判所は管理人を任命する．この管理人の許可があれば当該会社取締役は経営権を剥奪されないが，管理人は取締役を解任することもでき，会社経営権と財産管理処分権を有するのは管理人である．

また会社管理手続の開始により，債権回収等の自動停止が発効される．管理人は債権者に対して再建計画を策定し債権者集会においてその可否が決定される．このように英国においては管理人が非常に重要な存在となっている．

3.2 フランス

フランスの倒産法制は欧州でも世界でも特徴的であり，債権者の利益よりも労働者の利益（雇用確保）を重視してきた．たとえば債権者に対する配当がなされない場合であっても雇用が確保されるのであれば再建が第1に検討されると言われている．以上の理由から，フランスは債権者よりも債務者寄りの制度であると言える．

具体的にフランスで定められている企業再生，企業破産手続としては，会社更生手続（sauvegarde），再建型破産手続（redressement judiciaire），清算型破産手続（liquidation judiciaire）の3つがある．この3つの違いとしては，会社が支払停止の状態になっていない場合には会社更生手続が，会社が支払停止の

---

3) 既存研究では債権者寄りの制度を tough-law，債務者寄りの制度を soft-law とも言う．

状態にあり，更正の可能性がある場合には，再建型破産手続が，更正が不可能な場合には，清算型破産手続が選択される．

　以下では再建型破産手続を対象手続として概説する．まず裁判所が管理人を任命し，債務者の経営陣の支援あるいは債務者の経営を行う．再建計画認可の判断は裁判所によってなされ，債権者の多数決は必要とされない．手続開始後，保全手続により債権回収の強制執行等は自動停止される．

　しかし 2005 年には予防手続として Safeguard が導入され，裁判所の許可を受けた場合に限り，融資による債権に優先性をもたせることが可能となった．

3.3　ドイツ

　1994 年に制定されドイツの倒産法（Insolvenzordnung）は，清算目的か再建目的かを区別しないで開始される統一的倒産手続である．手続開始は支払不能，債務超過またはその恐れのある場合となっている．申立後裁判所は債権回収等禁止の保全処分を下すことができる．

　手続開始に伴い債務者の財産は管財人がその管理処分権を有する．債権者集会において清算するか再建するかを決議し，債権者集会における決議は，賛成の債権者の債権総額が議決権を持つ債権者の債権総額の過半数をもって成立する．

　さらに 2012 年には倒産法が大幅改正され DIP ファイナンスを用いた企業再建が可能となり，債務者寄りの制度に近づきつつある．

3.4　米　　国

　米国の対象手続としては国際的にも有名な，連邦破産法 Chapter 11 を取り上げる．DIP ファイナンスも各国の手本とされ超優先的ファイナンス，担保債権者の事後的劣後化の可能性から，かなり債務者寄りの制度であると言われている．

3.5　日　　本

　日本における倒産法制のなかでもその利用回数が最も多いのは民事再生法である．民事再生法は和議法を踏襲しつつ，企業再建にとってより望ましい，早

期の再建を可能にする法律として 2001 年に施行された.

手続開始要件としては，破産原因の生ずる恐れ，または事業の継続に著しい支障をきたすことなく債務を弁済できないことが条件となっており，債務超過でなくても申立が可能である．さらにすべての再生債権者を対象に，法的権利の行使を中止させる保全処分も認められている．既存経営者について，手続開始後でも必ずしも経営権を手放す必要はなく，米国の DIP ファイナンスにあたる新規債権の超優先性についてもある程度可能となっており，さほど債権者寄りの倒産法制であるとは言えない．

3.6 新たな潮流

EU では，EU 倒産手続規則が 2000 年 5 月に成立し[4] 手続の対象となっている会社の主要利益の所在地（center of main interests: COMI）が存在する地域の倒産手続が，EU 域内の主要な手続であると決定され，国際倒産の際にどの地域の手続が，だれにとって有利となるのかという視点が意識されるようになってきた．2000 年以降，欧州の各国が債務者にとって使い勝手の良い制度への変革，修正を試みており，いわば破産法制の国際競争の様を呈するようになってきている．

4. モデル

本節では資金調達手段として株式発行と債務借入とを想定し，それらが企業経営に与える影響について考察する.

株式発行と債務借入による資金調達はそれぞれ事後的な配当と返済額というキャッシュへの影響にとどまらず，事前の経営戦略にも多大な影響をもたらす点についてはこれまでもみてきた．以下では債権者保護の強さと企業のリスクテイクとの関係を，Acharya et al.（2009）のモデルを参考にしながら明らかにしていく．

---

[4] Council Regulation (EC) No. 1346/2000 of 29 May 2000 on Insolvency Proceedings, O. J. L 160, 30. 6. 2000, 1–18.

4.1 債務のみによる調達

2.1項のモデルにおいて,仮に経営者が株式を全く保有しておらず,債務のみによってプロジェクトの必要投資額をまかなう場合について考えてみよう.

この場合すべての必要投資額Iを債務によって調達するため,債権者に対する返済額をF^+とすると$F^+>F$であるはずで,経営者の利得は以下となる.

$$p(y)(y-F^+)+(1-p(y))\times 0-I=p(y)(y-F^+)-I$$

これにより,経営者が選択するリスクy^{**}は以下を満たす.

$$p(y^{**})+p'(y^{**})(y^{**}-F^+)=0 \tag{3}$$

これを (2) 式と比較すると$y^*<y^{**}$であり,債権者を保護する法制度等が存在しなければ,債務による調達額が大きくなるほど資産代替問題はより深刻となる.

4.2 債務と株式による資金調達モデル

上記と同じく企業があるプロジェクトを実行するためにIという資金を必要としており,外部から調達する状況を想定する.このときI_0は企業が初期に保有しており,残りの必要額$I-I_0$のうちϕの割合を債務により調達し,$1-\phi$の割合を株式により調達するケースを考える.これはいわゆる最適資本構成の問題とつながってくる.$F(\phi)$をこの債務に対する返済額とすると,より一般的には債権の投資収益率$\{F(\phi)-\phi(I-I_0)\}/\phi(I-I_0)$と株式の予想収益率$\{y-F(\phi)\}/(1-\phi)(I-I_0)$が等しくなるように,動学的に循環して決定されるはずであるが,ここでは簡単化のためϕの決定すなわち最適資本構成の決定については詳しく触れない[5].

さて債権者保護の強さを測るための尺度として第3節では,①自動停止,②担保権付き債権者の最優先,③債権者による倒産処理方法の選択権,④再建時におけるコントロール権,の4つをあげた.本節のモデルではこれらのなかから①③④を取り上げる.

---

[5] さらには債権が株式より回収リスクが低い(株式は債権より回収リスクが高い)点についても勘案されるべきである.

①の自動停止について，もしこれが制度的になく個々の債権者が我先にと自分の債権回収に走ってしまうと，会社の事業にとって重要な資産を切り取ることになってしまい，債権者全体としての回収額が減少する恐れがある．さらにもっと直接的に言えば自動停止効の有無は各債権者の回収可能性に影響を与える．よって本節ではある収益が決まったときに，債権者に返済されるべき額の回収率を$a \in [0, 1]$とし，$a=1$のときに回収率100%となる債権者保護が最も強い制度を表すものとする．

③の債権者による倒産処理方法の選択権については，選択権が大きければ既存の経営者が解雇される確率が高く，債務不履行即解雇となる場合は債権者保護の度合いが最も高いと解釈できる．これは米国におけるDIP他を想定している．

④の再建時におけるコントロール権については，債務不履行となった場合に資産の処分権，再投資の決定権が債権者にあるのか，企業の経営者にあるのかという制度の違いを想定している．

それでは本節におけるタイムラインについて説明する．

初期投資Iにもとづきある生産プロジェクトが実行される．このプロジェクトに関して経営者は第0期においてリスクyを選択することができ，これによって成功確率$p(y)$と成功時の企業収益y（$>F(\phi)$）が決まる．また失敗確率は$1-p(y)$であり，そのときの収益は0であるとする．

1期にプロジェクトが成功あるいは失敗し，失敗した場合には債務不履行となり各倒産制度が適用される．制度として1つ目の要素は自動停止効の有無がaで表され，2つ目の要素である債権者による倒産処理方法の選択権は，債務不履行時に経営者が解雇される確率とし，$q \in [0, 1]$で表す．解雇となった場合は即清算となり，解雇された時点で経営者が私的コストm（>0）を被ると想定する．3つ目の要素として再建時におけるコントロール権については，債務不履行時に経営者が解雇されずプロジェクトを続行して3期目の収益機会が得られるか，清算して清算価値Lを得るかという続行清算に関する決定権を債権者が持つ確率をrとする．残った$1-q-r$の確率で経営者が解雇されず続行清算に関する決定権を経営者が持つ．それゆえ，変数a, q, rは債権者保護の制度を表す外生変数である．

図7-1 債権者保護ゲーム

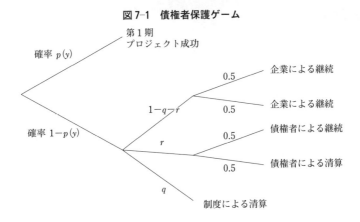

1期の続行清算に関する決定にもとづき続行となった場合，続く2期においてその続行するプロジェクトが良い結果をもたらす（Good）プロジェクトか悪い結果をもたらす（Bad）プロジェクトであるかが明らかとなり，その事前確率は共に0.5であると仮定する．Goodプロジェクトは3期において収益Gを生み，Badプロジェクトは3期において収益Bを生む．また$B<L$（$<F(\phi)$）$<G$という大小関係も仮定しておく[6]．

このゲームは図7-1のように表せる．

$1-p(y)$の確率で債務不履行となった場合の帰結について上から順に解説しよう．

$1-q-r$の確率で経営者が解雇されず経営者に続行か清算かの決定権がある場合，2期において0.5の確率でGoodプロジェクトとなる．経営者の利得，債権者の利得，経営者以外の株主の利得をそれぞれπ_e, π_c, π_hとすると，このとき経営者は続行し，

$$(\pi_e, \pi_c, \pi_h) = \left(\frac{I_0}{I_0 + (1-\phi)(I-I_0)}(H-F), F, \frac{(1-\phi)(I-I_0)}{I_0 + (1-\phi)(I-I_0)}(H-F) \right)$$

もし残りの0.5の確率でBadプロジェクトであった場合，やはり経営者は続行すると仮定する[7]．債権者へ完済されていないので，株主の利得は0である

---

[6] これはGoodプロジェクトが社会的価値が最も高く，Badプロジェクトであれば清算したほうが社会的に望ましいという仮定である．

点に注意されたい．

$$(\pi_e,\ \pi_c,\ \pi_h)=((1-\alpha)B,\ \alpha B,\ 0)$$

r の確率で経営者が解雇されず債権者に続行か清算かの決定権がある場合，2期において 0.5 の確率で Good プロジェクトとわかれば，三者とも経営者に決定権がある場合と同じ利得を得る．

もし残りの 0.5 の確率で Bad プロジェクトであった場合，債権者は自分への返済が最も高くなる清算を選択し，三者の利得は以下となる．

$$(\pi_e,\ \pi_c,\ \pi_h)=((1-\alpha)L,\ \alpha L,\ 0)$$

q の確率で経営者が解雇された場合，三者の利得は以下となる．

$$(\pi_e,\ \pi_c,\ \pi_h)=((1-\alpha)L-m,\ \alpha L,\ 0)$$

(1) 企業が選択するリスク

企業の 0 期におけるリスク選択の際の期待利得は以下となる．

$$\begin{aligned}
E\pi_e =\ & p(y)\frac{I_0}{I_0+(1-\phi)(I-I_0)}(y-F) \\
& +(1-p(y))\Big[(1-q-r)\times\Big\{0.5\frac{I_0}{I_0+(1-\phi)(I-I_0)}(H-F)+0.5(1-\alpha)B\Big\} \\
& +r\times\Big\{0.5\frac{I_0}{I_0+(1-\phi)(I-I_0)}(H-F)+0.5(1-\alpha)L\Big\}+q\{(1-\alpha)L-m\}\Big]
\end{aligned}$$

この期待利得の最大化1階条件より

---

7) 数式の仮定については省略しているが，明示的に書くことはできる．

$$p(y)\frac{I_0}{I_0+(1-\phi)(I-I_0)}+p'(y)\frac{I_0}{I_0+(1-\phi)(I-I_0)}(y-F)$$
$$-p'(y)(1-q)\left[\frac{I_0}{I_0+(1-\phi)(I-I_0)}(H-F)+0.5(1-\alpha)\{(1-q-r)B+rL\}\right.$$
$$\left.+q\{(1-\alpha)L-m\}\right]=0$$

を満たすリスク y^{***} を選択する.

つぎにこの均衡リスク y^{***} について,債権者保護の度合い α, q, r と資金調達額のうち債務の割合 ϕ に関して比較静学を行うと以下がわかる.

$$\frac{dy^{***}}{d\alpha}<0, \quad \frac{dy^{***}}{dq}<0$$
$$\frac{dy^{***}}{dr}>0, \quad \frac{dy^{***}}{d\phi}>0$$

よって回収率 α が高くなるほど,すなわち債権者保護の程度が高くなるほど企業はリスクテイクを低下させ,債務不履行時の経営者解雇確率が高くなるほど,すなわち債権者保護の程度が高くなるほど企業はリスクテイクを低下させることがわかる.また,経営が危機に陥った際に債権者がコントロール権を持つ確率 r が高くなるほど,すなわち債権者保護の程度が高くなるほど企業はリスクテイクを高め,債務調達割合 ϕ を増やすと企業のリスクテイクを高める効果があることがわかる.

以上から債権者保護の程度を高めることが,一概にリスクテイクを高めるあるいは低下させるとは言えないことがわかった.

5. おわりに

以上第1節で債権者保護と会社法の関係をみて,第2節で有限責任制のメリットとデメリットを経済学的に概説した.第3節では英仏独米日の各国における破産法制と手続の違いを解説し,債権者保護の違いを明らかにした.さらに欧州における新しい破産法制改正の動きを紹介した.第4節ではより経済学的な分析により,債務と株式による資金調達モデルを用いて,想定される各種制

度における債権者保護の強さと企業のリスクテイクの関係を明らかにしてきた.

2012年のドイツの法改正をはじめ,欧州各国において迅速な企業再生を目的とした法改正が相次いでおり,債権者保護よりも迅速な企業再生に重きが置かれるようになってきた.言うまでもなくこの視点も重要である.しかし企業活動に必要な資金調達のためには,債権者の権利を保護するという視点も重要である.世界的な低金利時代にあり,資金運用先が限られているからこそ企業の資金不足には陥っていないが,この現状は未来永劫保証されるものではない.経営危機となったときの迅速な企業再生と,平時における企業経営のための資金調達,この両者のバランスを見据えた破綻法制こそが,真に求められる.

◆参考文献

Acharya, V. V., Y. Amihud, and L. P. Litov (2009), "Creditor Rights and Corporate Risk-Taking," NBER Working Paper Series, pp. 1–60.

Acharya, V. V., Y. Amihud, and L. P. Litov (2011), "Creditor rights and corporate risk-taking," *Journal of Financial Economics*, 102 (1), pp. 150–166.

Aghion, P. and P. Bolton (1992), "An Incomplete Contracts Approach to Financial Contracting," *Review of Economic Studies*, 59, pp. 473–494.

Berkovitch, E. and R. Israel (1999), "Optimal Bankruptcy Laws Across Different Economic Systems," *The Review of Financial Studies*, 12 (2), pp. 347–377.

Berkovitch, E., R. Israel, and J. F. Zender (1998), "The Design of Bankruptcy Law: A Case for Management Bias in Bankruptcy Reorganizations," *Journal of Financial and Quantitative Analysis*, 33 (4), pp. 441–464.

Davydenko. S. A. and J. R. Franks (2008), "Do bankruptcy codes Matter? A Study of Defaults in France, Germany and the UK," *The Journal of Finance*, 63 (2), pp. 565–608.

藤田友敬(2002),「株主の有限責任と債権者保護」『法学教室』262,263号.

Gertner, R. and D. Scharfstein (1991), "A Theory of Workouts and the Effects of Reorganization Law," *The Journal of Finance*, 46 (4), pp. 1189–1222.

Gertner, R., D. Schafstein, and J. Stein (1994), "Internal versus External Capital Markets," *Quarterly Journal of Economics*, 109 (4), pp. 1211–1230.

Hart, O. (1995), *Firms Contracts and Financial Structure*, Oxford University Press.(鳥居昭夫訳『企業 契約 金融構造』慶應義塾大学出版会,2010年)

広瀬純夫・秋吉史夫(2010),「倒産処理法制改革による企業倒産処理効率化の検証」『経済研究』vol. 61, No. 3, pp. 193–202.

堀内秀晃・森倫洋・宮崎信太郎・柳田一宏(2011),「アメリカ事業再生の実務―連邦倒産法

Chapter11 とワークアウトを中心に」金融財政事情研究会, 2011 年 2 月.
John, K., S. R. Mateti, and G. Vasudevan (2013), "Resolution of Financial Distress : A Theory of the Choice between Chapter11 and Workouts," *Journal of Financial Stability*, 9, pp. 196-209.
経済産業省経済産業政策局産業再生課編 (2005),『各国の事業再生関連手続について―英仏米の比較分析―』内閣府産業再生機構担当室.
経済産業省経済産業政策局産業再生課編 (2011),『各国の事業再生関連手続について―米英仏独の比較分析―』金融財政事情研究会.
近藤光男・志谷匡史・石田眞得・釜田薫子 (2014),『基礎から学べる会社法第 3 版』弘文堂.
La Porta, R., F. Lopez-de-Silanes, A. Shleifer, and R. Vishny (1998), "Law and Finance," *Journal of Political Economy*, 106, pp. 1113-1155.
三輪芳朗・神田秀樹・柳川範之編 (1998),『会社法の経済学』東京大学出版会.
根元忠宣 (2006),「倒産法の企業金融に与える影響」『中小企業総合研究』第 3 号, pp. 1-19.
Povel, P. (1999), "Optimal "Soft" or "Tough" Bankruptcy Procedures," *The Jounal of Law, Economics & Organization*, 15 (3), pp. 659-684.
田中亘 (2017),『数字でわかる会社法』有斐閣.
Tarantino, E. (2013), "Bankruptcy Law and Corporate Investment Dicisions," *Journal of Banking & Finance*, 37, pp. 2490-2500.
山本慶子 (2011),「私的整理の成立を巡る交渉の法的考察―ゲーム論の観点からの分析を踏まえて―」GCOE ソフトロー・ディスカッション・ペーパー・シリーズ.
柳川範之 (2000),『契約と組織の経済学』東洋経済新報社.
吉田友紀 (2000),「企業破産における私的整理と法的整理」『経済論究』vol. 107, pp. 139-155.

第2編　組織編制と企業統治

第8章 組織編制，経営インセンティブ，および株主代表訴訟の経済学

熊谷啓希

1. はじめに

取締役は法的に会社に対して，会社から委任された業務を善良な管理者の注意をもって履行する義務として，「善管注意義務」を負っている．仮に取締役の経営判断により会社に損害を生じさせた場合，この善管注意義務に反しているとして，その経営判断の誤りを問い，株主により訴訟（以下，株主代表訴訟）が提起される可能性がある[1]．株主代表訴訟により，経営判断の原則に照らし合わせて経営判断の誤りが認められた場合には，取締役は会社に対して損害賠償請求責任を負う[2]．

このような善管注意義務違反による株主代表訴訟のリスクは，子会社経営に対しても存在する．平成26年改正会社法では，企業グループ全体の内部統制システムを構築し[3]，モニタリングをつうじて子会社経営者を監視および監督

---

[1] 経営判断の誤りに対する株主代表訴訟の事例として，まず，2011年に生じた福島第1原子力発電所事故をめぐり，あらかじめ重大事故の発生を予防する対策等を怠ったとして，東京電力の歴代経営陣に対して9兆円の損害賠償請求訴訟が提訴された（2012年）．また，子会社化に伴う株式買取金額が不当に高額であったとし，その経営判断に関して善管注意義務違反を問い，アパマンショップの取締役に対して1億3,000万円余りの損害賠償請求訴訟が生じている（2010年）．
[2] 取締役は，「経営判断の原則」に即して経営判断を行う必要がある．経営判断の原則では，経営判断の決定の過程および決定の内容に著しい不合理がない場合には，これを善管注意義務違反として問わないとする．経営判断に関して取締役が株主代表訴訟で訴えられた場合，判断にいたった根拠として数値やデータの提出，および議事録や経営会議資料などその過程の合理性を示す必要がある．

することで，子会社経営者による業務の適正を図ることを親会社に義務づけている（会社法第362条4項6号）．子会社の経営により親会社に損害が発生した場合，従来は子会社取締役等の責任として検討されていたケースでも，これ以降親会社取締役による監督責任が問われることが増加する可能性が高まることが指摘されている[4]．したがって，訴訟リスクを軽減するため，親会社は子会社経営へのモニタリングを強める必要がある．

ところで，1990年代以降，IT化やグローバル化の進展および経済危機を受けて，わが国では企業再編が進み，複数の子会社を含む企業グループとしての経営が主流となる．子会社化などのグループ経営の選択は，企業が激しい競争を生き残っていくための重要な経営戦略の一つである．子会社化を行う目的の一つとして，青木・宮島（2011）は，事業単位の独立性を高め事業の意思決定権限を委譲し[5]，子会社経営者の経営努力インセンティブを高める効果をあげている[6]．

しかし，内部統制システム構築義務等の法整備による株主代表訴訟のリスクが高まると，その訴訟リスクを考慮して親会社取締役は子会社経営者へのモニタリングを強化しなければならない．このようなモニタリングの強化は，子会社の経営戦略への過剰介入となりかねず子会社経営者の努力インセンティブを削ぐ可能性がある．このように，株主代表訴訟は，子会社での経営判断の誤りを事前に防止するインセンティブを親会社に与える一方，それに伴うモニタリングの強化は子会社経営者の経営努力を高めるという子会社化の利点を相殺し

---

3) 内部統制システムは業務の有効性および効率性の確保や，企業の法令遵守を目的としている．そのために，企業取締役は企業グループ全体の法令および定款に即した適正な業務および損失のリスクの管理等を義務づけられている．内部統制システム構築義務に関しては，鈴木（2010），河合（2011）および岩本（2018）に詳しい．

4) たとえば，2012年親会社である福岡魚市場と完全子会社であるフクショクにおいて，フクショクがダム取引により債務超過に陥り経営破綻した事案では，親会社経営者が子会社の不正を見抜けなかったとして，親会社に対して善管注意義務違反が認められている．

5) 青木・宮島（2011）は，日本の東証一部上場企業を対象にしたアンケート調査で，内部組織である事業部門と法人格を持つ子会社との間の分権度を比較し，戦略的意思決定および人事に関する意思決定で子会社が有意に高いことを示した．

6) このような権限の委譲が持つ効果を不完備契約理論を用いて分析した先行研究にAghion and Tirole（1997）がある．Aghion and Tirole（1997）では，権限を持つ主体が望ましいプロジェクトを優先的に選択することができる状況を考え，権限委譲による動機づけおよびコントロール権喪失のトレードオフの存在を示した．

図8-1 本研究で扱う株主代表訴訟が組織編制に与える効果

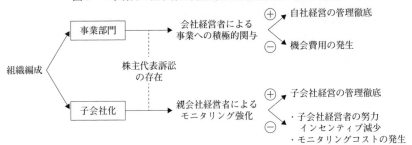

てしまう可能性がある.

　また，子会社化せず企業内で事業部として事業を行っていく場合も，事業部長などの部下に裁量権を委ねると自らの責任のもとで経営判断ができなくなってしまい，経営判断の誤りから株主代表訴訟のリスクが高まる．そのため，経営者が積極的に事業に関与しなければならず，機会損失を招く可能性がある（図8-1を参照）．

　以上から，株主代表訴訟の存在は，事業部門および子会社化した際の経営者の行動に影響を与え，ひいては，本来であれば外部要因等に対応し柔軟でなければならない経営者の組織編制の選択に影響を及ぼしかねない．今後，望ましい法的ルールを設計するうえで株主代表訴訟が企業の組織編制行動に与える影響を考慮しておく必要があるだろう．

　以上を踏まえ，本研究では，株主代表訴訟の存在が親会社経営者の経営インセンティブに与える影響をとおして，事業部門か子会社化かという組織編制の選択にどのような影響を与えるのかを明らかにする．とくに，(1) 事業部門として事業を進めることを選択し親会社経営者が積極的にプロジェクトに関わる場合と，(2) 子会社化を選択し子会社経営者にプロジェクトの決定権限を与えつつ[7]，プロジェクトをモニタリングする業務を行う場合との期待利得とを比較することでどちらが望ましい組織編制かを考察する[8]．

[7) 伊藤・林田（1997）では分社化した場合の権限委譲について，人的資源の利用の仕方についての実質的な権限の委譲にコミットできることに着目し，人的資源の利用方法への過剰介入が緩和されることを不完備契約理論を用いて示している．

以下では本章と関連のある先行研究をあげる．まず，株主代表訴訟および多重代表訴訟を，事業部門ケースおよび子会社化ケースに分け，不完備契約理論を用いて分析した細江（2019）がある．細江（2019）では，プロジェクトから生じる私的便益に着目し，私的便益の不当な獲得が任務懈怠責任として株主代表訴訟および多重代表訴訟に発展すると想定している[9]．本章では，訴訟が生じる要因として私的便益の獲得ではなく，事業責任者および子会社経営者のプロジェクトの選択によって損害が生じた場合，善管注意義務違反として株主代表訴訟で親会社経営者が訴えられる状況を想定する．また，細江（2019）では事業部門および子会社化の選択は言及されていないが，本章では株主代表訴訟が組織編制に与える効果に焦点を当て分析している．

Gutierrez（2003）では，経営者が低い収益をあげた場合に怠慢行為をその原因とし，信認義務（fiduciary duty）[10]を違反したとして株主代表訴訟が提起される状況を想定し，取締役が支払う損害賠償に対する保険（D&O保険）をモデル化し分析している．Gutierrez（2003）のモデルでは，経営者は収益をあげるために努力水準を選択するが，その努力水準が低いことが低い収益を招いたとして義務違反で株主代表訴訟が提訴される．これに対して，本章では低い収益をもたらすプロジェクトが選ばれ，会社に低い収益が実現した場合に善管注意義務違反として株主代表訴訟を検討する状況を考えている．

本章の主要な結果は，事業部門ケースにおける訴訟確率が小さいとき，親会社経営者は事業部門を選択する，というものである．これは，親会社経営者によるモニタリングが子会社経営者の努力インセンティブを小さくし，子会社化

---

[8] 企業の組織デザインについて不完備契約理論を用いた先行研究に，De Paola and Scoppa（2006）がある．De Paola and Scoppa（2006）では，労働者は自らが発見したプロジェクトを自らの判断で実行できる分権構造と労働者が発見したプロジェクトを経営者がモニタリングし受諾すれば実行される集権構造の望ましさについて議論した．

[9] 細江（2019）と同様，Gilson and Schwartz（2015）も経営者が私的便益を不当に獲得することで訴訟が生じる状況を想定している．Gilson and Schwartz（2015）では，経営者には実現したプロジェクト収益を過小に報告することで私的便益を獲得するインセンティブを持ち，訴訟による司法審査を導入しても，虚偽報告による私的便益を獲得しないことにはコミットできないことを示した．

[10] ここでの信認義務とは，「他人の財産の管理運用を委託された受認者が，委託者または受益者の最大利益を図るために，合理的かつ思慮ある行動をとらなければならない義務」のことである（今川（2009））．

のメリットが小さくなるためである．一方，事業部門ケースにおける訴訟確率が大きいときは，親会社経営者は子会社化を選択する．これは，事業部門を選択したときの訴訟確率が大きくなると，訴訟を回避することができる子会社化が選ばれるようになるためである．子会社化した場合には，株主は子会社経営の内情にアクセスしにくいため，代表訴訟を受ける確率が下がるという設定が効いている．

本章の構成は以下である．まず，第2節で会社法が定める事業再編および株主代表訴訟についての概略を述べる．第3節では基本モデルを提示し，親会社経営者が事業部門を選択したケースにおける各プレイヤーの均衡努力水準を求める．第4節では，親会社経営者が子会社化を選択したケースを考え，均衡努力水準を導出する．第5節で事業部門ケースと子会社化ケースにおける親会社経営者の期待利得を求め，部分ゲーム完全均衡により望ましい組織編制を考察する．第6節で本章における分析結果をまとめる．

2. 会社法と事業再編および株主代表訴訟

本節では，まず会社法と企業の事業再編の関連について概観する．1990年代以降，持株会社の解禁，簡易合併制度・株式交換・株式移転制度，会社分割制度などつぎつぎに企業再編制度が整備される．とくに，それまで独占禁止法により禁止されていた持株会社が1997年の改正で原則解禁となって以降，企業の事業再編が進展する．とくに，会社分割方式により事業部を分社化し，そのうえに持株会社を置く組織再編が主流となっている（宮島2011）．

会社法はどのように事業再編を規定しているのだろうか．事業再編には「合併」「会社分割」「株式交換」「株式移転」の4つの類型がある．まず，「合併」は新設合併と吸収合併に分けられる．新設合併がいくつかの当該企業がすべて解散し新会社とし，吸収合併はいくつかの当該企業のうちの一つの企業が存続し，そのほかの企業が解散する合併体系である．つぎに，本章と関連深い「会社分割」である．これも新設分割と吸収分割に分けられる．新設分割では事業を承継する会社を新たに設立し，吸収分割ではすでに存在している企業に事業を承継する．効率的経営のため事業部門を分離する方法として用いられ，株式

の取得割合によっては子会社となる．「株式交換」は既存の複数の会社の間で100%親子会社関係をつくる方法である．完全子会社となる株式会社がすべての発行済株式を完全親会社となる企業に移し，その対価として親会社株式を交付する．これに対して，「株式移転」は1社以上の株式会社が完全親会社となる持株会社を設立し，自らが完全子会社となる方法である．

つぎに，会社法と株主代表訴訟の関連について整理する．取締役等は会社から委任を受けている立場にあり，法的には会社に対して「善管注意義務」（会社法第330条および民法第644条）と「忠実義務」（会社法第355条）を負っている．善管注意義務とは，「委任の本旨に従い，善良な管理者の注意をもって，委任事務を処理する義務」を指す（民法第644条）．これに違反すると，会社に対して任務懈怠責任（損害賠償責任）を負う（会社法第423条1項）．

しかし，会社側と取締役の人間関係や利害関係から，会社側が取締役の任務懈怠責任を十分に追及することはむずかしい．それでは，株主に不利益が生じてしまう懸念がある．そこで，会社法では個々の株主が取締役等に対して，会社に対して負う責任を追及し会社に対する損害賠償を求める制度として株主代表訴訟を認めている（会社法第847条）．6か月前から継続して株式を保有していれば，1株のみを保有していても株主代表訴訟を提起することができる．また，株主代表訴訟には「損害回復機能」と「抑止機能」の2つの機能が期待される．損害回復機能は，上述したように，取締役が職務の懈怠などの行為により会社に負わせた損害を賠償請求によって回復させる機能である．また，株主削除訴訟の存在は取締役に対して訴訟のリスクを負わせることができ，事前に適正な経営業務を行うインセンティブを与える．株主代表訴訟のこのような機能を，抑止機能と呼ぶ．なお，株主代表訴訟の評価について，田中（2013）は，訴訟が提起されることで評判低下を招き，当該企業の株価が減少するという負の側面と，訴訟が存在することによって取締役の義務違反を抑止することができるという正の側面があることを踏まえ議論し，本制度を評価することは簡単ではないと指摘している．

なお，**図8-2**は近年の株主代表訴訟の新受件数の推移を示している．この図によると，2012年（平成24年）の106件をピークに，訴訟件数は減少傾向にあることがわかる．この要因として，近年会社業績が向上している点，第三者

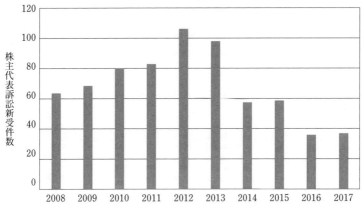

図8-2 近年の株主代表訴訟件数の推移

出所:『旬刊商事法務』より筆者作成.

委員会や社外役員を中心とした社内調査委員会が機能している点,経営判断に関して司法が積極的に介入しない判決が続いている点,株主代表訴訟ではなく会社訴訟による責任追及が増加している点が指摘されている(山口(2017)).

さらに,子会社経営と株主代表訴訟との関係を説明する.1997年の法改正により純粋持株会社の利用が可能となり,1999年代の半ば以降企業のグループ化が急速に拡大していった(青木・宮島(2011)).これに伴い,企業グループ全体のコーポレートガバナンスの重要性が増し,平成26年改正会社法では子会社からなる企業集団において法令や定款に適合した適正な業務を行わせる義務として内部統制システムの構築および運営を明記している(会社法第362条4項等).これにより,子会社で生じた不祥事が親会社に損害を発生させた場合,善管注意義務違反として親会社取締役が株主代表訴訟によりその責を問われる可能性が高まったと指摘されている.

3. 事業部門モデル

本章では,親会社の経営者がある新規プロジェクトを実施するにあたり,それを事業部門で行うのか,あるいは子会社化して行うかについて決定する状況を考察する.まず,本節では,事業部門で新規プロジェクトを実施する状況を

考えよう.

　事業部門ケースでは,親会社経営者がプロジェクトの権限を持ちプロジェクトを推進する. ここでは,リスク中立的な親会社のオーナー経営者 M_0 と事業責任者 M_1 を想定する. 親会社経営者はオーナー経営者であるとし,全体株数の $\frac{1}{2}<\alpha<1$ を所有しているとする. したがって,プロジェクトから実現したキャッシュフローのうち, α を親会社のオーナー経営者が, $1-\alpha$ を株主が配当として獲得する.

　まず, $t=1$ 期で親会社経営者 M_0 がプロジェクトの利得に関する情報収集努力 e_0^d を行う(上付き文字は"division"の頭文字を用いる). e_0^d はプロジェクトの利得情報の獲得確率を表しており($e_0^d \in (0, 1)$),努力費用関数を $\phi(e_0^d)=\frac{l}{2}(e_0^d)^2$ とする($l>0$). e_0^d の確率で情報収集に成功した場合,Aghion and Tirole (1997) と同様,3つ以上の潜在的な複数のプロジェクトの利得情報を獲得する. とくに,発見するプロジェクトのなかには,両プレイヤーにとって望ましいプロジェクトが一つずつ存在するとする. プロジェクト G は親会社に対してキャッシュフロー $V_G>0$,プロジェクト B は親会社に対してキャッシュフロー $V_B>0$ をもたらす. 実現するキャッシュフローは立証可能であり,さらに, $V_G>V_B$ を仮定する. この仮定により,親会社経営者にとって望ましいプロジェクトはプロジェクト G となる.

　また,事業展開においては事業責任者に私的便益が得られるものとする. とくに,プロジェクト G のときは $\beta b>0$ ($\beta \in (0, 1)$),プロジェクト B のときは $b>0$ をもたらす. この私的便益は Aghion and Tirole (1997) で設定されたように,非金銭的な報酬であり,役得や内発的動機,人的資源の獲得などを意味する. 私的便益は観察可能であるが,立証不可能であるとする[11]. なお,プロジェクト G とプロジェクト B 以外のプロジェクトはプレイヤーに十分大きな負の利得をもたらすと仮定する. プロジェクトの情報収集に失敗した場合は,プロジェクトの利得情報は得られない. このとき,この仮定より子会社経営者は無作為にプロジェクトを実行することはなく,いかなるプロジェクトも実行

---

11) キャッシュフローは立証可能であるが,キャッシュフローとプロジェクトの関係については立証不可能である. 後に株主代表訴訟を起こす株主は,訴訟するにあたり,キャッシュフローとプロジェクトの関係についての情報を獲得することで,どちらのプロジェクトが行われたかを知るとする.

されない.$t=1$期で親会社経営者が情報収集に成功した場合,プロジェクトGが選ばれ利得が実現し,親会社経営者に配当としてαV_Gが分配され,事業責任者はβbを得てゲームが終了する.情報収集に失敗した場合,つぎの期に進む.

$t=2$期では,親会社経営者が情報の獲得に失敗した場合,事業責任者M_1にプロジェクトの決定権が委譲され事業責任者が情報収集努力$e_1^d \in (0, 1)$を行う.このときの努力費用関数は$\psi(e_1^d)=\frac{1}{2}(e_1^d)^2$とする.

情報収集に失敗した場合は,仮定よりプロジェクトを実施せずにゲームが終了する.情報収集に成功した場合には,プロジェクトの利得情報を獲得する.プロジェクト情報の情報収集に成功したか否かについては共有知識となり,親会社経営者に把握されるとする[12].また,プロジェクトの利得情報はソフトインフォメーションを仮定し,事業責任者はプロジェクトとその利得の関係について情報を持っているが,親会社経営者に伝達することはできないとする.したがって,親会社経営者は事業責任者が実行するプロジェクトに関する契約を書くことはできない[13].情報収集に成功した事業責任者は,仮定より,プロジェクトBを選択し,つぎの期に進む.

$t=3$期で,株主が確率$r \in (0, 1)$で実行されたプロジェクト情報を獲得する[14].これにより,企業としてプロジェクトGよりも収益の小さいプロジェクトBが選択されたとし,親会社経営者の経営判断に対して善管注意義務違反として株主代表訴訟を起こす[15].

この株主代表訴訟における親会社経営者への損害賠償請求額は一定の$F>0$であるとし[16],共有知識であるとする.よって,株主が勝訴した場合には,

---

12) この仮定により,第4節の子会社化ケースの議論において,親会社経営者は子会社経営者が情報収集に成功した場合にモニタリングすることができる.
13) 仮にハードインフォメーションでプロジェクト情報に関して伝達可能であれば,基本的なエージェンシー理論における逆選択モデルとなり,顕示原理により真の報告をさせるような契約を結ぶ.これに関しては,伊藤(2003)でより詳細に分析および解説されている.
14) 厳密には,ここで株主が獲得する情報は,親会社経営者と事業責任者が獲得したプロジェクトの利得情報と同様の情報であるとする.したがって,キャッシュフローV_BからプロジェクトBが実行されたことを知り,さらに,プロジェクトBがプロジェクトGよりも低い収益であることを知る.
15) 本章では,低い収益が実現した場合に,それを契機として取締役が怠慢行為への善管注意義務違反で訴訟を受け,裁判過程において,経営判断の原則(注2参照)にもとづいて当該経営判断にいたった経緯および内容に不合理がないかを審査される状況を想定している.

図 8-3　事業部門ケースにおけるゲームツリー

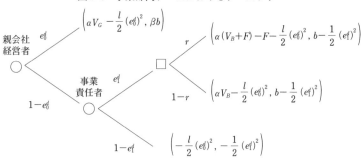

親会社経営者は F を損害賠償として支払う[17]．また，ここでは株主代表訴訟が組織編制に与える影響に着目するために，簡単化のため株主が情報を獲得すると必ず訴訟を起こし，株主側の勝訴確率を1とする．また，訴訟コストは0であるとする．勝訴確率1より，r の確率で訴訟が生じる．したがって，以下では，確率 r を訴訟確率と呼ぶ[18]．r が大きいほど，親会社経営者にとって事業部門ケースにおける株主代表訴訟の確率が高まる．なお，$1-r$ の確率で株主は情報を獲得せず，ゲームは終了する．このとき，プロジェクトBを実行した場合，親会社経営者に配当として αV_B が分配され，事業責任者は私的便益 b を得る．ゲームツリーは図 8-3 に示す．なお，図中の括弧の左側は親会社経営者の利得を，右側は事業責任者の利得をそれぞれ示している．

本章では，このような株主の訴訟インセンティブは考慮しない簡単化された

---

[16]　本来であれば損害賠償請求額は，株主が取締役の経営判断により発生した損害を算出し裁判所に請求し，善管注意義務違反の有無およびその程度に応じて最終的な損害賠償額が決まるが，ここでは簡単化のために一定とする．このような損害賠償額の簡単化は，Gutierrez (2003) でも用いられている．

[17]　日本の株主代表訴訟では，損害賠償は会社に対して行われることに留意する．また，損害賠償請求額に関して，本章では取締役の損害賠償額を補償する保険（D&O 保険）は考慮しない．しかし，米国で導入されている D&O 保険が現在日本でも注目を集めており，非常に興味深い研究テーマである．

[18]　株主の勝訴確率を1とする本章のこの簡単化された訴訟モデルでは，親会社が情報収集を失敗するとつねに敗訴するようにみえる．しかし，実際には，注15で述べたように経営判断の原則により裁判所がその努力水準の合理性を審査するため，このような経営判断が常に敗訴を招くわけではないことに留意する．このことは次節の子会社経営における親会社経営者への株主代表訴訟に関しても同様である．

株主代表訴訟をモデル化し,株主代表訴訟がプレイヤーの努力水準および組織編制の選択に与える影響を分析する.以下では,バックワードインダクションにより,各プレイヤーの均衡努力水準を導出する.

ここでは,均衡解を部分ゲーム完全均衡で特徴づける.また,本モデルではe_0^d, e_1^dを1階条件を用いて導出するが,内点解を仮定するためのパラメータの仮定を以下のように置く.

仮定A $b<1$,
仮定B $\alpha V_G - b(\alpha V_B - r(1-\alpha)F) < l$

ゲームはバックワードに解くため,まず事業責任者M_1の情報収集努力水準を求める.事業責任者が最大化する期待利得は,

$$e_1^d b - \frac{1}{2}(e_1^d)^2 \tag{1}$$

となる.1階条件から,e_1^{d*}を事業責任者の均衡努力水準とすると,

$$e_1^{d*} = b \tag{2}$$

として導出される.仮定Aより,e_1^{d*}は内点解となる.これより,事業責任者の努力水準は私的便益bの増加関数となることがわかる.

つぎに,親会社経営者の情報収集努力を求める.親会社経営者は事業責任者の努力水準e_1^{d*}を前提に,自らの期待利得を最大化する.ここで,親会社経営者の期待利得をπ_0^dとすると,

$$\pi_0^d = e_0^d \alpha V_G + (1-e_0^d)e_1^{d*}[r(\alpha(V_B+F)-F)+(1-r)\alpha V_B] - \frac{l}{2}(e_0^d)^2 \tag{3}$$

第1項は,情報収集に成功しプロジェクトGが実行された場合のキャッシュフローからの配当金である.第2項は,情報収集に失敗した場合の期待利得を表している.とくに,事業責任者によりプロジェクトBが実行された場合には,確率rで訴訟が生じ,Fの賠償金を会社に対して支払うことに注意する.したがって,賠償額Fは一度会社のキャッシュフローに組み込まれ,親会社経営者に$\alpha(V_B+F)$で分配されている.

1階条件から，親会社経営者の均衡における努力水準を e_0^{d*} とすると，

$$e_0^{d*} = \frac{\alpha V_G - e_1^{d*}(\alpha V_B - r(1-\alpha)F)}{l} \tag{4}$$

$$= \frac{\alpha V_G - b(\alpha V_B - r(1-\alpha)F)}{l} \tag{4}'$$

となる．仮定Bより，e_0^{d*} は内点解となる．以上の事業部門における親会社経営者の努力水準についてつぎの補題としてまとめる．

補題1 事業部門ケースではつぎのことがわかる．
(1) 親会社経営者の情報収集努力と事業責任者の努力水準は，$\alpha V_B \geq r(1-\alpha)F$ のとき戦略的代替関係，$\alpha V_B < r(1-\alpha)F$ のとき戦略的補完関係にある．
(2) 親会社経営者の均衡における情報収集努力水準は，$e_0^{d*} = \dfrac{\alpha V_G - b(\alpha V_B - r(1-\alpha)F)}{l}$ となる．
(3) e_0^{d*} の比較静学の結果として以下を得る．

$$\frac{\partial e_0^{d*}}{\partial V_G} > 0, \quad \frac{\partial e_0^{d*}}{\partial V_B} < 0, \quad \frac{\partial e_0^{d*}}{\partial r} > 0, \quad \frac{\partial e_0^{d*}}{\partial F} > 0, \quad \frac{\partial e_0^{d*}}{\partial l} < 0, \quad \frac{\partial e_0^{d*}}{\partial \alpha} \begin{cases} > 0, & V_G > b(V_B + rF) \\ \leq 0, & V_G \leq b(V_B + rF) \end{cases}$$

まず，補題1(1)に関して，(4)′式から，$\alpha V_B \geq r(1-\alpha)F$ のとき事業責任者の努力水準 e_1^{d*} と戦略的代替となる．このとき，$\alpha V_B - r(1-\alpha)F \geq 0$ となり，同式左辺のプロジェクトBから得られる親会社経営者の期待利得は非負となる．このとき，事業責任者がプロジェクトBを実行したとき正の利得を得ることができる．よって，親会社経営者には事業責任者にただ乗りするインセンティブが生じ，親会社経営者はプロジェクトGを実行するための情報収集努力インセンティブは弱くなる．そのため，一方，$\alpha V_B < rF$ のとき戦略的補完となる．このとき，$\alpha V_B - r(1-\alpha)F < 0$ となり，プロジェクトBから得られる親会社経営者の期待利得は負となる．事業責任者が努力を大きくするとプロジェクトBが実行され，負の利得となってしまう確率が高まるため，先に親会社経営者はプロジェクトGを実行するために情報収集努力を高めるインセ

ンティブが高まる.

　つぎに,補題1 (3) における比較静学に関する解釈は以下である.まず,親会社経営者の情報収集に成功した場合に得られるプロジェクトGからの収益 V_G の増加は,配当 αV_G を高めるため,親会社経営者の努力水準を増加させる.一方,親会社経営者が情報収集に失敗し事業責任者が情報収集に成功すれば,プロジェクトBが実行され収益 V_B が実現する. V_B の増加は,親会社にただ乗りのインセンティブを与えるため,親会社経営者の努力水準は V_B の減少関数となる.

　つぎに,株主代表訴訟に関するパラメータが親会社経営者の努力水準に与える効果を考える.訴訟確率 r および損害額 F の増加は情報収集努力のインセンティブを高める効果を持つことがわかる.事業責任者に任せる場合,プロジェクトBを選択するリスクがある.その際の損害賠償は親会社経営者が行わなければならないため,株主代表訴訟による期待損害賠償額 rF が増加すると,訴訟を回避するために自らの情報収集努力を増加させる.また,親会社経営者の情報収集努力に関するコストパラメータ l について,l が上昇するほど,努力コストが高くつくため,情報収集努力インセンティブは下落する.

　さらに,親会社経営者の株式所有割合 α に関する解釈は以下である.

　$V_G > b(V_B + rF)$ ($V_G \leq b(V_B + rF)$) のとき,α が1単位増加したとき,左辺が示すプロジェクトGから得られる配当額の増分のほうが,右辺が示すプロジェクトBから得られる配当額の増分より大きい(小さい).このとき,親会社経営者はプロジェクトG(B)を実行するインセンティブが強まるため,情報収集努力のインセンティブが高まる(弱まる).

　最後に,事業部門を選択した場合の親会社経営者の期待利得 π_0^{d*} を以下に示す.

$$e_0^{d*} = \frac{\alpha V_G - b(\alpha V_B - r(1-\alpha)F)}{l}[r(\alpha(V_B+F)-F)+(1-r)\alpha V_B] - \frac{l}{2}(e_0^{d*})^2 \quad (5)$$

4. 子会社化のモデル

本節では，子会社化したケースを考える．そこで，親会社経営者が新規プロジェクトを子会社化して実施する状況を想定する．内部統制システム構築義務により，ここでの親会社経営者の中心的な業務は，子会社経営者 M_2 のプロジェクトをモニタリングする業務であるとしよう．したがって，モニタリング業務に過失があれば，親会社経営者は善管注意義務を問われ，株主代表訴訟に発展する可能性がある．なお，プロジェクトの基本的な設定は事業部門ケースと同様である．ここでの子会社化は完全子会社化とする．

まず，$t=1$ 期でプロジェクトの決定権限を委譲された子会社経営者が情報収集努力 $e_2^s \in (0, 1)$ を行う（上付き文字は"subsidiary"の頭文字を用いる）．このときの努力費用関数は $\psi(e_2^s) = \frac{1}{2}(e_2^s)^2$ とする．情報収集に失敗した場合には，プロジェクトを実行せずゲームが終了する．情報収集に成功した場合，つぎの期に進む．

$t=2$ 期で親会社が介入し利得情報のモニタリングを行う．親会社経営者のモニタリング努力を θ^s で表し，θ^s はモニタリングの成功確率とする（$\theta^s \in (0, 1)$）．モニタリングの努力費用関数を $\mu(\theta^s) = \frac{c}{2}(\theta^s)^2$ とする（$c > 0$）．ここでのモニタリングシステムの定式化は Burkart, Gromb, and Panunzi (1997) を用いる[19]．すなわち，θ^s の確率でモニタリングに成功した場合，親会社経営者もまたプロジェクトの利得情報を獲得する．このとき，親会社経営者が子会社経営に介入し，プロジェクト G が実行され，キャッシュフロー V_G が実現し，親会社経営者に配当が行われ，子会社経営者は私的便益 βb（$\beta \in (0, 1)$）を得る．一方，$1-\theta^s$ の確率でモニタリングに失敗した場合，子会社経営者がプロジェクトの決定権を持ち，プロジェクト B を選択し実行する．プロジェクト B が実行された場合も，キャッシュフロー V_B が実現し，親会社経営者は

---

19) Burkart, Gromb, and Panunzi (1997) は，企業の株主が経営者をモニタリングする状況を想定した．とくに，経営者がプロジェクトの利得情報の発見に成功した場合，株主のモニタリングが機能し，株主は経営者が獲得したプロジェクトの利得情報と同一の情報を獲得することができる．本章では，親会社経営者が子会社経営者に対して，同様のモニタリングシステムでプロジェクト情報を獲得するとしている．

図8-4 子会社化ケースにおけるゲームツリー

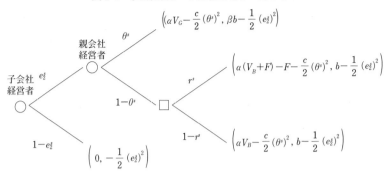

配当額を獲得する．また，子会社経営者は私的便益としてbを得る．

$t=3$期で，親会社経営者がモニタリングに失敗し，プロジェクトBが実行された場合，株主が確率$r^s \in (0,1)$で実行されたプロジェクト情報を獲得する．このとき，プロジェクトGよりも収益の小さいプロジェクトBが選択されたとし，親会社経営者の子会社経営への管理監督義務への懈怠責任を問い，株主代表訴訟を起こす[20]．とくに，本章では，平成26年改正会社法で，親会社によるグループ企業全体の内部統制システム構築義務が明記されたことを受け，子会社経営で生じた親会社への損害も善管注意義務違反で親会社経営者が訴訟を受ける状況に焦点を当てている[21]．ここで，子会社化ケースにおける株主のプロジェクト情報獲得確率は，事業部門ケースよりも小さいと仮定する

---

[20] 注15と同様，ここでは低い収益の実現を契機としてその経営判断の合理性を問う訴訟が生じており，収益という結果自体が訴因ではないことに留意する．また，岩本 (2018) では，内部統制システム構築義務に経営判断の原則が適用されることを肯定する見方が現在のところ多数説であることを主張している．したがって，本章でも内部統制システム構築義務に関して親会社経営者の経営判断を問い，善管注意義務違反があったかを訴因とする状況を想定している．また，注18で述べたように，ここでも勝訴確率1の仮定よりモニタリングが失敗したことでつねに敗訴するようにみえるが，実際には経営判断の原則に照らし努力の合理性を判断されることに留意する．

[21] 実際には，平成26年改正会社法で新たに導入された多重代表訴訟制度により，子会社経営者も善管注意義務違反で親会社株主から訴訟を受ける可能性があるが，内部統制システム構築義務に関するモニタリング業務への株主代表訴訟の影響に着目するため，本章ではその可能性は捨象して考えている．なお，この多重代表訴訟制度は，経営陣の人間関係の馴れ合い等から十分に親会社から子会社への統制が保障されないとの批判から導入された訴訟制度であり，内部統制システム構築による規律づけの補完的な役割を担う制度である．

($r^s<r$). これは，親会社株主が子会社での経営に関する情報にアクセスする困難さを表している．したがって，子会社化したケースのほうが，親会社経営者にとって訴訟リスクは小さい．この株主代表訴訟により，親会社経営者に損害賠償額としてFが請求される．以上のゲームツリーを図8-4に示す．以下，均衡における親会社経営者のモニタリング努力および子会社経営者の努力水準をバックワードインダクションにより導出する．

まず親会社経営者のモニタリング努力水準を求める．なお，ここで親会社経営者の努力水準が内点解となるため，以下の仮定Cを置く．

仮定C $\alpha V_G - (\alpha V_B - r^s(1-\alpha)F) < c$

親会社経営者の期待利得は，

$$\theta^s \alpha V_G + (1-\theta^s)[r^s(\alpha(V_B+F)-F)+(1-r^s)\alpha V_B] - \frac{c}{2}(\theta^s)^2 \tag{6}$$

となる．第1項は，プロジェクトGが実行された場合のキャッシュフローからの配当金である．第2項は，プロジェクトBが実行された場合の期待利得を表している．均衡モニタリング努力をθ^{s*}とすると，1階条件より，

$$\theta^{s*} = \frac{\alpha V_G - (\alpha V_B - r^s(1-\alpha)F)}{c} \tag{7}$$

として導出される．仮定2より，θ^{s*}は内点解であることが保証される．モニタリング努力の性質について以下の補題2にまとめる．なお，補題2の比較静学の解釈およびパラメータが与える影響のメカニズムは補題1と同様である．

補題2 親会社経営者のモニタリング努力についてつぎのことがわかる．
(1) 子会社ケースの親会社経営者のモニタリング努力は，$\theta^{s*} = \dfrac{\alpha V_G - (\alpha V_B - r^s(1-\alpha)F)}{c}$ となる．
(2) θ^{s*}に関する比較静学としてつぎの結果を得る．

$$\frac{\partial \theta^{s*}}{\partial V_G}>0, \quad \frac{\partial \theta^{s*}}{\partial V_B}<0, \quad \frac{\partial \theta^{s*}}{\partial r^s}>0, \quad \frac{\partial \theta^{s*}}{\partial F}>0, \quad \frac{\partial \theta^{s*}}{\partial c}<0, \quad \frac{\partial \theta^{s*}}{\partial \alpha}\begin{cases}>0, & V_G>V_B+r^sF \\ \leq 0, & V_G \leq V_B+r^sF\end{cases}$$

つぎに，親会社経営者のモニタリング努力 θ^{s*} を前提として子会社経営者の情報収集努力を導出する．子会社経営者の期待利得は，

$$e_2^s[\theta^{s*}\beta b+(1-\theta^{s*})b]-\frac{1}{2}(e_2^s)^2 \tag{8}$$

となる．角括弧内の第1項は，モニタリングが成功しプロジェクトGが実行された場合の私的便益を表し，第2項はモニタリングが失敗しプロジェクトBが実行された場合の私的便益を表している．1階条件を求めると，

$$e_2^{s*}=b[1-(1-\beta)\theta^{s*}] \tag{9}$$
$$=b\left[1-(1-\beta)\frac{\alpha V_G-(\alpha V_B-r^s(1-\alpha)F)}{c}\right] \tag{9}'$$

となり，子会社経営者の情報収集努力水準 e_2^{s*} が求められる．$1>b$（仮定A）かつ $\theta^{s*}\in(1,0)$ より，e_2^{s*} は内点解である．e_2^{s*} の性質を以下の補題にまとめる．

補題3 子会社化ケースではつぎのことがわかる．
(1) 情報収集努力 e^{s*} は親会社のモニタリング努力 θ^{s*} と戦略的代替の関係にある．
(2) 株主代表訴訟における子会社経営者の情報収集努力は，$e_2^*=b\left[1-(1-\beta)\frac{\alpha V_G-(\alpha V_B-r^s(1-\alpha)F)}{c}\right]$ となる．
(3) e_2^{s*} に関する比較静学としてつぎの結果を得る．

$$\frac{\partial e_2^{s*}}{\partial b}>0,\ \frac{\partial e_2^{s*}}{\partial r^s}<0,\ \frac{\partial e_2^{s*}}{\partial F}<0,\ \frac{\partial e_2^{s*}}{\partial V_G}<0,\ \frac{\partial e_2^{s*}}{\partial V_B}>0,\ \frac{\partial e_2^{s*}}{\partial \alpha}\begin{cases}<0, & V_G>V_B+r^sF \\ \geq 0, & V_G\leq V_B+r^sF\end{cases}$$

(4) 事業部門ケースにおける事業責任者の努力水準より小さい（$e_2^{s*}<e_1^{d*}$）．
(5) 訴訟確率 r^s の上昇は子会社化の効率性の指標 $e_2^{s*}\theta^{s*}$ を改善する $\left(\frac{\partial}{\partial r^s}(e_2^{s*}\theta^{s*})>0\right)$．

まず，(9)'式から，親会社経営者のモニタリング努力との関係において，戦略的代替であることがわかる（補題3 (1)）．すなわち，親会社経営者のモニタリング努力が高いほど，子会社経営者の努力水準は減少する．これは，モニ

タリング努力が強化されると，相対的に低い私的便益であるプロジェクトG が強制的に実行されるためである．したがって，比較静学を行うと，補題2より，r^s，F，V_G の増加および V_B の減少は親会社経営者のモニタリング努力の増加を招くため，戦略的代替から子会社経営者の努力水準 e_2^{s*} を減少させる効果を持つ（補題3 (3)）．

つぎに，補題3 (4) について，事業部門のケースにおける事業責任者の努力水準 e_1^{d*} と比較すると，$e_1^{d*} - e_2^{s*} = e_1^{d*} - e_1^{d*}[1-(1-\beta)\theta^{s*}] > 0$ となり，事業部門ケースにおける努力水準のほうが大きい（$e_2^{s*} < e_1^{d*}$）．これは子会社のケースでは親会社経営者のモニタリングによる介入があり，情報収集に成功したとしても必ずしも自らの望むプロジェクトが選択できないためである．これより，Burkart, Gromb, and Panunzi (1997) でもみられたように，子会社経営へのモニタリングの強化は，事前の子会社経営者の努力インセンティブを減少させており，ホールドアップ問題が生じていることがわかる．

最後に，補題3 (5) について説明する．平成26年改正会社法で内部統制システム構築義務が明記され，親会社経営者は子会社経営に関して株主代表訴訟を受ける可能性が高まった．本研究では訴訟確率 r^s が高まると解釈することができる．このとき，組織編制における子会社化の効率性はどのように変化するのだろうか．本章では，とくに子会社化の効率性について，より高いキャッシュフロー V_G が生じる確率 $e_2^{s*}\theta^{s*}$ を効率性の指標として考える．子会社化の効率性の指標 $e_2^{s*}\theta^{s*}$ を r^s に関して比較静学を行うと，

$$\frac{\partial}{\partial r^s}(e_2^{s*}\theta^{s*}) = b\frac{\partial \theta^{s*}}{\partial r^s} = \frac{b(1-\alpha)F}{c} > 0 \quad (10)$$

となり，訴訟確率の上昇は子会社化の効率性を高めることがわかる．補題2から，訴訟確率が高まると θ^{s*} が増加するが，戦略的代替から e_2^{s*} は減少するため，直観的には $\frac{\partial}{\partial r^s}(e_2^{s*}\theta^{s*})$ の符号は不明確である．しかし，子会社経営者は自らが情報収集を成功させれば，モニタリングが成功したか否かにかかわらず私的便益を得ることができる．そのため，モニタリングが強化されても，子会社経営者の努力水準の減少幅は小さく，結果的に符号は正となる．このことから，内部統制システム構築義務は子会社経営をより効率的にすることがわかる．

最後に，子会社化を選択した場合の親会社経営者の期待利得 π_0^{s*} を以下に示

$$\pi_0^{s*} = e_2^{s*}\left\{\theta^{s*}\alpha V_G + (1-\theta^{s*})[r^s(\alpha(V_B+F)-F)+(1-r^s)\alpha V_B] - \frac{c}{2}(\theta^{s*})^2\right\} \quad (11)$$

5. 事業部門と子会社化の選択

　本節では，新規プロジェクト実施体制として，事業部門と子会社化のどちらが望ましいかを考察する．親会社経営者は（5）式より得られる事業部門での期待利得 π_0^{d*} と（10）式より得られる子会社化での期待利得 π_0^{s*} を比較する．ここでは，各仮定を満たすような数値例を用いて比較を行う[22]．

　図8-5は，縦軸に事業部門ケースにおける期待利得と子会社化ケースにおける期待利得の差分 $\pi_0^{d*} - \pi_0^{s*}$ を，横軸に事業部門ケースにおける訴訟確率 r をとる．$r^s = 0.1 < r < 1$ の範囲において，$\pi_0^{d*} - \pi_0^{s*}$ は r の減少関数となっていることがわかる．図8-5より，親会社経営者が選択する組織編制に関して，つぎの命題を得る．

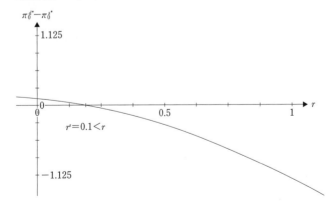

図8-5　事業部門ケースと子会社化ケースにおける親会社経営者の期待利得の比較（$r^s = 0.1$）

---

22)　$\alpha = 0.5, \beta = 0.5, b = 0.5, V_G = 2.2, V_B = 2, F = 3, l = 1, c = 1, r^s = 0.1$ とする．

命題1 事業部門ケースにおける訴訟確率 r が十分小さいとき，親会社経営者は事業部門を選択する．また，事業部門ケースにおける訴訟確率 r が十分大きいとき，親会社経営者は子会社化を選択する．

r が十分小さく子会社化ケースにおける訴訟確率 r^s と差が小さいとき，$\pi_0^{d*} > \pi_0^{s*}$ となり，事業部門が選択される．これは，事業責任者の努力インセンティブのほうが，子会社経営者の努力インセンティブよりも高いためである（補題3）．本章では，内部統制システム構築義務において，親会社経営者による子会社経営への介入をモニタリング業務でモデル化した．このモニタリングによる介入が子会社経営者の努力水準を低下させる．子会社化したケースでは，子会社経営者が情報収集に成功しなければ，キャッシュフローが生まれないため，子会社経営者の努力水準が低いと，親会社経営者の期待利得が小さくなってしまう．

一方，r が十分大きくなり子会社化ケースにおける訴訟確率 r^s と差が大きくなると，$\pi_0^{d*} < \pi_0^{s*}$ となり，子会社化が選択される．これには2つの理由を考えることができる．1つ目は，事業部門を選択した場合の訴訟確率 r が大きくなると，親会社経営者は訴訟リスクを軽減するため，自らの情報収集努力 e_0^{d*} を増加させようとする（補題1）．しかし，仮定 $l>1$ より，親会社経営者の情報収集業務はコストの面で非効率的であり，この情報収集努力の増加によりコストが高くついてしまうため，子会社ケースを選ぶ．2つ目は，子会社化ケースにおける訴訟確率 r^s と差が大きくなるため，相対的に株主代表訴訟の確率が小さい子会社化を選ぶことで損害賠償請求を回避するインセンティブが働くためである．

つぎに，子会社化ケースにおける訴訟確率 r^s の効果を考える．本章の分析により，訴訟確率の上昇が，親会者経営者の利得に与える効果は4つあることがわかる．(1) 親会社取締役による子会社へのモニタリング努力を高め，より高いプロジェクトGが選ばれやすくなるプラスの効果，(2) 子会社化した場合の訴訟リスク上昇のマイナス効果，(3) モニタリング強化に伴う子会社経営者のインセンティブ下落のマイナス効果，(4) モニタリング強化によるモニタリングコストの上昇のマイナス効果である．これらの相対的な大小比較により，

第8章 組織編制，経営インセンティブ，および株主代表訴訟の経済学　189

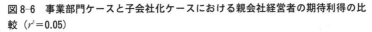

図8-6　事業部門ケースと子会社化ケースにおける親会社経営者の期待利得の比較（$r^s=0.05$）

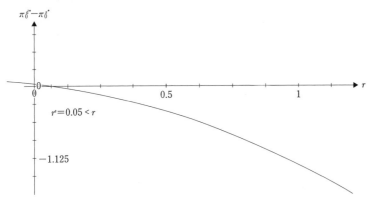

組織編制の決定が影響を受ける．

ここでは，再度数値例を用いて子会社化ケースにおける訴訟確率 r^s の効果を考える．図8-6は，子会社化ケースにおける訴訟確率が小さいとき（$r^s=0.05$）を図示している．図8-5と比較した場合の，r^s の効果をつぎの命題にまとめる．

命題2　子会社化ケースにおける訴訟確率 r^s が高まると，事業部門を選択する範囲が狭まり，子会社化する範囲が広くなる．

子会社化した場合の訴訟確率が高まったにもかかわらず，子会社化を選択する範囲が広がるという結果は，われわれの直観と反している．

今後は子会社化した場合でも，親会社取締役は提訴される可能性は高まっていくと考えられる．平成26年改正会社法で，内部統制システム構築義務が明記され，子会社経営における判例の蓄積や適切な法整備が進められることが予測され，それにより訴訟リスクは高まるだろう．また，近年では子会社経営における不祥事も後を絶たず，コーポレートガバナンスの観点からも子会社の不祥事を親会社経営者に問う訴訟が増加する可能性がある．

このような訴訟リスクの高まりは，一見すると子会社化の利点を損なってし

まうように考えられる．しかし，補題3（5）より，訴訟確率r'の上昇は，子会社経営の効率性を改善する．すなわち，前述した4つの効果のうち，効果（1）のモニタリング強化が親会社にもたらす利点が効果（3）と比べて相対的に大きく，親会社経営者の期待利得を改善する結果となった．なお，訴訟確率がさらに大きくなると，効果（2）および効果（4）のマイナス効果の影響が強まり，子会社化の利点が相殺されることとなる可能性があることに留意する必要がある．

6. おわりに

本章では，不完備契約理論を用いて株主代表訴訟の存在が企業における事業部門あるいは子会社化の選択にどのような影響を与えるかを分析した．本分析によるインプリケーションは以下である．

まず，近年，大企業の不祥事が相次ぐなか，コーポレートガバナンスの観点から株式代表訴訟が提起される事案が増加すると考えられる．これに伴う訴訟確率の上昇によって，訴訟リスクを軽減する目的のための子会社化が増加する可能性があることが本研究により明らかとなった．

また，子会社経営における株主代表訴訟リスクの増大は，親会社によるモニタリング努力を高め，より収益の高いプロジェクトが実行されるという利点がある．このことは，企業価値最大化という点から，株主にとっても望ましい効果と考えられよう．しかし一方で，モニタリング強化は子会社経営者の努力インセンティブを下落させるという影響があることが明らかとなる．ここから，必要以上に親会社経営者に管理監督義務違反の適用範囲を拡大することは，親会社による管理監督を過剰にさせ，子会社化による経営の迅速性や事業従事者の努力インセンティブ効果の減退など効率性を阻害してしまう可能性があることに留意する必要があるだろう．

今後の課題として，本章では捨象していた少数株主にとって望ましい組織編制を議論する必要がある．直観的には子会社での訴訟確率を法制度の整備により上昇させることは企業内の規律づけの観点から望ましく，少数株主は子会社化を志向するようになると言える．しかし，本分析により，訴訟確率の上昇が

子会社経営者の経営インセンティブを阻害する効果が明らかとなっており，一概に言うことはできない．組織編制および訴訟制度の変化が少数株主の利得に与える影響については今後の課題としたい．

◆参考文献

Aghion, P. and J. Tirole (1997), "Formal and real authority in organizations," *Journal of Political Economy*, 105 (1), pp. 1–29.

青木英孝・宮島英昭 (2011), 「多角化・グローバル化・グループ化の進展と事業組織ガバナンス」宮島英昭編『日本の企業統治―その再設計と競争力の回復に向けて』東洋経済新報社.

Burkart, M., D. Gromb, and F. Panunzi (1997), "Large Shareholders, Monitoring, and The Value of the Firm," *The Quarterly Journal of Economics*, 112, pp. 693–728.

De Paola, M. and V. Scoppa (2006), "Organizational Design, Project Selection, and Incentives," *Journal of Institutional and Theoretical Economics*, 162 (3), pp. 424–449.

Gilson, R. J. and A. Schwartz (2015), "Corporate control and credible commitment," *International Review of Law and Economics*, 43, pp. 119–130.

Gutierrez, M. (2003), "An economics analysis of corporate director's fiduciary duties," *RAND Journal of Economics*, 34 (3), pp. 516–535.

細江守紀 (2019), 「事業編成と企業効率の経済分析」秋本耕二・秋山優・永星浩一編『理論経済学の新潮流』勁草書房.

今川嘉文 (2009), 「継続的取引関係と信認義務」『神戸学院法学』第 39 巻第 2 号, pp. 51–101.

伊藤秀史 (2003), 『契約の経済理論』有斐閣.

伊藤秀史・林田修 (1997), 「分社化と権限委譲」『日本経済研究』No. 34, pp. 89–117.

伊藤秀史・菊谷達弥・林田修 (2003), 「親子会社間の多面的関係と子会社ガバナンス」RIETI Discussion Paper Series 03-J-005, pp. 1–18.

岩本文男 (2018), 「取締役の内部統制システム構築義務について」『法科大学院論集』第 14 号, pp. 91–115.

河合正二 (2011), 「グループ経営における内部統制システムの構築と運用（Ⅰ）―内部統制システムの法的性質を中心として―」『金沢星稜大学論集』第 45 巻第 1 号, pp. 1–18.

宮島英昭 (2011), 『日本の企業統治―その再設計と競争力の回復に向けて』東洋経済新報社.

鈴木正彦 (2010), 「会社の内部統制システムの整備と取締役の責任」『修道法学』32 (2), pp. 234–214.

田中亘 (2013), 「取締役の善管注意義務・忠実義務および株主代表訴訟」田中亘編『数字でわかる会社法』有斐閣.

山口利昭 (2017), 「株主代表訴訟（責任追及訴訟）はなぜ減少しているのか？」ビジネス法務の部屋, 2017 年 9 月 7 日更新（最終閲覧日：2018 年 1 月 21 日）http://yamaguchilaw-office.way-nifty.com/weblog/2017/09/post-23a2.html

第9章 分社化と事業譲渡

吉田友紀

1. はじめに

　分社化（split-up, spin-off）と事業譲渡（transfer of business, sell-off）は，企業再編の代表的手法であり，どちらも当該事業のより一層の成長や事業の効率的運営が期待される．分社化は完全子会社をはじめとして，さまざまなレベルで元の企業とある関係性を保つことが多い一方で，事業譲渡は基本的に譲渡前の企業から独立した別会社となる．事業譲渡先が既存企業である場合は事業譲渡は譲渡先にとっては買収を意味し，既存企業と新会社設立となる場合は合併を意味する．分社化と事業譲渡は，形としては自社のなかにある事業を外部に切り出すことになり似たような形式ではあるが，成長戦略として分社化と事業譲渡のどちらを採用するかは経営者にとってきわめて重要な選択となる．
　事業譲渡は会社法により，その手続等が規定されている．合併，分社化（会社分割）についても会社法に組織再編行為の手続として規定されている[1]．
　分社化とは，大まかに言うとある会社の一部門，あるいは複数の部門を新たな会社として分離することである．欧米において日本の分社化の意味でよく使われるスピンオフとは，分社前の企業の株主に，新会社の株式を等比率で割り当てる分社化である．日本における分社化は，より厳密につぎのように分類で

---

1) 本文では分社化という用語を用いているが，法的には会社分割と言われる．

きる．まず分割事業の対価を，分割会社が受け取る場合は分社型会社分割となり，分割会社の株主が受け取る場合は分割型分割となる．さらに事業の承継先について新設会社である場合は新設分割，既存会社である場合は吸収分割を呼ばれる．よって合計4種類の会社分割が存在する．この意味では欧米でのスピンオフとは分割型吸収分割である．

　分社化は，分社前の企業の株主からみると，切り離した部門がより効率的な経営，生産を行う限り株式価値の増加につながる．すなわち経営者と株主間のエージェンシー問題を無視できるとすると，効率的な分社化，スピンオフはそれを行う企業の株主にとって利益をもたらすものとなる．分社前の，いわゆる親企業は，事業規模を小さくすることによって意思決定の迅速化・資源配分の効率化を達成しようという目的のもとに，分社化を選択すると考えられる．一方で事業譲渡は既存企業への譲渡となり，一般的に規模を大きくすることによりシナジー効果や費用削減効果を期待するものであると言える．選択肢として両者が想定される場合には，どのような要因でどちらが選択されるのだろうか．この論点について本章では経済理論モデルを用いて明らかにしていく．

　またこの分社化と事業譲渡の効果として当該事業の効率化は当然考えなければならないが，さらに市場に与える効果についても変化させる可能性がある．具体的には競争形態に与える影響であり，これは独占禁止法の企業結合規制によって競争を実質的に制限するかどうか審査されることがある．たとえば2018年福岡銀行等を運営するふくおかフィナンシャルグループが，長崎県を地盤とする地方銀行の十八銀行の株式を取得する際にも公正取引委員会による審査を受けたが，1千億円弱相当の貸出債権を他の金融機関に譲渡する等の措置を講じたことで競争を実質的に制限することとはならないとの判断を受け認可された．とくに金融業界など寡占市場において事業譲渡や分社化は有力企業が一つ減ることにつながり，価格支配力にも影響を与える．また製薬業界においても，2018年5月には武田薬品工業がアイルランドの製薬大手シャイアーを買収することで合意した事例がある．同じく製薬業界における合併についてみてみると2005年4月に山之内製薬と藤沢薬品の合併によりアステラス製薬となり，2005年9月に三共と第一製薬の合併により第一三共となった事例がある．

図 9-1　M&A 件数の推移

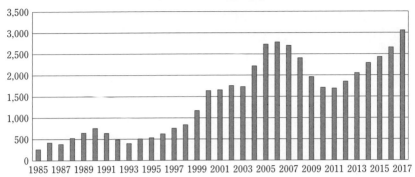

資料：（株）レコフデータ．

　以上は比較的大手企業の話であるが，日本では近年中小企業においても後継者不足，人材不足により事業承継の問題が深刻となっており，その解消手段として事業譲渡や分社化といった戦略が注目を浴びている．

　会社分割と事業譲渡は上で述べたように，ともにある会社の事業を別会社に引き継ぐという形式では同一の効果を有する．しかし前者は会社法上の組織再編行為であり，当該会社の事業の全部または一部を他の会社に包括的に承継させる行為である一方，後者は会社法の組織再編行為とはならない．

　両者の契約関係の違いについてみていこう．契約関係に関して，事業譲渡は債権者の個別同意が必要となる個別承継，会社分割は包括承継となり，簿外債務の引き継ぎリスクについて事業譲渡は原則としていないのに対し，会社分割ではそのリスクは残されたままとなる．言い換えると事業譲渡においては，買手は契約書に明示されない債務を承継する義務を負うことはないのに対し，会社分割においては債権者保護手続は必要となるものの，事業に関連する債権・債務も包括的に新会社または既存の会社へ承継が可能である．買手が売手の債務状況を十分に調査できない場合は，事業譲渡の手法を用いるほうが望ましい．

　しかし債務超過会社が，会社法上債権者保護手続を要求されないかたちで，主要債権者に対する債務を分割会社に残したまま優良事業や重要資産を承継会社に移転させるような会社分割が実施されるという問題が生じてきた．これは分割会社にそのまま残された債権者たちが十分な異議申立の機会を与えられな

いまま債権の弁済をほとんど受けられないこととなる．このような会社分割を悪用した事業再建手法を詐害的会社分割という．この対策の一つとして，平成26年改正会社法において，会社分割をした会社が，承継されない債務の債権者を害することを知りながら分割した場合には，当該債権者は新設会社・承継会社に対して承継した財産の価額を限度として承継されなかった債務の履行を請求できることとされた．

一般的に分社化（会社分割）はその法律上の分類どおりに組織再編を目的として実施されることが多く，その対価としては金銭ではなく株式交換によるケースが多い．一方事業譲渡は資産や事業の売買が目的のことが多く，対価としては金銭のケースが多い．中小企業が売手である場合は，のれんを上乗せした金銭的対価を受け取ることができる一方で，買手側企業にとっては買収コストがかさむことになる．

次節では株式を対価とした会社分割（以下では分社化と言う）と金銭による事業譲渡を簡単にモデル化し，株式数と譲渡価格を比較して買手のモニタリング戦略，売手の事業戦略の決定を明らかにする．

2. 事業戦略の選択

2.1 基本モデル

株式を対価とした分社化という戦略においては詐害的会社分割の可能性もあると認識していることから，買手と売手による株式交換の同意後に，買手が当該事業についてモニタリングを行うと想定する．モニタリングを行うと確率pでモニタリングは成功し事業価値がV_mであることがわかり，確率$1-p$でモニタリングは失敗し，このとき事業価値は共有知識としてのVとして観察される．モニタリングコストはm（>0）で定数であるとする．他方事業譲渡においては債権債務に関する契約関係は個別承継であり，詐害的な事業譲渡は起こりにくいことを反映し，買手によるモニタリングは行われないものとする．事業譲渡の場合は追加情報がないので，買手にとっての企業価値は，Vのままである．

また対価とする株式数と譲渡価格について，分社化においてはモニタリング

結果を反映した事業価値に相当する株式を引き渡す一方で，事業譲渡の金銭対価は共有知識としての事業価値を反映した譲渡価格であると想定することは妥当である．

初めに事業譲渡について考察する．事業譲渡に関して売手と買手の同意と同時に，譲渡価格についても決定される．売手の当該事業に関する評価額は V_S であり，買手の評価額は $V+\alpha$ $(V>V_S)$ で，α は買手が当該事業を保有することによるシナジー効果を反映した評価額の増分であるとする．買手と売手の交渉力が等しいと仮定すると，譲渡価格は以下となる．

$$\frac{V_S+V+\alpha}{2}$$

買手企業の譲渡を受けた段階での利得は

$$\Pi_B^t = V+\alpha - \frac{V_S+V+\alpha}{2} = \frac{V+\alpha-V_S}{2} \tag{1}$$

一方，譲渡した売手企業の利得は

$$\Pi_S^t = \frac{V_S+V+\alpha}{2} - V_S = \frac{V+\alpha-V_S}{2} \tag{2}$$

つぎに分社化において，モニタリングが成功すれば買手にとって企業価値が V_m であることがわかるが，この V_m と V の大小関係についてはここでは特段の仮定を置かない．$V_m<V$ の場合は，分社化を検討している当該事業について，企業価値が低くなる可能性があることを想定しており，逆に $V_m>V$ の場合は，企業価値がより高くなる可能性があることを想定している．分社化においては買手・売手ともに，買手企業の総株式数に占める保有株式の比率が変化することに注意しなければならない．

モニタリングが成功した場合の買手の評価額は V_m であり，売手の評価額は V_S である．買手企業の1株あたりの株価を P_B とし，買手企業の総株式数を s_B とする．売手の他事業から得られる利益を A (>0) とすると，株価 P_B はモニタリング結果を反映させつぎのように表すことができる．

$$P_B = \begin{cases} A+V & （モニタリング失敗のとき） \\ A+V_m & （モニタリング成功のとき） \end{cases}$$

お互いの評価額が明らかになったうえで交換すべき価値(金額評価)は $(V_m+V_S)/2$ である.これにより $(V_m+V_S)/2=P_B t_B=(A+V_m)t_B$ なる t_B ($<s_B$) が一意に決まる[2].

モニタリングが成功した場合の買手企業の利得は

$$\Pi_B^s = V_m - t_B P_B = V_m - \frac{V_m+V_S}{2} = \frac{V_m-V_S}{2} \tag{3}$$

一方,売手企業の利得は

$$\Pi_S^s = t_B P_B - V_S = \frac{V_m+V_S}{2} - V_S = \frac{V_m-V_S}{2} \tag{4}$$

モニタリングが失敗した場合,買手の評価額は V のままであり,売手の評価額は V_S である.買手企業の1株あたりの株価は $P_B=A+V$ であり,買手企業の総株式数を s_B とすると,お互いの評価額が明らかになったうえで交換すべき価値(金額評価)は $(V+V_S)/2$ である.これにより $(V+V_S)/2=P_B t'_B=(A+V)t'_B$ なる t'_B ($<s_B$) が一意に決まる.

これにもとづいて買手企業の利得は

$$\Pi_B^f = V - t'_B P_B = V - \frac{V+V_S}{2} = \frac{V-V_S}{2}$$

一方,分社化した売手企業の利得は

$$\Pi_S^f = t'_B P_B - V_S = \frac{V_S+V}{2} - V_S = \frac{V-V_S}{2}$$

以上から,分社化を検討しモニタリングを行った場合,買手企業の期待利得は以下となる.

$$E\Pi_B = p\frac{V_m-V_S}{2} + (1-p)\frac{V-V_S}{2} - m \tag{5}$$

モニタリングを行った場合,売手企業の期待利得は以下となる

$$E\Pi_S = p\frac{V_m-V_S}{2} + (1-p)\frac{V-V_S}{2} \tag{6}$$

---

[2] このとき売手は買手企業の株式を t_B 単位もらい,売手は売手企業の株式を t_B/s_B の割合だけ保有することになる.買手は $(s_B-t_S)/s_B$ の割合だけ保有する.

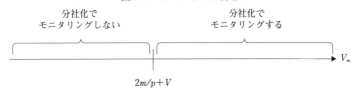

図 9-2 モニタリング戦略

つぎにこのモニタリングを行った場合の買手の期待利得と，モニタリングを行わなかった場合の買手の利得を比較する．モニタリングを行わなかった場合の買手の利得は

$$\Pi_B = \frac{V - V_S}{2} \tag{7}$$

売手の利得は

$$\Pi_S = \frac{V + V_S}{2} - V_S = \frac{V - V_S}{2} \tag{8}$$

モニタリングを行うかどうかは (5), (7) 式の大小関係によって決まるので，売手のモニタリング戦略は $V_m \leq 2m/p + V$ のときモニタリングを行わず，$V_m > 2m/p + V$ のときモニタリングを行う．

図 9-2 の左の範囲においてモニタリングしない分社化と事業譲渡を売手が比較した場合，譲渡したときのほうが利得が高いので，この範囲において売手は事業譲渡を選択する．また，図 9-2 の右の範囲においてモニタリングを行う分社化と事業譲渡を，売手が比較検討する，すなわち (2), (6) 式を比較することによって，つぎの図 9-3 のように 2 つの場合が考えられる．

よって $\alpha \geq 2m$ すなわち $\alpha/p + V \geq 2m/p + V$ のときは事業譲渡が選択される範囲が広くなり，$\alpha < 2m$ すなわち $\alpha/p + V < 2m/p + V$ のときはモニタリングありの分社化が選択される範囲が広くなる．

まとめるとつぎのようになる．分社化においてモニタリングを行わないような，V_m が比較的低い範囲においては，買手は事業譲渡におけるシナジー効果 α が存在することによって，その分だけ譲渡価格が上昇し恩恵を受けることになる．モニタリングコストが増加することによって，その範囲はさらに広がる．モニタリングを行うような V_m が比較的高い範囲においても，シナジー効果 α

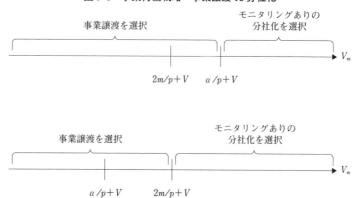

図9-3 事業再編戦略：事業譲渡 vs 分社化

が高まるほど，事業譲渡が選択される範囲はさらに拡大する．

3. 買手によるモニタリングの情報開示

前節までは分社化におけるモニタリングの結果がいったん判明すれば，売手と買手の両者にコストレスにわかる，立証できるものとして議論してきた．しかし現実には買手が自分にとって利益をもたらさない情報開示を積極的に行うとは考えにくい．さらにより一般的には対象となっている事業価値は，既存の情報からわかっている価値だけではなく，これから生み出す将来価値も有している．本来分社化の交渉などにおいては将来価値も含めて算定した評価額を用いるが，本節ではよりわかりやすくするために，交渉においては既存の情報を用いた評価額を用いるものの，行動決定の指針となる目的関数については，その事業が生み出しうる将来価値をも考慮する[3]と想定し，現在と将来を分離して考察する．以下では V_m（$>V$）であるような，事業価値が将来さらに高くなる可能性があるケースに限定して考察する．

まず事業譲渡においては譲渡した段階ですべての権利・契約を買手に渡すことになるので，すべてが譲渡価格に反映される．譲渡された事業が生み出す将

---

3) より具体的には株価の上昇分のうち，保有株式に対応する増加分すなわち配当を考慮する．

来利益はすべて買手のものとなる．契約交渉時点での買手の評価額は，シナジー効果を反映した $V+\alpha$（$V>V_S$）であり，将来価値はシナジー効果がそのまま実現し $V+\alpha$ となる．これによって買手企業の将来価値は，買収した事業の成果を反映して $P_T^1 = P_T^1(V+\alpha)$ という関数として表せる．さらに現在の買手企業の価値を P_T^0 とすると，事業譲渡を受けた後の買手の期待利得は，譲渡価格を $(V_S+V+\alpha)/2$ として次式となる．

$$V+\alpha - \frac{V_S+V+\alpha}{2} + (P_T^1 - P_T^0) = \frac{V+\alpha-V_S}{2} + (P_T^1(V+\alpha) - P_T^0)$$

これに対して売手の利得は次式となる．

$$\frac{V_S+V+\alpha}{2} - V_S = \frac{V+\alpha-V_S}{2} \tag{9}$$

買手が分社化において，モニタリングと情報開示を行うケースでは，モニタリングによって当該事業を引き受けたときの将来事業価値が買手にとってのみ明らかとなる．モニタリングによって仮に企業価値が V_m となることがわかれば，実際にその事業を引き受けた後の価値は V_m となることを意味する[4]．これはモニタリングを行うことにより，当該プロジェクトに適した流通チャネルの開発や新技術の開発・適用等が可能となり，実際に実現する事業価値が上昇することを反映している[5]．

分社化時点での買手企業の企業全体の価値 P_S^0 は，事業を引き受けた後の成果を反映した後に時期の企業価値 P_S^1 をもたらす．企業価値の決定について，ここではあまり深入りすることなく，買手企業の分社化引受前の企業価値を P_S^0（定数）とし，分社化引受後の企業価値 P_S^1 はモニタリング後の売手に対する報告値（V_m か V）とモニタリングによって判明する本当の値（V_m か V）の関数とする．報告値と真実値の組み合わせについて (V, V)，(V_m, V)，(V_m, V_m) の3つが考えられ，(V, V_m) は立証できないため可能性を排除する[6]．

---

[4] 現実には V_m そのものではなく，ある程度の範囲を持った事業価値が実現しうるであろう．
[5] モニタリング結果が良ければ実際のプロジェクト価値も増加し，モニタリングに失敗すればプロジェクト価値 V はそのままであるという意味で，通常の経済学で用いるモニタリングモデルとは少し異なる．言わばモニタリングが隠れた投資となっているモデルであるとも言える．
[6] 企業価値は買手企業の事業全体の価値を反映したものであるが，引受事業以外の既存事業については複雑な考察を避けるため一定であると考える．

この3つの組み合わせがもたらす将来価値について，一般的に次式が想定可能である．

$$P_S^1(V,V) < P_S^1(V_m,V) < P_S^1(V_m,V_m) \tag{10}$$

買手は上記のようにモニタリング活動をひそかに行い，モニタリングに成功したとしても，自社がモニタリングした結果の企業価値は低かったという情報を売手に開示して，価格交渉に臨むことができる．買手はモニタリングの結果としてプロジェクトの真の価値が V_m（$>V$）であるということを知っていたとしても，そのまま報告することは交換対価を高めることになり，将来価値の上昇可能性があっても真の価値を報告しないこともありうる．ここでは1回限りの分社化という取引であることから，売手は当該プロジェクトの事業価値は買手が報告した値であることを信じると考えて妥当である[7]．

買手が当該事業のプロジェクト価値をモニタリングした結果 V_m が判明したが V であったと報告すると，売手は事業価値が V であると信じるので取引対価は $\frac{V_S+V}{2}$ となる．いま買手が対価として渡す株式数を t_b，買手企業の総発行株式数を s_b，分社化後の買手の株式保有割合を ϕ とすると[8]，売手の主観的利得は次式となる．

$$E\Pi_S = \frac{V-V_S}{2} + (1-\phi)(P_S^1(V,V) - P_S^0) \tag{11}$$

モニタリングの結果 V_m が判明したが V であったと報告すると，対価は $(V_S+V)/2$ なので買手が対価として渡す株式数は以下を満たす ϕ^*, t_b^*（$\leq s_b$）となる．

$$\frac{V_S+V}{2} = t_b^* P_S^0 = (1-\phi^*) s_b P_S^0$$

このとき買手の期待利得は，

---

[7] より詳細には，買手が報告した値が立証可能であることをもって対価の交渉にあたり，事後的にプロジェクト価値が報告された値以上であることを知ったとしても，取引は終了しておりそれ以上の交渉はないので結果に影響を与えない．

[8] $\phi = \frac{s_b - t_b}{s_b}$ となる．

第9章 分社化と事業譲渡

$$E\Pi_B = p\left\{V_m - \frac{V_S + V}{2} + \phi^*(P_S^1(V_m, V) - P_S^0)\right\} \\ + (1-p)\left\{V - \frac{V_S + V}{2} + \phi^*(P_S^1(V, V) - P_S^0)\right\} - m \tag{12}$$

モニタリングの結果 V_m が判明し,そのまま V_m であったと報告すると,対価は $(V_S + V_m)/2$ なので買手が対価として渡す株式数は以下を満たす $\phi'^*, t_b'^*$ ($\leq s_b$) となる.

$$\frac{V_S + V_m}{2} = t_b'^* P_S^0 = (1-\phi'^*) s_b P_S^0$$

このとき買手の期待利得は,

$$E\Pi_B = p\left\{V_m - \frac{V_S + V_m}{2} + \phi'^*(P_S^1(V_m, V_m) - P_S^0)\right\} \\ + (1-p)\left\{V - \frac{V_S + V}{2} + \phi^*(P_S^1(V, V) - P_S^0)\right\} - m \tag{13}$$

よって買手のモニタリング後の開示戦略については(12),(13)式を比較し,次式が成立する場合には V_m であっても V として契約交渉を行う.逆の不等号が成り立てばモニタリングで得た結果をそのまま正しく報告する.

$$\frac{V_m - V}{2} \geq \phi\{(P_S^1(V_m, V) - P_S^0)\} - \phi'\{(P_S^1(V_m, V_m) - P_S^0)\} \tag{14}$$

以上はモニタリングを行う選択肢のなかでの話であり,モニタリングを行わない選択肢もある.モニタリングを行わない場合は事業価値については V ($< V_m$) でしかないので,買手の利得は

$$E\Pi_B = V - \frac{V_S + V}{2} + \phi'(P_S^1(V, V) - P_S^0) \tag{15}$$

以上より p の確率で嘘の報告をするとき,モニタリングを実行するのは以下の条件が成立するときに限る.

$$p\{(V_m - V) + \phi^*(P_S^1(V_m, V) - P_S^1(V, V))\} \geq m \tag{16}$$

これはモニタリングをして V_m という価値が判明し実現するときと,モニタリングせず V の価値しかもたらさないときを比較し,自分にとっての事業価

値の差と，将来手にする配当の合計期待額がモニタリングコストを上回るときのみモニタリングを行うことを意味する．

同様にモニタリングの結果，つねに正しい報告をするとき，モニタリングを実行するのは以下の条件を満たすときである．

$$p[(V_m-V)+\phi'^*\{P_S^1(V_m, V_m)-P_S^0\}-\phi^*\{P_S^1(V, V)-P_S^0\}] \geq m \quad (17)$$

これも自分にとっての事業価値の差と，将来手にする配当の合計期待額がモニタリングコストを上回るときのみモニタリングを行うことを意味する．ただし上と違うのは，正しい報告をすることにより事業価値自体は上昇するが，正しく報告したがゆえに売手へ対価として渡す株式が多くなり買手への配当比率は低くなってしまう．

(16), (17) 式の左辺を比較すると (17) 式の左辺のほうが大きいことがわかるので，つねに正しい報告をするという戦略のほうが，モニタリングを行う範囲は広くなる．

もともとの事業戦略の選択に立ち返ると，売手の主観的期待利得は報告値のみに依存するので，価値が V であるという報告を受けたときは (11) 式となり，価値が V_m であるという報告を受けたときは以下となる．

$$E\Pi_S = \frac{V_m-V_S}{2}+(1-\phi)(P_S^1(V_m, V_m)-P_S^0) \quad (18)$$

どちらにしても分社化における報告値の上昇は，買手にとって自社の利益に与える影響は正負両方の可能性があるが，売手の利益に対しては，受け取る配当割合と配当金額の双方を増加させる効果があることがわかった．

以上のまとめとして，V, V_m という変数の増加は分社化において事業自体の価値を高めるが，それと同時に分社化の対価を上げ，買手の将来受取配当比率を下げることになり，全体的な効果は一概に決まらない．明示的な分析は省略するが，売手にとっては報告値 V の上昇は，相対的にみて分社化の魅力を増加させることになる[9]．本節で想定していたような，モニタリングによって $V_m(>V)$ となる可能性のある優良プロジェクトの場合は，売手に事業再編

---

[9] 売手の利得 (9), (11), (18) 式を V または V_m で微分することにより明らかになる．

戦略の決定権があるので，事業譲渡によほどのシナジー効果があると立証されない限りは分社化が選択されやすいということがわかった．

4. 売手による対象事業の選択

前節の基本モデルにおいては，当該プロジェクトに対する売手の評価額や買手の評価額の決定過程については触れていなかった．しかし実際はプロジェクトの性質や実行状況によって決まるものであり，各自の知り得た情報とそれにもとづく決定によって変化しうる．

そこで本節では事業譲渡あるいは分社化の決定の際にはプロジェクトの性質が未知であり，買手が当該事業を入手した後にプロジェクトの性質が明らかとなると想定し，事業譲渡，分社化のそれぞれにおいて売手がどのような契約を提示するかについて明らかにする．さらにそれらを予想したうえで，売手が事業再編戦略として事業譲渡を選択するのか，分社化を選択するのかについてその条件等を導出し，分社化のほうがより適用範囲が広いことを示していく．

本来事業譲渡や分社化，さらには広くM&Aといった事業戦略を具体的に検討する際には，資産価値を評価するデューデリジェンスが行われるが，第1節で触れた簿外債務も含め，その価値を厳密に正しく評価することは困難である．ある程度の範囲をもって予測することは可能かもしれないが不確実性は完全には取り除くことができない．よって，売手は事業譲渡あるいは分社化の対象事業としてプロジェクトH（生産努力の限界費用が低いプロジェクト）とプロジェクトL（生産努力の限界費用が高いプロジェクト）の2種類を保有しているものとし，どちらを対象とするかを決定できるとする．このことを買手は知っているが，事業譲渡あるいは分社化の契約時にはそのプロジェクトの性質について知ることはできず，入手した後に初めてそのプロジェクトの性質を知ることができる．

上で述べた生産努力について，売手が移転させずそのままプロジェクトを続行させた場合の努力をe_sとし，その費用関数はプロジェクトHに対しては$b_H(e_s)^2/2$，プロジェクトLに対しては$b_L(e_s)^2/2$とし，プロジェクトの性質を反映し$b_H<b_L$であるとする．買手にプロジェクトが渡ったときは，プロジェ

クトH, Lに対する努力をe_bとし，その費用関数をそれぞれ$k_H(e_b)^2/2$, $k_L(e_b)^2/2$とする．プロジェクトの性質と，事業譲渡あるいは分社化のインセンティブを反映し$k_H<k_L<b_H<b_L$を仮定しておく．またそれぞれの生産努力e_s, e_bは当該プロジェクトの成功確率となる．どちらのプロジェクトにおいても成功すると成功収益はS（定数）を得，確率$1-e_s$（あるいは$1-e_b$）で失敗すると収益はゼロとなる．

タイムラインはつぎのようになる．まず$t=0$期において売手がプロジェクトHとLのどちらを対象とするのかを決定する．つぎに$t=1$期において譲渡する場合は譲渡価格を，分社化の場合はもらう株式比率を決定し，買手と契約を結ぶ（決裂する場合もありうる）．その後買手はプロジェクトの性質を認識し，$t=2$期において生産努力を決定し，$t=3$期において収益が確定し，可能な場合は利得の配分が行われる．

4.1 事業譲渡

譲渡価格をTとすると，買手がプロジェクトHの譲渡を受けた場合，期待利得は以下となる．

$$e_b S - \frac{k_H e_b^2}{2}$$

これを最大化する努力水準は$e_b^* = S/k_H$となり，均衡利得は$\frac{S^2}{2k_H}$となる．

同様にプロジェクトLの譲渡を受けた場合，努力水準は$e_b^* = S/k_L$となり，均衡利得は$\frac{S^2}{2k_L}$となる．

さらに同様に売手がプロジェクトを自分で続行した場合には，プロジェクトHに対する努力水準は$e_s^* = S/b_H$となり，均衡利得は$\frac{S^2}{2b_H}$となる．プロジェクトLに対する努力水準は$e_s^* = S/b_L$となり，均衡利得は$\frac{S^2}{2b_L}$となる．よってプロジェクトH（L）の譲渡を決定した場合，前節での売手にとっての事業価値V_Sは$\frac{S^2}{2b_H}\left(\frac{S^2}{2b_L}\right)$である．

買手は契約時点ではプロジェクトの性質がわからないため，事前確率としてpの確率でプロジェクトHを，$1-p$の確率でプロジェクトLを譲渡されると予想しているとする．すると買手の事前での期待利得は以下となる．

第9章 分社化と事業譲渡

$$p\frac{S^2}{2k_H}+(1-p)\frac{S^2}{2k_L}-T$$

売手の最大化問題は,

$$\max_{T}(T-V_S) \tag{19}$$

$$\text{s.t.} \quad p\frac{S^2}{2k_H}+(1-p)\frac{S^2}{2k_L}-T \geq 0 \tag{20}$$

この解は上記の参加制約を等号で満たす T^* である.

以上からプロジェクトHの譲渡を選択したときの売手の均衡利得は, V_S を考慮し, $T-\dfrac{S^2}{2b_H}$ であり, プロジェクトLの譲渡を選択したときは, $T-\dfrac{S^2}{2b_L}$ となり, 初めの仮定より売手はプロジェクトLを譲渡するほうを選択する.

この売手の譲渡戦略を前提とすると, 買手の事後的利得は

$$\frac{S^2}{2k_L}-T=\frac{S^2}{2k_L}-p\frac{S^2}{2k_H}+(1-p)\frac{S^2}{2k_L} \tag{21}$$

$$=\frac{pS^2}{2}\left(\frac{1}{k_L}-\frac{1}{k_H}\right)<0 \tag{22}$$

よってもともと買手はこの事業譲渡契約には合意せず不成立となる.

4.2 分社化

買手側の経営者はオーナー経営者であり株式をすべて保有しているものとする. その全株式のうち ϕ の割合を分社化の事業受渡し対価として売手に渡す契約を考える. 買手は契約時点ではプロジェクトの性質がわからないため, 事前確率として q の確率でプロジェクトHを, $1-q$ の確率でプロジェクトLを分社化されると予想している. このとき他の本業による利益を前節と同じく A として, 買手の事前での期待利得は以下となる.

$$(1-\phi)\left\{q\left(A+\frac{S^2}{k_H}\right)+(1-q)\left(A+\frac{S^2}{k_L}\right)\right\}-q\frac{S^2}{2k_H}-(1-q)\frac{S^2}{2k_L} \tag{23}$$

プロジェクト i ($i=H, L$) の分社化を決定したとき, 売手にとっての最大化問題は以下となる (ただし $j\neq i, j=H, L$).

$$\max_{\phi} \phi\left(A+\frac{S^2}{2k_i}-\frac{S^2}{2b_i}\right)+\frac{S^2}{2b_j} \tag{24}$$

$$\text{s.t.} (1-\phi)\left\{q\left(A+\frac{S^2}{k_H}\right)+(1-q)\left(A+\frac{S^2}{k_L}\right)\right\}-q\frac{S^2}{2k_H}-(1-q)\frac{S^2}{2k_L}\geq 0 \tag{25}$$

売手にとってはは大きいほうがいいので,上記の参加制約式が等号で満たされる水準に ϕ を決定する.すると

$$\phi^* = \frac{q\left(A+\frac{S^2}{2k_H}\right)+(1-q)\left(A+\frac{S^2}{2k_L}\right)}{q\left(A+\frac{S^2}{k_H}\right)-(1-q)\left(A+\frac{S^2}{k_L}\right)} \tag{26}$$

となり,この ϕ^* について $\phi^* \leq 1$ であることが確認できる[10].

以上を予想すると,売手にとってプロジェクトHを分社化しようとするときの期待利得は,分社化しないほうのプロジェクトは自社で引き続き実行することを考慮し以下となる.

$$\phi^*\left(A+\frac{S^2}{k_H}\right)-\frac{S^2}{2k_H}+\frac{S^2}{2b_L} \tag{27}$$

一方,プロジェクトLを分社化しようとするときの売手の期待利得は

$$\phi^*\left(A+\frac{S^2}{k_L}\right)-\frac{S^2}{2k_L}+\frac{S^2}{2b_H} \tag{28}$$

よって(28),(29)式を比較してどちらのプロジェクトを分社化するか決定する.この売手のプロジェクト戦略はつぎのようにパラメータによって決まることがわかる.すなわち次式が満たされるときはプロジェクトHを選択し,逆の不等号の場合はプロジェクトLを選択する.

$$\phi^*\left(\frac{S^2}{k_H}-\frac{S^2}{k_L}\right)-\left(\frac{S^2}{b_H}-\frac{S^2}{b_L}\right)\geq 0 \tag{29}$$

上の式の第1項は負であり第2項も負なので全体の正負はパラメータに依存する.相対的にみると,売手のプロジェクト間の限界費用の差が大きければプロジェクトHを選択し,買手と売手のプロジェクト間の限界費用の差が大き

---

[10] この ϕ' について $\phi' \times$ (株価)が交換価値となる.

ければプロジェクトLを選択することがわかる．

最後に以上の予想のもとで買手の利潤は，プロジェクトi ($i=H, L$) に対して

$$\left(A+\frac{S^2}{k_i}\right)-\frac{S^2}{2k_i}>0 \qquad (30)$$

よってどちらのプロジェクトであっても利潤は正となり，ここでの分社化契約を受け入れることがわかった．

以上の分析をまとめると，事業譲渡が成立しないときでも，分社化は受け入れられやすいことがわかった．これは，分社化が買手の株式を対価として渡すことにより，売手の利得が1回限りの金銭譲渡と異なり，自らが分社化する事業のこれから得る収益であることから，買手にとっての利得が売手にとっての利得と一部一致することから生じている[11]．

5. おわりに

以上，基本的なモデルから始まり，さらに2つの発展バージョンを用いて分社化と事業譲渡という事業再編戦略の選択を考察してきた．第2節のモニタリング結果がそのまま売手と買手に間違いなく伝わる場合には，買手がモニタリングを行わなければプロジェクト価値が高いことが明らかにならず，ひいては受渡価格を低く抑えられるという効果があった．その結果として売手はシナジー効果が明らかである事業譲渡を選択する範囲が広くなっていた．第3節と第4節では，売手と買手双方の戦略を導いた結果として，理論的には分社化のほうが適用範囲が広いということがわかった．

第1節で述べたように，事業譲渡は個別承継で分社化は包括承継であり，事業譲渡ではデューデリジェンスを含め対象となる事業に関する情報をなるべく明らかにしたうえで検討されているが，分社化はある程度曖昧な情報であっても売手と買手が今後もなんらかの関係をもって存続していくケースが多いことが影響していると思われる．

---

11) これは役員報酬におけるストックオプションを思い出してもらうとわかりやすいだろう．

以上から事業譲渡と分社化は，一概にどちらが優れていると判断することはできないが，売手と買手の事業の類似性が高ければ確定的な情報が多くなり事業譲渡が適しており，類似性が低ければいくぶん不確定な情報も多いので分社化が適していると言うことができよう．

◆参考文献

Buenstorf, G. (2009), "Opportunity spin-offs and necessity spin-offs," *International Journal of Entrepreneurial Venturing*, vol. 1, pp. 22–40.

Chemmanur, T. and A. Yan (2004), "A Theory of Corporate Spinoff," *Journal of Financial Economics*, 72, pp. 259–290.

Fulghieri, P. and M. Sevilir (2011), "Mergers, Spin-offs and Employee Incentives," *Review of Financial Studies*, 24 (7), pp. 2207-2241.

Hart, O. (1995), *Firms Contracts and Financial Structure*, Oxford University Press. (鳥居昭夫訳『企業　契約　金融構造』慶應義塾大学出版会, 2010 年)

伊藤秀史・林田修 (1997),「分社化と権限委譲─不完備契約アプローチ」『日本経済研究』No. 34, pp. 89–109.

John, T. (1993), "Optimality of Spin-Offs and Allocation of Debt," *Journal of Financial and Quantitative Analysis*, 28, pp. 139–160.

小林磨美 (2005),「企業の所有構造と経営権の配分の決定」『生駒経済論叢』第3巻第1号, pp. 1–16.

Milgrom, P. and J. Roberts (1992), *Economics, Organization and Management*, Englewood Cliffs. (奥野正寛・伊藤秀史・今井晴雄・西村理・八木甫訳『組織の経済学』NTT 出版, 1997 年)

宮島英昭 (2007a),「日本の M&A の経済分析：その国際的特徴と経済的役割」RIETI Discussion Paper Series 07-J-026.

宮島英昭編 (2007b),『日本の M&A 企業統治・組織効率・企業価値へのインパクト』東洋経済新報社.

中村直人・山田和彦『会社分割の進め方　第3版』日本経済新聞社, 2008 年.

大坪稔 (2005),『日本企業のリストラクチャリング──純粋持株会社・分社化・カンパニー制と多角化』中央経済社.

Sapienza, H. J., A. Parhankangas, and E. Autio (2004), "Knowledge relatedness and post-spin-off growth," *Journal of Business Venturing*, 19, pp. 809–829.

柳川範之 (2000),『契約と組織の経済学』東洋経済新報社.

柳川範之 (2006),「第3章 M&A の経済学」「第5章 破綻法制・事業再生」『法と企業行動の経済分析』日本経済新聞出版社.

吉田友紀・三浦功 (2016),「スピンオフ企業の行動規範と親企業の出資戦略」『経済学研究』第82巻第5・6合併号, pp. 147–167.

吉田友紀（2014），「スピンオフと事業譲渡―企業インセンティブと社会的余剰の観点から―」『経済論究』vol. 149, pp. 67-80.

吉田友紀（2017），「スピンオフと権限移譲―企業の独立性の観点から―」『九州共立大学研究紀要』第7巻第2号, pp. 51-58.

第10章 純粋持株会社による経営統合の事後評価に関する実証分析*

川本真哉・河西卓弥

1. はじめに

　1997年に独占禁止法が改正され純粋持株会社が解禁されて以降，多くの企業が純粋持株会社を設立している．純粋持株会社とは，財やサービスの生産は行わず，他社の株式を支配目的で保有することを事業とする会社である[1]．レコフデータ提供のデータを集計すると，純粋持株会社の累計設立件数は着実に増加し，2016年末には492件を数える．いまや日本企業のM&Aのツールとして定着したと言えよう（図10-1）．

　持株会社の設立方式は，「組織再編型」と「経営統合型」の2つに大別することができる（下谷（2009））．組織再編型は，親会社（純粋持株会社）に企業グループ全体の資源配分の役割を集中させ，個別事業は各子会社（傘下企業）が行うことでグループ全体での経営効率の向上を目指すものである．事業部制，カンパニー制，分社化などの種類がある企業の組織形態の一つと考えることが

---

*　本章は2018年日本応用経済学会秋季大会，「企業統治と会社法の経済学」研究会で報告を行う機会があった．葉聰明，内田交謹，齋藤隆志，細江守紀，山下知晃の諸氏から有益なコメントを頂戴した．記して感謝申し上げる．なお，本章の内容や意見は，筆者個人に属し，各々が所属する機関の公式の見解を示すものではない．また，本章の執筆にあたり，川本はJSPS科研費17K03885より助成を受けている．

1)　このほか持株会社には事業を行いながら他社株も保有する事業持株会社が存在する．以下，とくに断りがない限り，持株会社とは純粋持株会社を指すものとする．

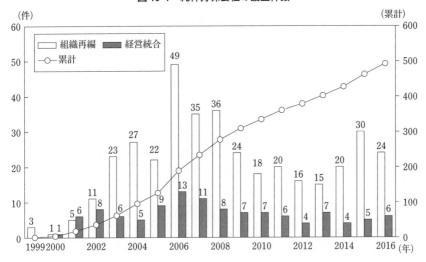

図10-1　純粋持株会社の設立件数

注：調査対象は設立時において上場企業のものである．
出所：レコフデータ「持株会社データ」，同『マール』各月号より作成．

できる．具体例としては，キリンや協和発酵キリンを傘下に持つ，キリンホールディングスがあげられる．

　経営統合型は，複数の企業を統合する際に用いられ，合併の代替手段と考えることができる[2]．基本的にはシナジー効果の獲得など合併と同様の効果を求めるものだが，持株会社では統合企業の法人格が維持されるため，合併の負の側面である統合に伴う人事・組織面での摩擦を抑制することができる．したがって，そのような摩擦が大きいケースでは経営統合型の持株会社が選択されると考えられる．事実，2000年から2016年までに実施された上場企業による経営統合252件のうち101件（40.1%）が持株会社設立をつうじたものであった（図10-2）．具体例としては，バンダイとナムコにより2005年9月に設立されたバンダイナムコホールディングスがある．持株会社設立に伴い傘下企業間で合併が行われるケースが多いが，このケースではホールディングス傘下にバンダイとバンダイナムコエンターテインメント（ナムコがバンダイのゲーム部門

---

[2]　「経営統合」に関しては学術的な定義づけは与えられていない．本章では，企業結合の際に合併方式と持株会社方式を用いるケースを総称して「経営統合」としている．

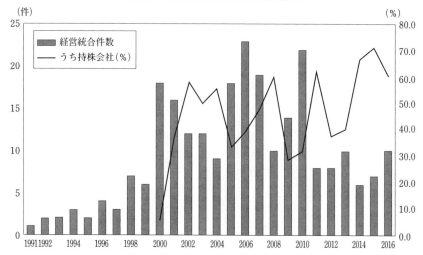

図 10-2　上場企業同士の経営統合件数

注：持株会社方式と合併方式の合計を経営統合件数としている．
出所：図 10-1 と同じ．

を統合し社名変更）が存続している．

　持株会社に関する研究には，主に選択の動機を分析するものと持株会社化によるリストラクチャリングなどの行動の変化や事後的なパフォーマンスを分析するものとがある．組織再編型の持株会社選択の動機に関する分析には，小本（2005），大坪（2005），淺羽（2012）などがあり，事前の多角化の程度，グループにおける親会社の相対的サイズ，同業他社の選択の影響などを検証している．組織再編型の事後的な行動やパフォーマンスに関する分析には大坪（2005），淺羽（2012）などがある．

　他方，経営統合型の持株会社に関する研究には Kawamoto and Saito（2012）があり，動機と事後のパフォーマンスの分析を行っているが，事後パフォーマンスの分析に関しては持株会社群と合併群との単純な比較にとどまり，前者の具体的な特性にまで踏み込んだものではない．そこで本章は，経営統合型の持株会社の事後的な行動とパフォーマンスの分析を行う．具体的には，持株会社化することでリストラ行動がみられ，総資産，従業員数などの指標に変化がみられるのか，ROA などの収益性の指標や売上高成長率などの成長性の

指標に改善がみられるのか，といったことに注目する．

このとき，経営統合型持株会社と代替関係にあると考えられる合併によるパフォーマンス改善効果との比較を行う．それぞれの事後パフォーマンスに違いはみられるのか，それぞれのパフォーマンス改善効果に影響を与えている要因はどのようなものなのかということについて検証を行う．そのような比較により，人事・組織面での摩擦の抑制効果などの持株会社特有の効果の存在を明らかにすることができると期待される．

本章の構成は以下のとおりである．次節では，合併（M&A），持株会社化実施の動機の説明，関連先行研究の紹介をするとともに，いくつかの作業仮説の提示を行う．第3節では，実証分析に用いるデータセットについて説明したうえで，統合方式が事後パフォーマンスに与える影響に関する検証を行う．第4節では，経営統合時の対等性のあり方とパフォーマンスの因果関係についての分析結果を紹介する．第5節は結論と今後の課題にあてられる．

2. 先行研究と作業仮説

2.1 M&A 実施の動機

本章の目的は，経営統合型の持株会社化による事後的な行動，パフォーマンスの変化を分析することであるが，持株会社を利用した経営統合であっても，直接的な合併による経営統合であっても，その目的は共通していると考えられる．そこで，まず M&A を行う動機について概観する．これまで多くの M&A 実施の動機が提示されているが，ここではシナジー効果の獲得と経営者の規律づけについて取り上げる．

シナジー効果は主に規模や範囲の経済によって得られる．規模や範囲の経済は，重複部門の削減，補完的な技術や経営資源の結合，水平的な統合においては市場支配力の強化，垂直的な統合においてはホールドアップ問題などの取引費用の削減，などによってもたらされる．また，被統合企業からの新技術，経営手法，販売網の獲得などによっても企業価値を高めることが期待でき，そのような M&A は新規投資の代替手段であり，時間の節約をもたらす．

M&A が企業価値を向上させるもう一つの要因が，経営者の規律づけ効果で

ある.有用な資産や技術を持っているにもかかわらず,経営者の低い努力水準などにより株価がファンダメンタルズにもとづく株価より割安となっている場合,買収者は経営改善により企業価値を増大させることができる.通常,このような買収は敵対的買収として行われる.

このように M&A はシナジー効果の獲得や経営者の規律づけをとおして企業価値の増加を目指すが,そのような目的が果たされるとは限らない.その理由としては以下の3つのようなものが考えられる.まず,経営者の自信過剰によるM&Aである (Roll (1986)).これは,良好なパフォーマンスが外部環境によるものにもかかわらず,自身の能力によるものと誤解することで過信にもとづく経営改善能力を根拠にM&Aを行うというものである.つぎに,情報の非対称性から買収時に過剰に支払いを行うことで失敗するケースである.最後は,インフルエンス・コストの発生である (Milgrom and Roberts 1992).統合後に旧企業間で既得権益をめぐり自らに有利になるようインフルエンス活動を行うことで非効率性が発生する可能性がある.

それでは,実際に M&A 後に企業のパフォーマンスは向上したのだろうか.米国における研究では,パフォーマンスの向上がみられたとする研究 (Linn and Switzer (2001) など) とみられなかったとする研究 (Moeller and Schlingemann (2005) など) の両方が存在する.日本における研究でも,パフォーマンスの改善効果について相反する結果が得られている.Odagiri and Hase (1989) は,1980 年から 1987 年の M&A 案件では収益性や成長性の改善はみられないと報告している.また,1970 年から 1994 年の M&A 案件を分析した Yeh and Hoshino (2002) においても,収益性の低下とTFP(全要素生産性)で測った生産性の低下が確認されている.

他方,長岡 (2005) は,1985 年から 2003 年までの M&A 案件のパネルデータの分析により,支配権の所在が不明瞭な対等合併のケースでは,統合後の組織融合が不十分なため,非対等の合併案件や合併を経験しなかった企業に比べ,雇用や売上高の成長性に乏しいという結果を得ている.また,Kruse et al. (2007) は,1969 年から 1999 年の M&A 案件で収益性の改善がみられ,とくに異業種間の合併で改善効果が大きいという結果を得た.この結果は範囲の経済の存在を示唆している.滝澤ほか (2012) は,1994 年から 2002 年までの

非上場企業を含むM&A案件の分析を行い,製造業ではパフォーマンスが低下する一方,非製造業では改善されることを確認している.ただし,製造業においても事後の期間に限定すればパフォーマンスの改善がみられ,とくに異業種間の合併ではROAの改善効果が大きいことが確認された.

2.2 経営統合型持株会社化の動機

ここまで,M&A実施の動機(企業価値向上の要因)と実際のパフォーマンス改善効果をみてきたが,ここで持株会社による経営統合を選択する動機に話を移したい.企業が合併ではなく持株会社による統合を選択する理由は,持株会社による統合が上述のM&Aの負の効果を回避する機能を持っているためと考えられる.合併も持株会社による統合もシナジー効果の獲得や経営者の規律づけをとおして企業価値を高めることを目的とすることは同じだが,持株会社による経営統合は合併に比べ,傘下企業が法人格を維持するため,しばしば合併の負の効果として現れる組織融合の摩擦(インフルエンス・コストの発生)を回避することが可能となるからである.

また,持株会社による統合は参加企業の法人格を維持するという特性から統合参加企業のブランドの独立性も維持されやすい.したがって,ブランドの存在が高い収益性の確保のうえで重要な産業に属する企業は,合併に比べ持株会社による統合を選択すると考えられる(下谷(2007)).事実,ブランドの重要度の高い百貨店では経営統合において持株会社が利用されるケースが多い.

さらに,M&Aは特定の時期に集中して起こるが,その理由としてM&Aの実施に影響を与える外生的要因の存在がある.1つ目は,新古典派的な考え方にもとづくもので,産業ショックをその要因とする.ある産業において,競争環境の変化,技術革新,規制緩和などが起きた場合,その産業に属する企業はそのような変化に対してM&Aで対応する可能性がある.2つ目は,株式市場の非効率性にその要因を求めている(Shleifer and Vishny (2003)).株式市場の非効率性により,ある企業が株式市場において過大評価を受けた場合,その企業の経営者は自社の株式を支払い手段としてM&Aを行うインセンティブを持つというものである.それらのような理由から所属産業においてM&Aのブームが起きた場合も,持株会社による統合は参加企業の法人格を維持する

ため，合併に比べ迅速に統合手続きを完了することができ，ライバル企業に後れをとらず経営統合を行うことが可能となる．

2.3 作業仮説

これらの持株会社による統合の特徴から，経営統合型の持株会社のパフォーマンス改善効果に注目した Kawamoto and Saito (2012) に従い，作業仮説を提示する．なお，実証分析では長岡 (2005) 等の先行研究でも扱われ，実務的にも大きな関心を集めてきた「摩擦回避仮説」に焦点を絞って検証を行う．

では，人事・組織面の摩擦を回避する必要性が高いのは，どのような企業が統合する場合であろうか．まず，企業規模，収益性や成長性，財務状態の健全性，企業年齢などが同等であるような企業同士が統合する場合は，これらに格差がある場合に比較して心理的抵抗が大きくなると考えられる．また，経営統合に参加する企業の社齢がともに高い場合や，属している産業が異なっている場合は，組織文化の違いから摩擦が大きくなりやすいと考えられる．これらのような場合，持株会社を用いたケースのほうが合併を用いたケースよりもパフォーマンス改善効果が大きいと考えられる．

そこで，本章では上述の人事・組織面の摩擦を回避する必要度を表す変数のうち，規模格差変数（$RTASSET$）とどの程度対等性に配慮して統合を行ったかを表す対等性スコア（$ESCORE$）を用いる（両変数の作成方法は第4節を参照）．総資産で測った買収企業と被買収企業の規模格差が小さいほど統合の摩擦が大きくなるが，合併による統合に比べ持株会社による統合のほうが摩擦の回避が容易であるため，事後的な価値創造の効果を生みやすいものと予想される．また，対等性に配慮しているほど，非効率な資源配分を行いやすいと考えられるが，持株会社による統合では，傘下企業間の独立性が高いため，合併による統合に比べそのような資源配分の非効率性は緩和されると推察される．

Kawamoto and Saito (2012) は，2000年から2010年までの銀行・保険業を除いた全上場企業によるパネルデータを用い，合併87件と持株会社による経営統合57件の経営統合後のパフォーマンスについて分析し，統合参加企業の対等性が高い場合に持株会社を用いれば，企業のパフォーマンスが向上するが，そのような効果は合併の場合には観察されないことを明らかにしている．

3. 統合方式は事後的なパフォーマンスに影響するのか

3.1 サンプルとデータセット

　前節で述べた作業仮説を検証するサンプルとして，経営統合を実施した企業と，それと比較するためのコントロール企業から構成されるパネルデータを構築する．まず，経営統合サンプルに関しては，2000年度以降に統合を実施した非金融業の上場企業同士の案件のうち，2016年度までに統合後，1期以上のデータが入手可能で，かつ複数回の統合を実施していない企業を対象とした[3]．経営統合案件の特定は，レコフデータ社提供の上場企業同士の合併データから行い，財務情報に関しては，日経 NEEDS-FinancialQueset から入手した．また，統合前のデータについては，当事者同士の諸変数を合算することにより仮想の統合企業を作成し，統合後のデータに接続することにした．このような手続により，持株会社案件60件，合併案件96件，計156件の統合が分析の対象となった．

　一方，コントロール企業に関しては，イベント（＝経営統合の実施）の事後的なパフォーマンスへの影響を厳密に測定するため，イベント前において統合企業と可能な限り性質が近似した企業を選択する必要がある．本章では，Barber and Lyon（1996）の手法にもとづいて欧州諸国における非公開化企業のペア企業を選定した Croci and Giudice（2014）の手続を参考に，①産業属性，②企業規模，③パフォーマンスの3つの尺度で統合企業とコントロール企業とをマッチングさせ，この要求に応えることとした．具体的には，統合1期前において[4]，①日経業種分類（中分類）で同業種に属し，②総資産額が統合企業の70％から130％に入り，③ROA が最も近い企業を抽出した[5]．

---

[3] 期間中，複数回統合を行っている場合，いずれの統合がパフォーマンスに影響を与えているのかを識別できないため，このような措置を行った．

[4] 上場廃止日直後に訪れる決算期を0期とし，その直前の決算期を－1期，その直後の決算期を＋1期として識別している．

[5] 異常値処理として，後述する売上高成長率，総資産成長率，従業員数成長率の成長性の各指標については，1以上（2倍以上になったケース）と0.5以下（1/2以下になったケース）の企業を除外した．

以上のサンプルをプールし，2000年度から2016年度までのパネルデータを構築し，実証分析に用いた．サンプルサイズは，企業×年度でみて4,532となり，そのうち統合企業数は2,303（持株会社900，合併1,403）となっている[6]．

3.2 推計式

経営統合のパフォーマンスへの影響を検証するため，LBO（Leveraged Buyouts）の実施が事後的なパフォーマンスに与える効果を測定したBoucly et al. (2011)等の先行研究での定式化を参考に，以下のような推計式を固定効果モデルで推計する．

$$PERF_{it} = \alpha + \beta_1 POST_{it} + \beta_2 POST_{it} \times INTEG_i + \beta_3 DA_{it-1} + \beta_4 SIZE_{it-1} + YD_t + u_i + \varepsilon_{it} \quad (1)$$

添え字のiは企業を，tは時点を，uは企業固有の効果を表している．

被説明変数の$PERF$は企業パフォーマンスを表しており，ここでは先行研究でも扱われてきた収益性と成長性に着目する．収益性としては総資産経常利益率ROA，成長性としては対前年度比の売上高成長率$DSALES$，総資産成長率$DASSET$，従業員数成長率$DLABOR$を取り上げる．ROAはさらに，収益力を表す売上高経常利益率$SLSPRF$（＝経常利益／売上高）と，経営効率を表す総資産回転率$ASSTRN$（＝売上高／総資産）に分解して，収益率変動の要因をより詳細に特定する．

一方，説明変数の$POST$は買収1期後の決算以降に1を，買収実施0期以前には0を割り当てるダミー変数であり，経営統合企業，コントロール企業に共通して与えられる．また，M&Aの効果は時間経過とともにより明確に出る可能性がある．いわゆるJカーブ効果（J-curve effect）である．この効果の存在の有無を捕捉するため，$POST$を$POST1$（買収後1期から3期）と$POST2$（買収後4期以降）に分割して推計式に挿入する．$INTEG$は経営統合を実施した企業に1を割り当てる時間共通の変数であり，コントロール企業は

---

[6] サンプルから脱落する企業があるため，統合企業とペア企業の数は一致しない．

0 の値をとる．

また，INTEG 変数は，持株会社方式による統合案件に 1 を与える HC，合併方式の案件に 1 を与える MG に分割される．とくにここで注目すべきは，HC と POST の交差項の効果である．仮に持株会社方式による経営統合が意図したシナジー効果の獲得を実現している場合，この交差項はパフォーマンスに対して正の係数をとることが予想される．その一方で，持株会社方式が組織融合を阻害し，パフォーマンスの改善をもたらしていない，あるいはインフルエンス・コストの発生を抑制することができていないのであれば，この交差項は非有意あるいは負の係数をとるものと考えられる．

なお，ここで注意が必要なのは，これら統合案件には，買手と売手が親子関係である場合や，業種が異なる場合が存在することである．これらは，M&Aの事後的なパフォーマンスに与える有力な特徴として，これまで繰り返し検証がなされてきた．たとえば，滝澤ほか（2012）では，製造業の場合，関係会社合併や異業種間合併ではキャッシュフローや ROA などのパフォーマンスの改善効果が大きいことを確認している．ここでは，分析の焦点となる事後パフォーマンスに対する統合方式（持株会社方式か合併方式か）による効果と，これら当事者間に資本関係がある場合の効果や異業種であることによる効果とを区別するため，グループ内統合を表すダミー変数 GROUP，異業種統合を示すダミー変数 DIFIND を設定し，POST と交差させ推計式に挿入する．

最後に，コントロール変数として，負債比率 DA，総資産対数値 SIZE（それぞれ 1 期ラグ），年次ダミー YD を挿入する．これらの変数によって，パフォーマンスに対する資本構成，企業規模，年次要因の影響をコントロールする．なお，以上の変数の基本統計量は表 10-1 に，パフォーマンス変数の推移は表 10-2 に要約されている．表 10-2 によると，持株会社方式においては，ROAが 4 期後以降，売上高利益率と総資産回転率が 1 期後以降，トリートメント企業（持株会社方式による統合企業）がコントロール企業を上回っている[7]．では，パフォーマンスに影響を与える他の要因をコントロールした場合，こうし

---

[7] 表 10-2 の合併方式の 0 期以前の総資産額において，トリートメント企業がコントロール企業を有意に上回っている．ただし，統合 1 期前に限定すると，両者の総資産の値には有意な差はなく，ペア企業選定の基準は満たしている．

表 10-1 基本統計量

変数	N	平均値	標準偏差	最小値	最大値
パネル A：全サンプル					
INTEG	4,532	0.5082	0.5000	0.0000	1.0000
HC	4,532	0.1986	0.3990	0.0000	1.0000
MG	4,532	0.3096	0.4624	0.0000	1.0000
GROUP	4,532	0.0649	0.2463	0.0000	1.0000
DIFIND	4,532	0.1359	0.3427	0.0000	1.0000
ROA	4,532	0.0503	0.0541	-0.5707	0.4109
SLSPRF	4,532	0.0502	0.0671	-0.5261	0.6463
ASSTRN	4,532	1.2185	0.5919	0.0702	5.3841
DASSET	4,532	0.0280	0.1288	-0.4767	0.9959
DSALES	4,532	0.0307	0.1378	-0.4911	0.9622
DLABOR	4,532	0.0269	0.1269	-0.4990	0.9904
POST	4,532	0.4592	0.4984	0.0000	1.0000
POST1	4,532	0.1368	0.3437	0.0000	1.0000
POST2	4,532	0.3224	0.4674	0.0000	1.0000
DA（1期ラグ）	4,532	0.5463	0.1987	0.0663	1.4731
SIZE（1期ラグ）	4,532	11.7331	1.7129	4.6347	16.3453
パネル B：持株会社サンプル					
GROUP	900	0.0500	0.2181	0.0000	1.0000
DIFIND	900	0.2733	0.4459	0.0000	1.0000
ROA	900	0.0568	0.0514	-0.1587	0.3485
SLSPRF	900	0.0571	0.0800	-0.1706	0.6463
ASSTRN	900	1.2739	0.6305	0.2028	4.1822
DASSET	900	0.0330	0.1327	-0.3896	0.8748
DSALES	900	0.0370	0.1368	-0.4324	0.8922
DLABOR	900	0.0305	0.1410	-0.4990	0.9800
POST	900	0.4622	0.4988	0.0000	1.0000
POST1	900	0.1467	0.3540	0.0000	1.0000
POST2	900	0.3156	0.4650	0.0000	1.0000
DA（1期ラグ）	900	0.5317	0.2001	0.0920	0.9800
SIZE（1期ラグ）	900	12.1459	1.6406	6.2364	15.8673
RTASSET	577	0.3441	0.1395	0.1054	0.7117
ESCORE	577	2.0191	1.0348	0.0000	4.0000
パネル C：合併サンプル					
GROUP	1,403	0.1775	0.3822	0.0000	1.0000
DIFIND	1,403	0.2637	0.4408	0.0000	1.0000
ROA	1,403	0.0466	0.0547	-0.5707	0.2936
SLSPRF	1,403	0.0463	0.0650	-0.4945	0.3745
ASSTRN	1,403	1.2454	0.6026	0.0702	5.1879
DASSET	1,403	0.0267	0.1404	-0.4509	0.9959
DSALES	1,403	0.0319	0.1558	-0.4911	0.9622
DLABOR	1,403	0.0294	0.1422	-0.4606	0.9422
POST	1,403	0.5859	0.4927	0.0000	1.0000
POST1	1,403	0.1775	0.3822	0.0000	1.0000
POST2	1,403	0.4084	0.4917	0.0000	1.0000
DA（1期ラグ）	1,403	0.5833	0.1770	0.1206	1.4057
SIZE（1期ラグ）	1,403	11.6921	1.7281	6.6254	16.3453
RTASSET	807	0.3489	0.1666	0.0204	0.7420
ESCORE	807	1.3209	1.2660	0.0000	4.0000

表 10-2 持株会社方式と合併方式のパフォーマンス推移

	統合時点	持株会社方式			合併方式		
		トリートメント	コントロール	t値	トリートメント	コントロール	t値
ROA	0期以前	0.0553	0.0565		0.0436	0.0461	
	1期後から3期後	0.0518	0.0606		0.0512	0.0420	
	4期後以降	0.0615	0.0452	***	0.0474	0.0523	
売上高利益率	0期以前	0.0515	0.0532		0.0459	0.0439	
	1期後から3期後	0.0529	0.0706	*	0.0499	0.0401	
	4期後以降	0.0687	0.0549	*	0.0454	0.0523	**
総資産回転率	0期以前	1.3231	1.3047		1.2263	1.1757	
	1期後から3期後	1.2041	1.0141	***	1.2861	1.1685	**
	4期後以降	1.2225	0.9533	***	1.2545	1.1790	**
総資産	0期以前	529,302	462,036		456,070	226,487	***
	1期後から3期後	661,586	766,148		495,615	422,851	
	4期後以降	925,009	1,210,157	**	642,171	619,299	
売上高	0期以前	644,926	485,270	**	419,043	245,252	***
	1期後から3期後	706,935	682,730		504,184	450,790	
	4期後以降	902,459	993,687		687,844	621,291	
従業員数	0期以前	7,030	11,327	***	7,961	5,840	
	1期後から3期後	10,785	12,744		9,825	11,994	
	4期後以降	14,369	20,425	***	12,517	14,145	

注1:t値はトリートメント企業とコントロール企業との平均値の差の検定結果を表す.
注2:持株会社方式のサンプルサイズはトリートメント企業が484社(0期以前),132社(1期後から3期後),284社(4期後以降).
コントロール企業が602社(0期以前),98社(1期後から3期後),193社(4期後以降).
合併方式のサンプルサイズはトリートメント企業が562社(0期以前),243社(1期後から3期後),565社(4期後以降).
コントロール企業が832社(0期以前),144社(1期後から3期後),409社(4期後以降).
注3:***,**,*はそれぞれ1%,5%,10%水準で有意であることを表す.

た結果は維持されるのであろうか.以下,上記(1)式にもとづき,次項以降で検証していく.

3.3 基本推計

表 10-3 は,経営統合ダミーと事後的なパフォーマンスとの因果関係の推計結果を表している.INTEG と POST との交差項の効果を中心にみていこう.まず,ROA に対しては,交差項は正の係数をとっているものの,統計的に有

表 10-3 基本推計

	(1) ROA	(2) SLSPRF	(3) ASSTRN	(4) DASSET	(5) DSALES	(6) DLABOR
POST	0.0032	0.0044	0.0133	−0.0060	0.0102	0.0072
	(1.15)	(1.47)	(0.93)	(−0.75)	(1.12)	(0.83)
POST×INTEG	0.0016	0.0004	−0.0329	0.0048	0.0235	0.0022
	(0.52)	(0.13)	(−2.06)**	(0.54)	(2.32)**	(0.23)
DA	−0.0526	−0.0342	0.3870	−0.1264	0.0095	−0.1180
	(−8.03)***	(−4.21)***	(9.86)***	(−5.71)***	(0.38)	(−5.02)***
SIZE	−0.0003	0.0008	−0.2880	−0.1045	−0.0764	−0.0615
	(−0.33)	(0.42)	(−32.46)***	(−20.88)***	(−13.55)***	(−11.56)***
定数項	0.0785	0.0588	4.2608	1.3645	0.9522	0.8195
	(6.58)***	(2.73)***	(40.99)***	(23.27)***	(14.42)***	(13.15)***
年次ダミー	yes	yes	yes	yes	yes	yes
N	4,532	4,532	4,532	4,532	4,532	4,532
グループ数	301	301	301	301	301	301
R^2	0.0367	0.0467	0.2424	0.1721	0.1433	0.0555

注1：上段は係数を，下段括弧内は t 値を示す．
注2：***，**，*はそれぞれ 1%，5%，10% 水準で有意であることを表す．

意とはなっていない（コラム (1)）．また，ROA を分解した SLSPRF と ASSTRN に関しても，交差項は前者に対しては有意な反応を示しておらず（コラム (2)），後者に対しては有意に負となっている（コラム (3)）．本節で用いた推計モデルからは，経営統合が買収後の収益率や経営効率の改善に寄与しているとはいえない．こうしたパフォーマンスに対する M&A の弱い効果は，Odagiri and Hase (1989)，Yeh and Hoshino (2001)，長岡 (2005)，宮島 (2007) などの先行研究の結果と整合的なものとなっている．

成長性指標に関しては，交差項は総資産成長率 DASSET，従業員数成長率 DLABOR に対しては統計的に非有意であるものの（コラム (4)，コラム (6)），売上高成長率 DSALES に対しては 5% 水準で有意に正となっている（コラム (5)）．経営統合が売上高の側面では企業成長を促したものと解釈でき，これは長岡 (2005) と同様の結果となっている．なお，従業員数成長率に対する交差項の効果は，統合方式を分割した推計（表 10-4），J カーブ効果に関する検証（表 10-5，表 10-6）でも同様であり，非有意あるいは有意に正となっている．推計モデルからは，経営統合の実施により「信頼の破壊」（breach of trust;

表 10-4 経営統合方式と事後パフォーマンス

	(1) ROA	(2) SLSPRF	(3) ASSTRN	(4) DASSET	(5) DSALES	(6) DLABOR
POST	0.0040	0.0043	0.0128	−0.0060	0.0101	0.0073
	(1.34)	(1.45)	(0.90)	(−0.74)	(1.11)	(0.85)
POST×HC	−0.0035	0.0050	−0.0921	0.0088	0.0015	0.0150
	(−0.80)	(1.14)	(−4.38)***	(0.74)	(0.11)	(1.18)
POST×MG	0.0040	−0.0010	−0.0051	0.0084	0.0401	−0.0046
	(1.00)	(−0.24)	(−0.27)	(0.77)	(3.27)***	(−0.39)
POST×GROUP	−0.0238	−0.0155	−0.0466	0.0071	0.0083	0.0115
	(−3.68)***	(−2.38)**	(−1.49)	(0.40)	(0.42)	(0.61)
POST×DIFIND	0.0108	0.0031	0.0426	−0.0158	−0.0079	−0.0082
	(2.41)**	(0.68)	(1.96)**	(−1.28)	(−0.57)	(−0.63)
DA	−0.0242	−0.0333	0.3966	−0.1286	0.0093	−0.1200
	(−2.98)***	(−4.08)***	(10.10)***	(−5.79)***	(0.37)	(−5.08)***
SIZE	−0.0059	0.0005	−0.2876	−0.1045	−0.0759	−0.0616
	(−3.25)***	(0.28)	(−32.45)***	(−20.84)***	(−13.46)***	(−11.56)***
定数項	0.1279	0.0612	4.2507	1.3652	0.9466	0.8215
	(5.96)***	(2.84)***	(40.94)***	(23.26)***	(14.33)***	(13.17)***
年次ダミー	yes	yes	yes	yes	yes	yes
N	4,532	4,532	4,532	4,532	4,532	4,532
グループ数	301	301	301	301	301	301
R^2	0.0445	0.0488	0.2462	0.1724	0.1454	0.0561

注1:上段は係数を,下段括弧内はt値を示す.
注2:***, **, *はそれぞれ1%, 5%, 10%水準で有意であることを表す.

Shleifer and Summers(1988))が発生しているとは判断できない.

3.4 統合方式と事後パフォーマンスに関する検証

　総じて,統合案件を均質的に扱った上記の分析では,経営統合が事後的なパフォーマンスに与える影響を検出することはできなかった.そこで第2節の仮説と既述の推計式にもとづき,統合方式で分割した効果の検証を試みたのが表10-4である.前項と同様,POSTダミーと統合方式(HC, MG)との交差項の効果を中心に観察する.

　まず,ROAに対しては,上記の分析結果と同様,HCとPOSTの交差項は有意な影響を与えていない(コラム(1)).本章の分析からは,持株会社方式による経営統合が,事後的なパフォーマンスの改善をもたらしているとは判断で

きない．ROAを収益性と効率性に分解したところ，総資産回転率ASSTRNが持株会社方式による統合の場合，1％水準で有意に負となっている（コラム(3)）．持株会社方式での統合後，経営効率性が悪化しているものと解釈できる．この原因の一つとして，持株会社による経営統合後のM&Aの実施が考えられる．実際，経営統合型，組織再編型を問わず，持株会社に移行後，多くの企業で他社の買収がなされており[8]，実証的にも持株会社への移行後，M&Aの実施確率が上昇することが確認されている（蟻川・宮島（2008））．前述のように，持株会社には機動的なM&Aを容易にするというメリットがあるが，このような特性が，事後的な資産の上昇をもたらす反面，十分な売上高の増加につながらず，回転率の低下を引き起こしている可能性がある．

合併方式MGの効果に関しては，POSTとの交差項はROAとそれを分解したSLSPRF，ASSTRNに対し有意となっていない．上記の持株会社方式による結果と合わせて考えると，統合方式によってパフォーマンスの差異が生じているとはいえない．もっとも，DSALESが被説明変数のモデルでは（コラム(5)），この交差項は有意に正となっており，合併方式によって統合がなされている場合，事後的に売上高が伸びているものと解釈できる．なお，ROAに対し，異業種統合ダミーDIFINDとPOSTとの交差項は有意に正，グループ内統合GROUPとPOSTとの交差項は有意に負となっており（コラム(1)），異業種統合の場合，パフォーマンスは改善傾向にある一方で，親子間統合の場合，パフォーマンスは悪化傾向にあるという結果が得られている．

3.5 Jカーブ効果に関する検証

Jカーブ効果の有無に関しては，**表10-5**と**表10-6**で検証されている．まず，INTEGダミーと期間分割されたPOST変数との交差項の効果をチェックした推計によると，いずれのパフォーマンス指標に対しても，POST2との交差項は有意にポジティブな影響を与えていない（**表10-5**）．経営統合案件全体でみ

---

[8] たとえば，三菱化学は子会社の三菱ウェルファーマと三菱ケミカルホールディングスを2005年10月に設立したが，設立の理由を三菱化学・富沢龍一社長（当時）は「M&Aや他社との連携を容易にするため」（「三菱化・三菱ウェル　持ち株会社設立」『日経金融新聞』2005年4月27日）と語っており，事実，2007年10月には田辺製薬を傘下に組み入れ三菱ウェルファーマと合併させている．

表 10-5 Jカーブ効果に関する検証1：全経営統合

	(1) ROA	(2) SLSPRF	(3) ASSTRN	(4) DASSET	(5) DSALES	(6) DLABOR
POST1	0.0032	0.0036	0.0056	−0.0136	0.0013	−0.0051
	(0.95)	(1.06)	(0.34)	(−1.47)	(0.13)	(−0.52)
POST2	0.0065	0.0069	0.0179	0.0092	0.0158	0.0225
	(1.89)*	(2.00)**	(1.07)	(0.97)	(1.49)	(2.25)**
POST1×INTEG	0.0007	−0.0006	−0.0201	0.0060	0.0379	0.0141
	(0.17)	(−0.14)	(−1.01)	(0.53)	(2.99)***	(1.18)
POST2×INTEG	0.0018	0.0013	−0.0407	0.0051	0.0148	−0.0043
	(0.51)	(0.34)	(−2.32)**	(0.52)	(1.32)	(−0.41)
DA	−0.0276	−0.0351	0.3876	−0.1305	0.0100	−0.1206
	(−3.40)***	(−4.31)***	(9.86)***	(−5.90)***	(0.40)	(−5.12)***
SIZE	−0.0055	0.0010	−0.2879	−0.1034	−0.0763	−0.0606
	(−3.02)***	(0.53)	(−32.39)***	(−20.65)***	(−13.50)***	(−11.38)***
定数項	0.1253	0.0570	4.2594	1.3546	0.9503	0.8109
	(5.83)***	(2.64)***	(40.92)***	(23.11)***	(14.38)***	(13.01)***
年次ダミー	yes	yes	yes	yes	yes	yes
N	4,532	4,532	4,532	4,532	4,532	4,532
グループ数	301	301	301	301	301	301
R^2	0.041	0.0476	0.2426	0.1747	0.144	0.0575

注1：上段は係数を，下段括弧内は t 値を示す．
注2：***，**，*はそれぞれ1%，5%，10%水準で有意であることを表す．

た場合，Jカーブ効果の存在は認められない．

　その一方で，持株会社による統合に目を向けると，ASSTRNに対しPOST1においてもPOST2においてもHCとの交差項は有意に負となっており，期間をつうじ回転率は悪化している（表10-6，コラム (3)）．ただし，POST2との交差項において，SLSPRFに対しては有意水準5%で有意に正となっている（コラム (2)）．統合後，期間が経過するにつれ，収益力が改善しているということになり，この側面においてJカーブ効果が存在するということになる．一方，合併方式MGの効果に関しては，POST1との交差項がDSALESに対して1%水準で有意であったものが，POST2との交差項に目を向けると，有意ではあるが5%水準となっており，係数も小さくなっている（コラム (5)）．上記で確認した合併による売上高成長率に対する効果は，統合前半に依存するものと考えられる．

　最後に，グループ内統合と異業種統合のパフォーマンスに与える効果に関し

表 10-6 Jカーブ効果に関する検証2：経営統合分割

	(1) ROA	(2) SLSPF	(3) ASSTRN	(4) DASSET	(5) DSALES	(6) DLABOR
POST1	0.0030	0.0034	0.0061	−0.0138	0.0011	−0.0048
	(0.90)	(1.00)	(0.37)	(−1.48)	(0.11)	(−0.49)
POST2	0.0064	0.0068	0.0188	0.0087	0.0148	0.0230
	(1.85)*	(1.95)*	(1.13)	(0.92)	(1.39)	(2.30)**
POST1×HC	−0.0057	−0.0021	−0.0730	0.0145	0.0105	0.0444
	(−1.04)	(−0.39)	(−2.75)***	(0.97)	(0.62)	(2.79)***
POST2×HC	−0.0018	0.0104	−0.1029	0.0060	−0.0042	−0.0036
	(−0.36)	(2.12)**	(−4.34)***	(0.45)	(−0.28)	(−0.25)
POST1×MG	0.0034	−0.0015	0.0015	0.0046	0.0593	−0.0049
	(0.69)	(−0.31)	(0.06)	(0.33)	(3.86)***	(−0.34)
POST2×MG	0.0048	−0.0003	−0.0111	0.0129	0.0288	−0.0036
	(1.10)	(−0.07)	(−0.52)	(1.07)	(2.13)**	(−0.28)
POST1×GROUP	−0.0185	−0.0091	−0.0836	0.0319	0.0219	0.0232
	(−2.27)**	(−1.11)	(−2.12)**	(1.43)	(0.87)	(0.98)
POST2×GROUP	−0.0275	−0.0186	−0.0262	−0.0111	0.0033	0.0017
	(−3.99)***	(−2.69)***	(−0.79)	(−0.59)	(0.15)	(0.09)
POST1×DIFIND	0.0089	0.0060	0.0673	−0.0229	−0.0196	−0.0068
	(1.56)	(1.05)	(2.43)**	(−1.47)	(−1.11)	(−0.41)
POST2×DIFIND	0.0121	0.0005	0.0266	−0.0085	−0.0011	−0.0044
	(2.37)**	(0.09)	(1.08)	(−0.61)	(−0.07)	(−0.29)
DA	−0.0248	−0.0337	0.3959	−0.1311	0.0100	−0.1215
	(−3.05)***	(−4.13)***	(10.06)***	(−5.90)***	(0.40)	(−5.15)***
SIZE	−0.0058	0.0007	−0.2869	−0.1038	−0.0760	−0.0609
	(−3.18)***	(0.37)	(−32.30)***	(−20.70)***	(−13.45)***	(−11.42)***
定数項	0.1269	0.0596	4.2428	1.3593	0.9473	0.8144
	(5.91)***	(2.76)***	(40.81)***	(23.16)***	(14.32)***	(13.06)***
年次ダミー	yes	yes	yes	yes	yes	yes
N	4,532	4,532	4,532	4,532	4,532	4,532
グループ数	301	301	301	301	301	301
R^2	0.0459	0.0519	0.2473	0.1761	0.1467	0.0603

注1：上段は係数を，下段括弧内はt値を示す．
注2：***，**，*はそれぞれ1％，5％，10％水準で有意であることを表す．

ては，GROUPとPOST変数との交差項を分割しても一貫して有意に負となっており，DIFIND変数については，POST2との交差項がROAに対し有意に正の影響を与えている（コラム(1)）．異業種統合の場合にJカーブ効果が存在すると判断できよう．

4. 対等性はパフォーマンスの改善を阻害するのか

4.1 推計モデル

つぎに，統合企業間のパワーバランスのあり方や対等性が，事後的なパフォーマンスに及ぼす影響について検証する．ここで注意が必要なのは，対等と一言で表現しても，前述のように，統合企業間の規模などが拮抗しており，実質的に対等な統合であるケースと，（実質的に対等であるか否かは別として）いわゆる「たすき掛け人事」を行うなど，統合企業間で名目的に対等性に配慮するケースが存在することである．「対等性」にはこの 2 通りの意味があることを考慮して，本節では持株会社案件と合併案件をプールしたサンプルを用いて以下のような推計（固定効果モデル）を行う．

$$ROA_{it} = \alpha + \beta_1 POST_{it} + \beta_2 POST_{it} \times EQUALITY_i + \beta_3 POST_{it} \times HC_i \\ + \beta_4 POST_{it} \times EUALITY_i \times HC_i + \beta_5 POST_{it} \times GROUP_i \quad (2) \\ + \beta_6 POST_{it} \times DIFIND_i + \beta_7 DA_{it-1} + \beta_8 SIZE_{it-1} + YD_t + u_i + \varepsilon_{it}$$

$EQUALITY$ 以外の変数の内容は前節と同様である．$EQUALITY$ は対等性を代理する変数であり，$RTASSET$ と $ESCORE$ に分割される．$RTASSET$ はレコフデータ社提供の「持株会社データ」の定義にもとづく当事者 2 （主に被買収側企業）の総資産を当事者 1 （主に買収側企業）の総資産で除したものであり，統合企業間の規模比率を表す．同変数は統合企業間の実質的な対等性の側面に着目したものであり，この値が高いほど，統合企業間で規模格差が小さいということとなる[9]．事後的なパフォーマンスに与える効果としては，対等性の高い案件ほど，合併方式に比べ持株会社方式のほうが摩擦の回避が容易になるのであれば，ROA に対して $POST \times RTASSET \times HC$ の符号は正になると予想される．その一方で，対等性の高い案件ほど持株会社方式を使った場合に組織の融合が進まないとするならば，同交差項の係数の符号は負となると

---

[9] $RTASSET$ に関しては，当事者 1 より当事者 2 の方が総資産が大きかったケースは存在しなかったので，同指標は 1 以下の値をとることとなる．なお，同変数については統合 1 期前の値で指標を作成している．

考えられる．

　ESCORE は対等性スコアを示し，上記の名目的な対等性を表現する変数である．本章では同変数を作成するにあたって，Kawamoto and Saito（2012）を参考に，設立新会社の，①存続会社，②社名，③社長，④本社所在地のいわゆる「4 種の神器」に注目した．なぜなら，日本企業の経営統合において，対等性に配慮する必要性のある場合，これらの項目を可能な限り統合企業間で分け合うという慣行がみられるからである．具体的な作成の手順としては，統合に参加する 2 社の企業を，上記と同様に当事者 1，当事者 2 とし，上記 4 項目について，以下のように点数を与えた[10]．

　①存続会社（当事者 1 が存続＝1，当事者 2 が存続＝－1，両社とも消滅＝0）
　②社名（当事者 1 が優先＝1，当事者 2 が優先＝－1，新社名＝0）
　　旧社名の頭文字の結合は原則，先頭に来るほうを優先．
　③社長（当事者 1 から就任＝1，当事者 2 から就任＝－1，外部人材の登用＝0）
　　新社長が当事者 1 と 2 のトップを兼ねていた場合は，在職年数から出身企業を判断．
　④本社所在地（当事者 1 の本社所在地＝1，当事者 2 の本社所在地＝－1，新所在地／当事者 1 と 2 の所在地が同一＝0）

　これらを足し合わせたものの絶対値を計算して 4 から引くことで，最小値が 0，最大値が 4 の対等性スコアを得る．数値が高いほど，対等性が高いことを示す．仮に対等性への配慮が統合後の組織融合を阻害しているとするならば，同スコアが高いほど事後的なパフォーマンスは改善しない，もしくは悪化するものと予想される．なお，**表 10-1** に対等性スコアと経営統合の手段の関係をまとめている．予想どおり，持株会社を利用する案件で対等性が高く，平均値でみて合併方式 1.32（パネル C）に対し持株会社方式 2.02（パネル B）となっている．

---

[10] スコアを作成する必要から，3 社以上の統合案件はここではサンプルから除いている．

表 10-7 統合特性の効果に関する検証1：持株会社と合併プール

	(1) ROA	(2) ROA
POST	−0.0066	−0.0058
	(−0.91)	(−1.25)
POST×HC	−0.0325	−0.0109
	(−3.11)***	(−1.33)
POST×RTASSET	0.0042	
	(0.25)	
POST×RTASSET×HC	0.1057	
	(3.89)***	
POST×ESCORE		0.0012
		(0.59)
POST×ESCORE×HC		0.0074
		(1.91)*
POST×GROUP	−0.0074	−0.0083
	(−0.99)	(−1.13)
POST×DIFIND	0.0086	0.0046
	(1.89)*	(1.02)
DA	−0.0206	−0.0180
	(−1.51)	(−1.32)
SIZE	−0.0053	−0.0066
	(−1.81)*	(−2.26)**
定数項	0.1201	0.1342
	(3.52)***	(3.92)***
年次ダミー	yes	yes
N	1,384	1,384
グループ数	90	90
R^2	0.0825	0.0693

注1：上段は係数を，下段括弧内はt値を示す．
注2：***，**，*はそれぞれ1％，5％，10％水準で有意であることを表す．

4.2 推計結果

推計結果は**表 10-7** と**表 10-8** に要約されている．紙幅の都合上，ROAに対する効果のみを報告する．まず，**表 10-7** に目を向けると，POST×RTASSET×HCの交差項が1％水準で有意に正となっている（コラム（1））．これは，持株会社方式の場合，統合企業間で規模比率が縮まるほど，統合後のROAは改善

表 10-8　統合特性の効果に関する検証 2：J カーブ効果

	(1) ROA	(2) ROA
POST1	0.0000	−0.0077
	(−0.00)	(−1.41)
POST2	−0.0095	−0.0012
	(−1.09)	(−0.21)
POST1×HC	−0.0411	−0.0022
	(−3.10)***	(−0.21)
POST2×HC	−0.0276	−0.0170
	(−2.27)**	(−1.83)*
POST1×RTASSET	−0.0124	
	(−0.61)	
POST2×RTASSET	0.0203	
	(1.00)	
POST1×RTASSET×HC	0.1367	
	(3.88)***	
POST2×RTASSET×HC	0.0852	
	(2.73)***	
POST1×ESCORE		0.0031
		(1.21)
POST2×ESCORE		−0.0002
		(−0.08)
POST1×ESCORE×HC		0.0033
		(0.65)
POST2×ESCORE×HC		0.0099
		(2.32)**
POST1×GROUP	−0.0171	−0.0147
	(−1.78)*	(−1.56)
POST2×GROUP	−0.0049	−0.0084
	(−0.61)	(−1.07)
POST1×DIFIND	0.0054	0.0016
	(0.95)	(0.28)
POST2×DIFIND	0.0113	0.0072
	(2.12)**	(1.37)
DA	−0.0247	−0.0207
	(−1.80)*	(−1.50)
SIZE	−0.0048	−0.0063
	(−1.65)	(−2.15)**
定数項	0.1176	0.1322
	(3.42)***	(3.85)***
年次ダミー	yes	yes
N	1,384	1,384
グループ数	90	90
R^2	0.0876	0.0735

注 1：上段は係数を，下段括弧内は t 値を示す．
注 2：***，**，*はそれぞれ 1％，5％，10％ 水準で有意であることを表す．

する傾向にあるということを意味する．この ROA に対する $RTASSET$ の効果は大きく，$RTASSET$ の1標準偏差の上昇が，ROA を 0.0147（0.1395×0.1057）引き上げることになる．これは全サンプルの ROA 平均値の 29.2% に相当するものであり，無視できない大きさである．経営資源が豊富で拮抗している相手との統合は，価値創造の余地が高い反面，統合後の摩擦も大きいものと予想される．そのような統合のケースにおいて持株会社方式を利用した場合，摩擦を回避しつつも統合効果を享受することが可能になっているものと推察される．

一方，$POST \times ESCORE \times HC$ の交差項に関しては，10%水準ではあるがプラスに有意となっている（コラム（2））．持株会社方式においては対等性スコアが高い案件ほど事後的なパフォーマンスも高まるということになる．この結果は，対等性への配慮が一律に否定されるべきものではなく，統合する際に選択される組織形態によってその効果は異なるということを意味している．

表 10-8 は $POST$ 変数を分割し，J カーブ効果と対等性の交互作用がパフォーマンスに与える影響を観察した推計である．統合企業間の規模比を表す $RTASSET$ と $POST$，HC の交差項が正に有意となっているのは前表の結果と同様である（コラム（1））．期間にかかわらず，規模の拮抗した相手と統合する場合に持株会社方式のパフォーマンス優位性がみてとれる．

興味深いのは，対等性スコアの効果である．$ESCORE$ と $POST$，HC の交差項は，$POST1$（1期後から3期後）の場合では非有意であるが，$POST2$（4期後以降）との交差項になると有意に正となっている（コラム（2））．統合方式によって対等性への配慮の程度がパフォーマンスに与える影響が分かれるということになる．この結果のより厳密な裏づけは今後の課題であるが，対等性への配慮が迅速な組織融合を目指す合併方式においてはネガティブな影響をもたらす反面，株会社案件においてはそれが人的資産の保護等につながり，長期的にはパフォーマンスにポジティブな影響を与えている可能性が指摘できる．

5. 結論と課題

本章では，1997年の解禁を受け，2000年前後から急増した純粋持株会社化をつうじた経営統合が事後的なパフォーマンスに与えた影響について，従来型

の合併による場合との違いに着目して検討を行った．分析の結果，つぎのような点が明らかにされた．第1に，統合前の業種，収益性，規模で近似させたコントロール企業と比較したところ，経営統合は事後的なパフォーマンス改善を実現しているとは判断できないという結果が得られた．これはサンプルを持株会社と合併に分割しても同様であった．むしろ，合併方式においては売上高の成長が観察されたのに対し，持株会社方式の場合は資産効率の悪化が観察された．本章の検証からは，統合前に意図した価値創造や合理化の効果を日本企業が享受できていない状況が浮き彫りとなった．

第2に，期間の経過とともにパフォーマンスが改善しているか否かの検証（Jカーブ効果）についても，ROAに対しては持株会社方式，合併方式ともにそうした効果は存在しないことが明らかとなった．もっとも，合併方式の売上高成長率に対する効果が前半期に依存する一方で，持株会社方式の売上高利益率は後半期に改善しており，一部ではあるが持株会社をつうじた経営統合にJカーブ効果が存在する側面もみられた．

第3に，統合企業間の対等性が事後的なパフォーマンスに与えた影響に関する検証からは，持株会社方式では統合企業間の規模が接近している案件ほど，事後的なパフォーマンスの改善がなされていることが確認された．経営資源が豊富な相手と統合することでより大きな価値創造効果が期待されるが，持株会社方式がその際に発生する組織融合の摩擦を抑制することで，そうした効果を十分に獲得することを可能ならしめているものと考えられる．また，対等性スコアを用いた検証からは，持株会社方式と合併方式で結果が異なり，後者に比べ前者では対等性への配慮が長期的なパフォーマンス改善を実現しているということがわかった．これは興味深い結果であり，持株会社方式を利用し人事・組織の摩擦の緩和に配慮することは，従業員のモチベーションの維持等をつうじ，長期的な統合効果の享受を実現するという点で一律に否定されるべき意思決定ではないということを示している．

最後に本章に残された課題について述べておきたい．まず，コントロール企業のより精緻な選択が必要である．本章では，これまで蓄積されてきた先行研究との比較の観点から，事前の収益性，企業規模，業種で近似させた企業を統合企業のペアとしたが，近年の研究では傾向スコアマッチング（propensity score matching）を使用して，より多元的な尺度でコントロール企業を抽出する研究も存在する．同手法を用いて本章の結果の頑健性をチェックすることが不可欠である．また，持株会社方式による統合後の組織形態のあり方が事後的なパフォーマンスに与える影響についても検証することが求められる．本章では，持株会社移行時の組織形態が持続するとの前提に立って検証を進めたが，実際にはある程度の期間が経過した時点で，傘下子会社間で合併が行われ，機能別に再編されるケースも多い[11]．このような組織再編の有無の影響も考慮して，検証を深めていくことが必要であろう．

◆参考文献

淺羽茂（2012），「なぜ企業は純粋持株会社に移行するのか」TCER Working Paper Series, J-7.

蟻川靖浩・宮島英昭（2008），「どのような企業が M&A を選択するのか：企業統治と組織構造」『一橋ビジネスレビュー』第 56 巻第 3 号，pp. 74-91.

Barber, B. M. and J. D. Lyon (1996), "Detecting Abnormal Operating Performance: The Empirical Power and Specification of Test Statics," *Journal of Financial Economics*, 41, pp. 359-399.

Boucly, Q., D. Sraer, and D. Thesmar (2011), "Growth LBOs," *Journal of Financial Economics*, 102, pp. 432-453.

Croci, E. and A. D. Giudice (2014), "Delistings, Controlling Shareholders and Firm Performance in Europe," *European Financial Management*, 20, pp. 374-405.

Kawamoto, S. and T. Saito (2012), "Business Integration and Corporate Performance under the Pure Holding Company System in Japan," *Japanese Research in Business History*, 29, pp. 53-76.

小本恵照（2005），「純粋持株会社への移行の動機」『年報　経営分析研究』第 21 号，pp. 47-55.

Kruse, T. A., H. Y. Park, K. Park, and K. Suzuki (2007), "Long-term Performance Following Mergers of Japanese Companies: The Effect of Diversification and Affiliation," *Pacific-Basin Finance Journal*, 15, pp. 154-172.

Linn, S. C. and J. A. Switzer (2001), "Are Cash Acquisitions Associated with Better Postcombination Operating Performance Than Stock Acquisitions?" *Journal of Banking and Finance*, 25, pp. 1113-1138.

---

11) 有名な事例としては，2002 年 9 月に日本鋼管と川崎製鉄が統合した JFE ホールディングスのケースであり，早くも 2003 年 4 月には JFE スチール，JFE エンジニアリングなど主要 5 社に再編された（「JFE ファクトブック（第 4 版）」）．

Milgrom, P. and J. Roberts (1992), *Economics, Organization and Management*, Prentice Hall (奥野正寛・伊藤秀史・今井晴雄・西村理・八木甫訳『組織の経済学』NTT 出版, 1997 年).

宮島英昭（2007），「日本の M&A の国際的特徴と経済的機能は何か」宮島英昭編『日本の M&A：企業統治・組織効率・企業価値へのインパクト』東洋経済新報社．

Moeller, S. B. and F. P. Schlingemann (2005), "Global Diversification and Bidder Gains: A Comparison between Cross-border and Domestic Acquisitions," *Journal of Banking and Finance*, 29, pp. 533–564.

長岡貞男（2005），「合併・買収は企業成長を促すか？：管理権の移転対その共有」『一橋ビジネスレビュー』第 53 巻第 2 号, pp. 32–44.

Odagiri, H. and T. Hase (1989), "Are Mergers and Acquisitions Going to be Popular in Japan too?: An Empirical Study," *International Journal of Industrial Organization*, 7, pp. 49–72.

大坪稔（2005），『日本企業のリストラクチャリング：純粋持株会社・分社化・カンパニー制と多角化』中央経済社．

Roll, R. (1986), "The Hubris Hypothesis of Corporate Takeovers," *Journal of Business*, 59, pp. 197–216.

下谷政弘（2007），「持株会社か直接合併か」『マール』154 号, pp. 10–11.

下谷政弘（2009），『持株会社と日本経済』岩波書店．

Shleifer, A. and L. H. Summers (1988), "Breach of Trust in Hostile Takeovers," in A. J. Auerbach (ed.), *Corporate Takeovers: Causes and Consequences*, University of Chicago Press.

Shleifer, A. and R. W. Vishny (2003), "Stock Market Driven Acquisitions," *Journal of Financial Economics*, 70, pp. 295–311.

滝澤美帆・鶴光太郎・細野薫（2012），「企業のパフォーマンスは合併によって向上するか：非上場企業を含む企業活動基本調査を使った分析」『経済研究』第 63 巻第 1 号, pp. 28–41.

Yeh, T. and Y. Hoshino (2002), "Productivity and Operating Performance of Japanese Merging Firms: Keiretsu-related and Independent Mergers," *Japan and the World Economy*, 14, pp. 347–366.

第11章　買収防衛と株主保護

野崎竜太郎

1. はじめに

　本章では，買収される可能性のある企業が買収防衛策を導入することによって，社会的効率性が改善されるかについて分析する．

　企業合併・買収（Merger and Acquisition：M&A）とは，企業の議決権の過半数や一部の事業を買い取ることを指す．すなわち，対象となる企業（以下，ターゲット企業）の経営権や事業を買収することである．買収されたターゲット企業は買手企業の子会社，あるいは完全子会社になる．

　なぜ，企業買収が行われるのだろうか．その目的はさまざまであるが，よくあげられるものとして，①新規事業を開始したい企業が自社で一から始めるより，すでにその事業を行っている他社を買収したときのコストが安い，②その企業を買収することにより企業のシナジー効果[1]が生まれる，③ターゲット企業の潜在的な価値が高いと考えられる，④ターゲット企業の救済，などがある．

　これらの目的のもとで実施される買収は，友好的買収と敵対的買収の2つに大別される．友好的買収とは，買収者がターゲット企業の経営陣の同意を得て実施されるものであり，その手段として株式取得，事業譲渡，組織再編の3つ

---

[1]　2つの事業を同じ組織内で行うことで，相互にメリットの出る作用が期待できる効果．

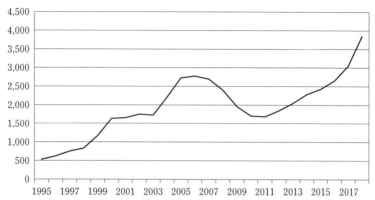

図 11-1　M&A の件数の推移

注：各年末時点の件数，ただし 2018 年は 12 月末までのものである．
出所：レコフ『マール』2019 年 1 月号「M&A 件数と M&A 金額の推移」より筆者作成．

がある．株式取得とは，買収者がターゲット企業の株式を取得するものである．事業譲渡とは，買収者がターゲット企業の事業を譲渡されるものである．そして，組織再編とは，会社法第5編第2章から第4章に規定されている合併，会社分割，株式交換および株式移転を通じて行われるものである．

一方，敵対的買収はターゲット企業の経営陣の同意を得ずに試みられる買収であり，一般的に，ターゲット企業の経営権を支配できる議決権を得るために株式を取得し，総株主の議決権の過半数の取得を目指すものである．金融商品取引法では，株式取得に際し，有価証券報告書を提出する義務のある会社の株式に対し市場外または市場内と市場外の組み合わせ等による買付けで，株券等所有割合が3分の1を超える場合は，原則，公開買付け（TOB：Takeover Bid）で行わなければならないとしている[2]．

では，近年の日本において，実際にどれくらい M&A が起きているかをみてみよう．**図 11-1** は 1995 年以降の日本における M&A の件数の推移を示したものである．

図 11-1 をみてもわかるように，1990 年代後半から M&A の件数は増え始め，

---

2)　買収者が市場内での取得のみで議決権の過半数を取得するケースもありうる．

図 11-2 M&A における TOB 件数の推移

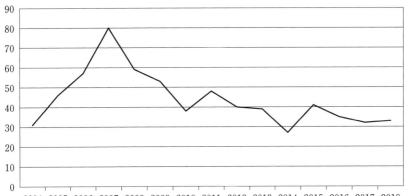

出所：レコフ『マール』2019年1月号「タイプ別 TOB 件数と買付金額の推移」より筆者作成．

1998年から2000年までは急増した後，停滞するが，2003年からまた急増している．リーマンショックの影響から減少するものの，2011年からは再び増加に転じている．

つぎにM&AにおけるTOBの件数をみたものが図11-2であり，2004年から2007年までは増加しているが，その後は減少，増加を繰り返しながら減少傾向にある．このように日本でのM&A件数は増加しているものの，TOBによるM&Aは減少傾向にあると言える．

このM&Aの件数が増加しているなかで，1990年代後半から注目されているのは敵対的買収である．1990年代前半以前の日本は，株式持ち合い，メインバンクシステム，長期雇用という特徴から企業買収はあったものの，敵対的買収は少なかったが，2000年以降になると敵対的買収が起き始めた．たとえば，2000年1月の村上ファンドによる昭栄へのTOBの実施がある．また，2003年12月には，米投資ファンドのスティール・パートナーズ・ジャパン・ストラテジック・ファンド（以下，SPJ）が，ユシロ化学工業とソトーに敵対的買収を仕掛けている[3]．2006年には，王子製紙による北越製紙に対するTOBが実施されている[4]．そのなかでもとくに2005年のライブドア社による

---

[3] SPJは両社の株主にTOBで市場価格よりも高い買付け価格を提示し，ユシロとソトーは1株配当金を大幅増配し対抗した結果，SPJの敵対的買収は失敗に終わった．

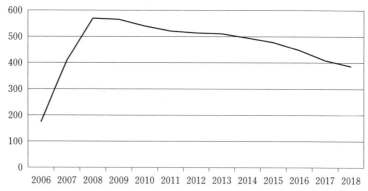

図 11-3 買収防衛策導入企業数の推移

出所：レコフ『マール』2019 年 1 月号「防衛策の分類」より筆者作成．

　ニッポン放送の敵対的買収は，社会的に注目された事件である[5]．2005 年から 10 年間で発生した敵対的買収は 20 件であり，そのうち成功したのは 6 件である．その成功件数のうち上場企業同士のものは 1 件のみである．その後も，敵対的買収は起きており，直近で言えば，2019 年 2 月に伊藤忠商事がデサントに対して敵対的買収を仕掛けている．

　なぜ敵対的買収が増加しているのだろうか．その背景には，日本の企業社会の構造変化がある．バブル経済の崩壊による景気低迷から株式持ち合いの解消が進み，会社は株主のものとする考え方が浸透してきたことが一因としてあげられる．また，2006 年施行の会社法のなかで合併等対価の柔軟化が図られるなど法制度面で機動的な組織再編実現を目指す改革が行われたこともある．

　このように敵対的買収は増加傾向にあり，企業は 2000 年以降，敵対的買収に対抗するため，買収防衛策を導入する企業が増加した．しかし，2008 年以降は減少傾向にあり，買収防衛策を導入している企業数は 2018 年 12 月末時点で 386 社である．その一方で，買収防衛策を中止する企業数が増加しており，2011 年末の 105 社が，2018 年 12 月末には 287 社となっている[6]．

---

4)　この敵対的買収は失敗に終わっている．
5)　2005 年にライブドア社とフジテレビジョンがニッポン放送の経営支配権をめぐり争った事件である．
6)　レコフ『マール』2019 年 2 月号の防衛策中止社数より．

買収防衛策には，どのようなものがあるだろうか．大きく分けると，平時型，または事前警告型（支配権争いが現実化していない状態）と，有事型（支配権争いが現実化している状態）がある．日本では新株予約権を活用した事前警告型買収防衛策（ライツプラン）が主流であるが，それ以外の買収防衛策がある．そこで，主な買収防衛策を以下に示す．

〇平時における主な買収防衛策
①ライツプラン（ポイズンピル（毒薬条項））
　新株予約権を使った防衛策である．買収者が一定の事由（たとえば 20% 以上の株式取得など）が生じたことを条件として，会社が新株予約権をあらかじめ株主に無償で割り当てておき，実際に敵対的買収者が現れたときに，敵対的買収者以外の株主へ自動的に新株を発行仕組みである．これによって，買収者の持株を薄めて買収を困難にするものである．
②黄金株（譲渡制限のある拒否権付種類株式）
　譲渡制限（譲渡には会社の承認を必要とする）のある拒否権付種類株式（会社法第 108 条）を友好的な企業に発行することである．とくに，一定の株主総会決議事項につき，種類株式総会決議を必要とする事項および，その種類株式付き譲渡制限を設けることを定款で定め，種類株式を発行できる[7]．
③決議要件の加重（スーパーマジョリティ）
　定款の定めによって，特定の議案（合併や取締役解任など）について株主総会における決議要件を通常よりも加重（たとえば，「議決権の 90% 以上」）し，敵対的買収者が株式の一定比率を買い占めても合併や取締役会の支配を難しくするものである．

〇有事の防衛策
①ホワイトナイト（白馬の騎士）
　敵対的買収を仕掛けられた会社の経営陣が，別の友好的な第三者に買収など

---

[7] 日本では国際石油開発帝石株式会社が発行している．甲種類株式を 1 名（経済産業大臣）に 1 株発行しており，定款に，経営上の一定の重要事項の決定について株主総会または取締役会の決議に加え，甲種類株主総会の決議が必要である旨を定めている．

を働き掛けることで買収防衛するものである．友好的な会社は，買収者に対抗し，買収対象会社を合併や新株の引受により子会社化する[8]．

②クラウンジェル（王冠の宝石）

大規模なものは，焦土作戦と呼ばれる．買収者が狙う会社の重要な事業や財産をホワイトナイトに営業譲渡することで，買収者のメリットを減じるものである．（ニッポン放送が保有するフジテレビ株式をソフトバンク・インベストメントに貸借したのもこれの一つに該当すると言われている．）

③増配

配当を一時的に高めて，株価の引き上げを図ることで，敵対的買収者の買収コストを引き上げるものである．

このように企業は買収防衛策を導入し，敵対的買収に備える．一見すると，敵対的買収は経営者にとっての単なる脅威のように思えるかもしれないが，経済学における効率性の観点からは必ずしもそうではない．経済学では，企業は企業価値を最大にすることが目的と考えられており，企業価値を高められない経営者は，より高い企業価値を実現できる経営者に交代したほうが望ましい．よって，経営者がつねに市場の評価にさらされ，敵対的買収の脅威があることは，経営者に企業価値を高めるように行動させるという規律づけの効果がある．しかしながら，敵対的買収者が企業価値を高められるとは限らず，場合によっては，企業価値を毀損する可能性もある．反対に買収防衛が効率的な敵対的買収を阻止してしまうこともあるだろう．

したがって，敵対的買収とその防衛策の導入には企業価値の向上という視点が必要になる．実際に法務省と経済産業省は，日本における敵対的買収の増加により，買収防衛策を導入する企業が増加したため，公正な買収方法や公正な防衛方法という点について，企業社会の関係者が共有する行動規範の形成を目的とし，指針をつくるために企業価値研究会を立ち上げた．そして，2005年5月に「企業価値・株主共同の利益の確保又は向上のための買収防衛策に関する指針」（以下，指針）を公表している．指針では『敵対的買収に対する防衛策は，

---

[8] たとえば，2016年にフリージア・マクロスがソレキアに敵対的買収を仕掛けた際に，富士通がホワイトナイトとして，対抗TOBを行った．

適正に用いられれば企業価値，ひいては，株主共同の利益の向上に役に立つものになる一方で，慎重に設計しなければ経営者の保身に使われ非効率な経営が温存される可能性も高いため，こうしたルール不在の状況を放置すれば，奇襲攻撃や過剰防衛が繰り返され，本来は，企業価値の向上に寄与するメカニズムである買収の効果が十分発揮されないこととなりかねない』と述べている．

　指針では，3つの原則を掲げている．1つ目は「企業価値・株主共同の利益の確保・向上の原則」である．これは，買収防衛策の導入，発動および廃止は，企業価値，ひいては，株主共同の利益を確保し，または向上させる目的をもって行うべきであるとしている．2つ目は「事前開示・株主意思の原則」である．これは，買収防衛策は，その導入に際して，目的，内容等が具体的に開示され，かつ，株主の合理的な意思に依拠すべきであるとしている．そして，3つ目は「必要性・相当性確保の原則」である．これは，買収防衛策は，買収を防止するために，必要かつ相当なものとすべきである[9]．

　このような動きを踏まえて，現実に，事前警告型買収防衛策の導入は，定款の変更を行い，株主総会の特別決議による承認を得る．さらに買収防衛策の導入には株主総会での決議を得ることになる．実際に買収と思われる株式取得があった場合には，会社は買収者から情報提供を求める．提供された情報を取締役会などで検討し，検討の結果，買収が企業価値・株主共同の利益を害すると判断された場合には，あらかじめ定めた決議機関で，買収防衛の発動を決定するという手続をとることが一般的になっている．

　指針の導入から10年以上経過したが，上述のとおり買収防衛策導入企業数は減少し，中止企業数が増加してきている．これには，買収防衛策は有事において現経営者の保身として利用され，会社が持続的な企業価値向上に対する努力を怠るというモラルハザードを引き起こす懸念を株主が持っていること，そして，最近の日本本経済の再興のために，国内企業に対する経営の規律が，いままで以上に求められていることが関係している．2014年（平成26年）の2月には日本版スチュワードシップ・コードと言われる「責任ある機関投資家の諸原則」が金融庁により制定され，6月には会社法の改正が成立した．2015年

---

[9] 詳細については，「企業価値・株主共同の利益の確保又は向上のための買収防衛策に関する指針」を参照のこと

には日本証券取引所グループは東京証券取引所に「コーポレートガバナンス・コード」を導入し，2018年6月には改訂版が出ている．これらによって日本の企業統治の環境は大きく変わり，株主（とくに機関投資家）と企業の対話を求められ，企業統治への実質的な取り組みを求められるようになってきている[10]．

以上のことから，敵対的企業買収とその対抗策である買収防衛策の導入は，当初は敵対的買収に関する公正なルールを形成し，企業価値を高めていくかについて重視されてきたが，近年は，企業に企業統治を高めることを求められているなかで，これまで以上に防衛策の必要性や合理性を株主にきちんと説明し理解を得ることが必要となってきている．また，買収では株式の取引が行われることから，株式市場の透明性，公正性も重要であると考えられる．

ここで敵対的買収や買収防衛に関する先行理論研究をサーベイしていこう．Grossman and Hart（1980）があげられる．この論文では，敵対的買収における小株主のフリーライド問題を扱っており，小株主のフリーライドによって買収価格が小株主の期待株式価値を上回る必要があり，その結果，敵対的買収を過小にさせてしまうことを示している．Bebchuk（1989）は，Grossman and Hart（1980）のモデルを拡張した研究であり，小株主の期待株式価値を下回る場合でも買収が正の確率で起きることを示している．

Molin（1996）では，新株予約権発行による敵対的買収防衛策の導入を取り扱った研究であり，経営者が買収防衛策を導入した場合に，企業に非効率性をもたらす場合もあれば，その反対に企業価値を高め，効率性が改善することを示した．飯島（2009）では，ライツプランによる買収防衛策の導入と既存の経営者の人的資源投資の関係について分析しおり，所有構造の違いが人的資源投資に影響を与えることを示している．

Burkart et al.（2014）では，買収者に資産制約がある場合の企業買収市場の効率性に対する法的投資家保護の役割を考察している．分析では，より強い法的投資家保護は買収者の外部資金調達能力を高めるが，複数人による買収競争がなければ，買収価格が上昇せず，必ずしも効率的な企業買収が起きないこ

---

10) 最近の導入状況やその特徴については茂木・谷野（2017）を参照のこと．

とを示している．反対に，複数の買収者による買収競争のもとでは，外部資金調達能力の向上が株式買取価格を上昇させ，効率的な買収が生じる可能性を明らかにしている．

以下では，Burkart et al. (2014) のモデルを用いて，敵対的買収に対する買収防衛策の導入が企業価値を最大化するという意味での効率性をどれくらい達成できるかを分析する．分析では，経営者が株主の利益をどれくらい守るかということを考え，法的な株主保護水準と，経営者自身が株主の利益のために行動するかという意味での企業統治水準を導入し，企業統治や法的な株主保護水準が，経営者の買収防衛にどのような効果があるかを明らかにする．

2. モデルの設定

買収対象となる企業とその企業の経営者，潜在的買収者，多数の小株主からなる経済を想定し，すべてリスク中立的主体であると仮定する．初期における株式総量を1とし，Grossman and Hart (1980) と同様に，多数の小株主は同質的で，広く分散所有され，1人あたりの所有割合はごくわずかであり，株式から得られる利得のみに興味があると仮定する．また，小株主自身が買収について pivotal な存在（買収を決定づける立場にある）という認識がないと仮定する．

経営者

企業の経営者は，初期において企業のコントロール権を持ち，最終期までコントロール権を持ち続ければ V_m の企業価値が実現できる主体とする．経営者は，初期に企業統治水準と買収防衛策を導入するかどうかの決定を行い，買収防衛策を導入しているときは，3期目に買収防衛策を発動させるかどうかを決定する．

初期において経営者は，自分が最終期までコントロール権を持つならば，実現する企業価値を知っており，その一部を私的便益として得ることができるとする．経営者の得る私的便益額は Burkart et al. (2014) に従い，以下の仮定を置く．ただし，先行研究とは異なり，資産制約は考えない．経営者が決定す

る企業統治水準 x と法的な株主保護水準 ϕ によって決まると仮定する．株主保護水準とは，その国の法ルールの整備状態を示すパラメータであり，すでに決定されているものである．たとえば，金融システムや会計システムなどのルールがどれくらい整備されているかを示すものである．ϕ は企業価値のうち株主のものになる割合であり，残りが経営者の私的便益となる．よって ϕ が大きいほど，企業価値が株主に帰属する．経営者は法的ルールだけに従うのではなく，企業統治システムを構築し，株主の利益を守るだろう．そこで，企業統治水準を x と定義する．企業統治にはコストがかかり，そのコストを γx と特定化する．x の企業統治を行ったときの純企業価値は $V_m - \gamma x$ となるが，企業統治によって，私的便益のなかから x が株主への利得となるとする．よって，これらの仮定より，ある法的な株主保護水準と企業統治水準のもとでの株主の利得は $\phi(V_m - \gamma x) + x$，一方，経営者の私的便益は，$(1-\phi)(V_m - \gamma x) - x$ と定式化される．

　経営者は潜在的買収者による敵対的買収に備え，買収防衛策としてライツプランの導入を決定する．ここでのライツプランは，3期目に買収者が現れ，買収の可能性がでたときに，買収者以外の株主に1株につき h の新株を割り当てるものとする[11]．

潜在的買収者

　潜在的買収者は敵対的買収を企図している主体であり，買収によって企業のコントロール権を得られれば V_r（$> V_m$）の企業価値を実現できる主体である．初期には株式は保有しておらず，2期目に買収の足がかりとして τ の割合の株式を toehold として市場から購入する．このときの購入価格は経営者がコントロールしているときの株式評価額，すなわち，$\phi(V_m - \gamma x) + x$ で購入する．その後，4期で企業のコントロール権の取得を目指し，株式市場での公開買付けによる株式取得を試みる．4期目の買収者が市場に提示する1株あたりの買取

---

11) 金融商品取引法により，上場会社の株券等や投資証券等を5%を超えて保有した場合に大量保有開示制度にもとづいて内閣総理大臣（金融庁）に提出が義務づけられており，5営業日以内に提出しなければならない．したがって，既存の経営者はこの制度により，特定の株主が一定量を取得したことがわかる．

第11章 買収防衛と株主保護

図11-4 タイムライン

価格を b_r とし，TOB によって発行済み株式の半数以上を取得できれば，コントロール権を得る．また，買収を実行するには，コストがかかり，そのコストの大きさを C と定義する．潜在的買収者も企業価値の一部を私的便益として得るが，経営者と同様に法的水準と独自の企業統治水準によって，その額は決定される．しかしながら，ここでは単純化のために買収者の企業統治水準は 0 を選択すると仮定する[12]．

TOB についてつぎの仮定を置く．(1) 潜在的買収者は支配権獲得に必要な半数の株式しか購入しない．(2) 2 段階オファーを行わない．(3) 予定数に達しなければ，株式の買い取りを行わない．これらの仮定を置くことで，株式取得ゲームの分析を簡単化する．

以上の設定から社会的に最適な買収は

$$V_m < V_r - C$$

が成り立つときである．よって，この式を変形すると，

$$\Delta V > C \quad (\Delta V \equiv V_m - V_r) \tag{1}$$

この (1) 式が成り立つとき，社会的には潜在的買収者による買収が望ましい．

最後にこのゲームのタイムラインは図11-4 で示される．

---

[12] 買収者についても経営者と同様に定式化し，企業統治水準の決定を行うことは可能である．同様の定式化をした場合，潜在的買収者は最適な企業統治水準を決定すると，経営者より低い企業統治水準を選択することなる．したがって，簡単化のためにここでは買収者が決める企業統治水準は 0 としている．

3. 買収防衛策の導入がないとき

まず,初期において経営者が買収防衛策を導入しない場合を分析する.買収防衛策の導入がないので,3期の既存の経営者の買収防衛策の発動の意思決定のイベントは発生しない.

3.1 TOB 価格の決定

4期での潜在的買収者の TOB 価格の決定を考える.潜在的買収者が買収に成功したときの利得は,取得した株式から得られる企業価値から株式買取コストと買収実行コストを引いたものである.買収に成功するときは,小株主は同質的なので,全員が売却するので,

$$\phi V_r - (1-\tau) b_r - C + (1-\phi) V_r \tag{2}$$

である.一方,買収に失敗したときは,toehold として τ の株式を持つので,保有する株式から

$$\tau \{\phi(V_r - \gamma x) + x\} \tag{3}$$

の利得を得る.よって,潜在的買収者は買収に失敗したときの利得以上ならば,TOB を実施するので,TOB において,

$$b_r \leq \frac{(1-\tau\phi) V_r - C - \tau(1-\phi\gamma) x}{1-\tau} \tag{4}$$

を満たす価格を提示することになる.すなわち,潜在的買収者の参加条件である.ここで,経営者の企業統治水準が高いほど,提示価格は低くなることがわかる.その理由は,経営者の企業統治水準が高ければ,買収失敗時の利得が高くなるため,買収の魅力が下がるからである.

一方,小株主の売却条件を調べる.小株主は pivotal な存在とは思っていないため,提示された TOB 価格をみて,売却するかどうかを決定する.潜在的買収者の提示価格が,保有し続けたときの利得以上であれば,提示価格で売却する.小株主が保有し続けた場合の利得は,買収が成功するかどうかでも異な

第11章 買収防衛と株主保護

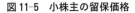

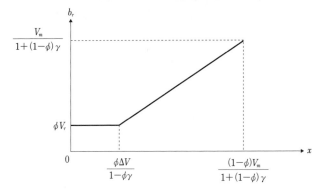

り，潜在的買収者の買収が成功したときには ϕV_r を得るが，買収が失敗したときは，$\phi(V_m-\gamma x)+x$ を得ることを知っているので，どちらか高いほうが留保価格となる．すなわち，提示価格が次の式を満たすとき，小株主は TOB に応じる．

$$b_r \geq \max\{\phi V_r, \phi(V_m-\gamma x)+x\} \tag{5}$$

(5) 式の値は，経営者の企業統治水準に依存し，$x \geq \dfrac{\phi \Delta V}{1-\phi\gamma}$ ならば，$\phi(V_m-\gamma x)+x \geq \phi V_r$ である．ただし，$(1-\phi)(V_m-\gamma x)-x \geq 0$，すなわち，$x \leq \dfrac{(1-\phi)V_m}{1+(1-\phi)\gamma}$ を満たしていなければならない．ここで等号で成り立つ x を $\bar{x}$ と定義しておく．留保価格を図示したものが**図 11-5** である．

買収が成功するには**図 11-5** で示された小株主の留保価格以上かつ，潜在的買収者の参加条件を満たさなければならない．潜在的買収者の提示価格は買収実行コスト C の値によって異なるので，場合分けして考える．まず，$x=\bar{x}$ のときの留保価格は $\dfrac{V_m}{1+(1-\phi)\gamma}$ であり，$\dfrac{(1-\tau\phi)V_r-C-\tau(1-\phi\gamma)x}{1-\tau} > \dfrac{V_m}{1+(1-\phi)\gamma}$ となる C を求めると，$C \leq V_r - \dfrac{V_m}{1+(1-\phi)\gamma} \equiv \bar{C}$ であることがわかる．よって，$0 \leq C \leq \bar{C}$ のとき，任意の企業統治水準に対し，潜在的買収者は常に小株主の留保価格以上の価格を提示できることを意味する．よってこの範囲での潜在的買収者の提示価格は，経営者の企業統治水準に応じて，

$$b_r = \begin{cases} \phi V_r & 0 \leq x \leq \dfrac{\phi \Delta V}{1-\phi\gamma} \text{ のとき} \\ \phi(V_m - \gamma x) + x & \dfrac{\phi \Delta V}{1-\phi\gamma} < x < \bar{x} \text{ のとき} \\ \dfrac{V_m}{1+(1-\phi)\gamma} & x = \bar{x} \text{ のとき} \end{cases} \quad (6)$$

となる.

つぎに,$\bar{C} < C \leq (1-\phi)V_r$ の場合をみていく.経営者の企業統治水準が大きい $\left(\dfrac{V_r - C - \phi V_m}{1-\phi\gamma} \leq x\right)$ とき,小株主の留保価格を満たす価格を提示できないので,買収者は企業の買収を諦めることになる.すなわち,

$$b_r = \begin{cases} \phi V_r & 0 \leq x \leq \dfrac{\phi \Delta V}{1-\phi\gamma} \text{ のとき} \\ \phi(V_m - \gamma x) + x & \dfrac{\phi \Delta V}{1-\phi\gamma} < x < \dfrac{V_r - C - \phi V_m}{1-\phi\gamma} \text{ のとき} \\ 0 & \dfrac{V_r - C - \phi V_m}{1-\phi\gamma} \leq x \text{ のとき} \end{cases} \quad (7)$$

よって,経営者の企業統治水準が低いときは,潜在的買収者は TOB によって全株を取得し,正の利得を得られるが,経営者の企業統治水準が上昇すると,潜在的買収者は TOB に成功したときの利得が買収を諦めたときの利得より小さいので,TOB を行わない.以上のことから,TOB において潜在的買収者が提示する価格を図示したものが**図 11-6** である[13].

潜在的買収者の toehold 購入の決定と経営者の企業統治水準の決定

2 期目の潜在的買収者の toehold の購入について考える.潜在的買収者は,1 期目の経営者の企業統治水準と 4 期目の買収オファーを考慮して,τ の購入を決定することになる.τ を購入するときは,経営者が企業をコントロールしていることから,市場での取得価格は $\phi(V_m - \gamma x) + x$ である.4 期目に買収で

---

[13] $(1-\phi)V_r \leq C$ のとき,$b_r = \phi V_r$ のみ提示することになる.この場合の分析は他の分析結果と変わらないので,場合分けの煩雑化を避けるためにここでは考えない.すなわち,$0 \leq C \leq (1-\phi)V_r$ に限定して分析を進める.

第11章　買収防衛と株主保護

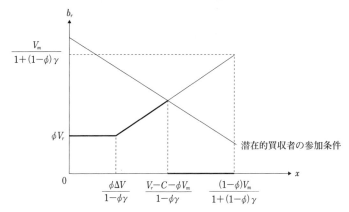

図 11-6　潜在的買収者の提示価格

きる場合の潜在的買収者の利得は

$$V_r - (1-\tau)b_r - C$$

であり，買収オファー条件から，(3) 式の値であるので，購入することになる．反対に，買収できないときは購入しない．

つぎに1期目での経営者の企業統治水準の決定を考える．買収者の買収実行コストが低い場合（$C<\bar{C}$），経営者はどのような企業統治水準であっても，買収されるので，経営者の利得は最終期において0となる．したがって，どのような企業統治水準でもよいが，無差別な場合は企業統治水準を0にすると仮定する．一方，買収実行コストが大きい場合（$\bar{C}<C$），このとき経営者が選択する企業統治水準によっては，買収を防ぐことができる．よって，経営者の利得は，企業統治水準に応じて

$$\pi_m = \begin{cases} 0 & x < \dfrac{V_r - C - \phi V_m}{1-\phi\gamma} \text{のとき} \\ (1-\phi)(V_m - \gamma x) - x & \dfrac{V_r - C - \phi V_m}{1-\phi\gamma} \leq x \text{のとき} \end{cases} \tag{8}$$

である．経営者の利得をみても明らかなように，企業統治水準が低いときは，潜在的買収者による買収が起きるので，どのような水準を選択しても無差別で

ある.よって先ほどの仮定にしたがって $x=0$ を選択する.一方,高い企業統治水準を選択したときも,できるだけ低い企業統治水準を選択すると,利得が上昇するので,$x=\dfrac{V_r-C-\phi V_m}{1-\phi\gamma}$ を選択する.このとき,企業統治水準の選択について,つぎの命題を得る.

命題1 潜在的買収者の買収実行コストが大きい場合,経営者の企業統治の限界費用(γ)が小さければ,経営者は正の企業統治水準を選択し,買収を阻止するが,限界費用が大きければ,企業統治水準を0とし,買収されることを選択する.

買収を断念したときは経営者がコントロール権を持つので,経営者の利得は $(1-\phi)(V_m-\gamma x)-x$ である.この式に $x=\dfrac{V_r-C-\phi V_m}{1-\phi\gamma}$ を代入すると,経営者の期待利得は

$$\pi_m=(1-\phi)(V_m-\gamma x)-x$$
$$=V_m-V_r+C-\gamma\dfrac{V_r-C-\phi V_m}{1-\phi\gamma}\geq 0$$

であれば,企業統治水準を $x=\dfrac{V_r-C-\phi V_m}{1-\phi\gamma}$ にしたほうがよい.よって式を γ について解くと,

$$\gamma\leq\dfrac{C-\Delta V}{(1-\phi)(V_r-C)} \tag{9}$$

を得る.よって企業統治の限界費用が低ければ,正の企業統治水準を選択する.これは,企業統治の限界費用が低ければ,潜在的買収者による非効率買収を回避できるが,そうでなければ,非効率な買収が起きることを意味する.また,株主の法的保護水準と買収防止について,つぎの命題を得る.

命題2 法的保護水準が高くなると,より高い限界費用を持つ経営者であっても買収を阻止することができる.

これは,(9)式を株主の法的保護水準で微分することによってすぐに得られる.したがって,株主の法的保護水準を高めることは,買収防衛策を導入せず

とも非効率な買収を防止できる役割を持つので,法的ルールを整備することは重要であると言えるだろう.実際に,日本においても企業統治の観点から,会社法などのハードローの改正,買収防衛に関する指針やコーポレートガバナンス・コードといったソフトローの制定が行われていることは,非効率な買収を防止する意味でも望ましいと言えるだろう.

しかしながら,それだけでは,非効率な買収から企業を防衛することは難しいことも示している.そこで,つぎに,企業が買収防衛策を導入した場合の潜在的買収者による買収行動について考えていこう.

4. 買収防衛策の導入

本節では,企業による買収防衛策の導入が社会的にみて非効率な買収を減らす可能性があることを示す.

企業が買収防衛策を初期において導入することを決定した場合,潜在的買収者が toehold を購入した後に,買収防衛策としてライツプランを発動するとする.買収防衛策が導入された場合,企業は潜在的買収者以外の株主に対して h の新株を割り当てる.したがって,ライツプラン発動後の総株式発行総数は $1+(1-\tau)h$ となる.しかし,潜在的買収者の株式保有数は変わらないので,保有比率が τ から $\dfrac{\tau}{1+(1-\tau)h}$ と保有比率が下がることになる.

4.1 潜在的買収者の提示価格の決定

先ほどと同様に潜在的買収者の参加条件と小株主の留保価格を考える.ライツプラン発動後,TOB によって潜在的買収者の買収が成功したときの利得は

$$\phi V_r - \left(1 - \frac{\tau}{1+(1-\tau)h}\right)b_r - C + (1-\phi)V_r \tag{10}$$

であり,買収に失敗したときの利得は,買収防衛策がなかったときと同様に,(3) 式となる.したがって,潜在的買収者の参加条件を求めると,

$$b_r \leq \frac{1+(1-\tau)h}{(1-\tau)(1+h)}(V_r - C - \tau\phi V_m - \tau(1-\phi\gamma)x) \tag{11}$$

である.一方,小株主の留保価格は

$$b_r \geq \max\left\{\frac{\phi V_r}{1+(1-\tau)h},\ \phi(V_m-\gamma x)+x\right\} \qquad (12)$$

となる．よって潜在的買収者にとっての買収防衛策の発動の効果は，コントロール権を得るために必要な株式数の増加による株式取得コストの増加と小株主の留保価格を下げる効果があることがわかる．

また，前節と同様に，企業統治水準には上限があり，小株主の最大留保価格は $x=\bar{x}$ のときの $\dfrac{V_m}{1+(1-\phi)\gamma}$ であることから，潜在的買収者の最大提示価格が $\dfrac{V_m}{1+(1-\phi)\gamma}$ 以上であれば，任意の企業統治水準に対してつねに買収可能となることがわかる．そこで，つねに買収可能となる条件を前節と同様に求めるために，(11) 式の右辺に $x=\dfrac{(1-\phi)V_m}{1+(1-\phi)\gamma}$ を代入し，$\dfrac{V_m}{1+(1-\phi)\gamma}$ 以上となる条件を C について求めると，

$$C \leq V_r - \frac{1+(1-\tau^2)h}{\{1+(1-\tau)h\}\{1+(1-\phi)\gamma\}}V_m \equiv \hat{C} \qquad (13)$$

を得る．よって，潜在的買収者の提示するオファー価格は

$$b_r = \begin{cases} \dfrac{\phi V_r}{1+(1-\tau)h} & 0 \leq x \leq \dfrac{\phi \Delta V}{\{1+(1-\tau)h\}(1-\phi\gamma)}\text{のとき} \\ \phi(V_m-\gamma x)+x & \dfrac{\phi \Delta V}{\{1+(1-\tau)h\}(1-\phi\gamma)}<x<\bar{x}\text{のとき} \\ \dfrac{V_m}{1+(1-\phi)\gamma} & x=\bar{x}\text{のとき} \end{cases} \qquad (14)$$

となる．ところで，$\hat{C}$ と買収防衛策を導入していないときの $\bar{C}$ との大小関係を比較するとつぎの補題を得る．

補題1 買収防衛策の導入は社会的に非効率的な買収を排除することができる．しかし，新株式割当が $h > \dfrac{(1-\phi)\gamma}{(1-\tau)\{\tau-(1-\phi)\gamma\}}$ であれば，社会的に効率的な買収も排除する．すなわち，社会的に望ましくない買収防衛が生じる．また法的な株主保護水準の上昇は社会的に非効率な買収防衛を引き起こしやすくする．

まず $\bar{C}$ と $\hat{C}$ の大小関係を比較すると，

$$V_r - \frac{V_m}{\{1+(1-\phi)\gamma\}} - \left(V_r - \frac{1+(1-\tau^2)h}{\{1+(1-\tau)h\}\{1+(1-\phi)\gamma\}}V_m\right)$$
$$= \frac{\tau(1-\tau)V_m}{\{1+(1-\tau)h\}\{1+(1-\phi)\gamma\}} > 0$$

であることがわかる.よって,買収防衛策が導入されたときに,任意の企業統治水準のもとで正の買収価格を提示できるのは,より買収実行コストが低い潜在的買収者でなければならないことがわかる.また,社会的には$\Delta V > C$の実行コストを持つ潜在的買収者ならば,社会的には買収された方が望ましい.そこで,つぎに$\Delta V \geq V_r - \frac{1+(1-\tau^2)h}{\{1+(1-\tau)h\}\{1+(1-\phi)\gamma\}}V_m$となる新株割当量を求めると,

$$h \geq \frac{(1-\phi)\gamma}{(1-\tau)\{t-(1-\phi)\gamma\}} \equiv h^{fb} \tag{15}$$

を得る.よって,(14)式と等号で成立するときは,社会的に望ましい買収の領域と一致するが,それの値を超えると,社会的に非効率な買収防衛が起きることになる.また,(15)式の右辺を法的保護水準ϕで微分すると

$$\frac{dh^{fb}}{d\phi} = -\frac{\tau\gamma}{(1-\tau)\{t-(1-\phi)\gamma\}^2} < 0$$

を得る.これは,法的保護水準の上昇が,社会的に非効率な買収防衛を引き起こす可能性があることを意味している.

つぎに$C > \hat{C}$の場合について考える.このときの小株主の留保価格は$\phi(V_m - \gamma x) + x$である.よって,ある程度の企業統治水準であれば買収を防ぐことができるような場合を考えよう.すなわち

$$\phi(V_m - \gamma x) + x < \frac{1+(1-\tau)h}{(1-\tau)(1+h)}(V_r - C - \tau\phi V_m - \tau(1-\phi\gamma)x)$$

となる場合を考える.この不等式が成立するxを求めると,

$$x \leq \frac{\{1+(1-\tau)h\}(V_r - C)}{(1-\phi\gamma)\{1+(1-\tau^2)h\}} - \frac{\phi V_m}{1-\phi\gamma} \left(< \frac{V_r - C - \phi V_m}{1-\phi\gamma}\right) \tag{16}$$

であることがわかる.また,右辺が正であるためには$C < V_r - \frac{1+(1-\tau^2)h}{1+(1-\tau)h}\phi V_m$を満たす必要がある.よって最適なTOB戦略はコストパラメータによって異なり,

図 11-7 買収可能領域

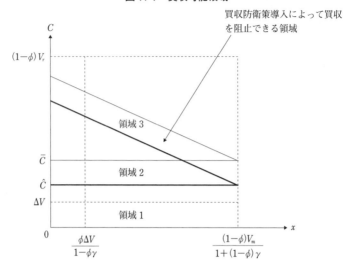

$$b_r = \begin{cases} \dfrac{\phi V_r}{1+(1-\tau)h} & 0 \leq x \leq \dfrac{\phi \Delta V}{\{1+(1-\tau)h\}(1-\phi\gamma)} \text{ のとき} \\ \phi(V_m - \gamma x) + x & \dfrac{\phi \Delta V}{\{1+(1-\tau)h\}(1-\phi\gamma)} < x < \dfrac{\{1+(1-\tau)h\}(V_r - C)}{(1-\phi\gamma)\{1+(1-\tau^2)h\}} \\ \quad -\dfrac{\phi V_m}{1-\phi\gamma} \text{ のとき} \\ 0 & \dfrac{\{1+(1-\tau)h\}(V_r - C)}{(1-\phi\gamma)\{1+(1-\tau^2)h\}} - \dfrac{\phi V_m}{1-\phi\gamma} < x < \bar{x} \text{ のとき} \end{cases} \quad (17)$$

となることがわかる．ここで，企業統治水準 x と買収実行コスト C の平面で買収の領域を示すと図 11-7 のようになる．

図 11-7 からわかるように，買収防衛策を導入すると，潜在的買収者の買収可能領域が小さくなることがわかる．また，買収実行コストが非常に小さい場合（$0 \leq C \leq \hat{C}$）の領域では，買収防衛策を導入するかどうかに関係なく，つねに買収が起きる．すなわち，買収防衛策を導入しても買収を防ぐことができないことがわかり，それ以外の領域では，買収防衛策を導入しておけば，企業統治水準の大きさに依存して，買収を防ぐことができることがわかる．

次項以降では，コストの大きさで場合分けして，経営者の買収防衛の発動，企業統治水準の決定，潜在的買収者の toehold の購入についてみていく．

4.2 潜在的買収者の買収コストが非常に小さい場合

潜在的買収者の買収実行コストが非常に小さい場合（$0 \leq C \leq \hat{C}$）を考える．

経営者による買収防衛の発動の決定と潜在的買収者による toehold の購入

1期目の企業統治水準を所与とし，潜在的買収者が toehold を購入したときの3期目の経営者による買収防衛策の発動の決定について考える．この場合，先ほどの図11-7の領域1である．この領域では，経営者は買収防衛策を発動の有無にかかわらず，潜在的買収者による買収が起きる．したがって，経営者にとっては無差別である．ここで無差別の場合は発動しないを選択すると仮定しておくと，経営者は買収防衛策を発動しない．

つぎに2期目の潜在的買収者の toehold の購入は，買収に成功するので，購入することを選択する．

経営者による企業統治水準の決定と買収防衛策の導入の決定

経営者は，潜在的買収者による買収が起きることを考慮して，企業統治水準 x と買収防衛策の導入を検討することになる．このとき，潜在的買収者による買収が必ず起きるので，経営者の利得は0となる．したがって企業統治水準の選択は $[0, \bar{x}]$ の範囲で無差別となり，また買収防衛策の導入の決定も無差別となる．

4.3 潜在的買収者の買収コストが小さい場合（$\hat{C} < C \leq \bar{C}$）

この場合，図11-7の領域2である．経営者が買収防衛策を発動するかは，1期目の企業統治水準によって異なるので，場合分けして考える．

経営者による買収防衛の発動の決定と潜在的買収者による toehold の購入

$0 < x < \dfrac{\{1+(1-\tau)h\}(V_r - C)}{(1-\phi\gamma)\{1+(1-\tau^2)h\}} - \dfrac{\phi V_m}{1-\phi\gamma}$ のとき，経営者は買収防衛策を発動しても，買収されることになるので，買収防衛策を発動するかしないかは無

差別である．よって，仮定より発動しないことを選択する．

一方，2期目の潜在的買収者の toehold の購入については，のちに買収可能なことを考慮して，toehold の購入を選択する．

1期目の企業統治水準の決定において，$\frac{\{1+(1-\tau)h\}(V_r-C)}{(1-\phi\gamma)\{1+(1-\tau^2)h\}} - \frac{\phi V_m}{1-\phi\gamma} < x < \bar{x}$ が選択されている場合，経営者は買収防衛策を発動すれば，潜在的買収者の買収を阻止でき，$\phi(V_m - \gamma x) - x$ の利得を得るが，発動しなければ，利得は0である．よって，買収防衛策の発動を選択する．

潜在的買収者は，企業統治水準を所与として，3期目以降のことを考慮しながら，toehold の決定を考える．この場合，買収防衛策を経営者が発動すると，買収不可能となることから，潜在的買収者は購入しないことになる．

経営者による企業統治水準の決定と買収防衛策の導入の決定

1期目の経営者の企業統治水準の決定と買収防衛策の導入について考える．経営者は $0 < x < \frac{\{1+(1-\tau)h\}(V_r-C)}{(1-\phi\gamma)\{1+(1-\tau^2)h\}} - \frac{\phi V_m}{1-\phi\gamma}$ を選択するならば，潜在的買収が起き，利得は0となる．一方，$\frac{\{1+(1-\tau)h\}(V_r-C)}{(1-\phi\gamma)\{1+(1-\tau^2)h\}} - \frac{\phi V_m}{1-\phi\gamma} < x < \bar{x}$ を選択するとき，買収防衛策を発動すれば，潜在的買収者による敵対的買収を阻止でき，$\phi(V_m - \gamma x) - x$ を得る．経営者にとって企業統治水準はできるだけ低いほうが望ましいので，(15)式の右辺の値，$x = \frac{\{1+(1-\tau)h\}(V_r-C)}{(1-\phi\gamma)\{1+(1-\tau^2)h\}} - \frac{\phi V_m}{1-\phi\gamma}$ を $\phi(V_m - \gamma x) - x$ に代入し，利得が非負となる条件を企業統治の限界費用について求めると，

$$\gamma \leq \frac{\{1+(1-\tau)h\}(C-V_r) + \{1+(1-\tau^2)h\} V_m}{(1-\phi)\{1+(1-\tau)h\}(V_r-C)} \tag{18}$$

を得る．よって，(18)式が成り立つときは買収防衛策を導入することが経営者にとって望ましい．また(18)式と(9)式の右辺の値を比較すると，つぎの命題を得る．

命題3 買収防衛策の導入は，高い企業統治の限界費用を持つ経営者に買収を阻止できる企業統治水準の選択を可能にさせる．

(18) 式の右辺から (9) 式の右辺を引くと

$$\frac{(1-\tau)\tau h}{(1-\phi)\{1+(1-\tau)h\}(V_r-C)}$$

を得る．これは (18) 式の右辺が (9) 式の右辺よりも大きいことを意味している．したがって，買収防衛策を導入すれば，企業統治の限界費用が高くなっても，経営者による潜在的買収者の敵対的買収の阻止を可能にさせることを意味する．さらに株主の法的保護水準と新株割り当てについてつぎの補題を得る．

補題 2 法的保護水準の上昇や，新株割当量が増加は，より高い限界費用を持つ経営者にも潜在的買収者の敵対的買収を阻止することを可能にする．

この補題 2 は (18) 式の右辺を ϕ, h で偏微分することですぐに求めることができる．

4.4 潜在的買収者の買収コストが中程度以上の場合

最後に潜在的買収者の買収コストが中程度以上の場合（$\bar{C}<C$）について考えよう．すなわち，領域 3 の場合を考える．この場合でも考え方は買収実行コストが小さいときと同様である．したがって，企業統治水準 x の大きさで場合分けして考える．

経営者による買収防衛の発動の決定と潜在的買収者による toehold の購入

$0<x<\dfrac{V_r-C-\phi V_m}{1-\phi\gamma}$ のとき，買収防衛策を発動してもしなくても，4 期目に敵対的買収が起きるので，経営者は買収防衛策を発動しないことになり，利得は 0 となる．一方，潜在的買収者は 3 期目以降のことを考慮すると，toehold を購入することになる．

$\dfrac{V_r-C-\phi V_m}{1-\phi\gamma}<x<\dfrac{\{1+(1-\tau)h\}(V_r-C)}{(1-\phi\gamma)\{1+(1-\tau^2)h\}}-\dfrac{\phi V_m}{1-\phi\gamma}$ のとき，経営者は 3 期目に買収防衛策を発動すると，$\phi(V_m-\gamma x)-x$ の利得を得るが，そうでなければ，0 の利得となるので，買収防衛策の発動を選択することになる．潜在的買収者は，2 期目において，買収防衛策が発動されることを考慮し，toehold の購入を行わないことになる．

$\dfrac{\{1+(1-\tau)h\}(V_r-C)}{(1-\phi\gamma)\{1+(1-\tau^2)h\}} - \dfrac{\phi V_m}{1-\phi\gamma} \leq x \leq \bar{x}$ のとき，このときは，買収防衛策を発動しなくとも，潜在的買収者の買収は起きない．よって，経営者は発動するかしないかは無差別となる．また，潜在的買収者も買収できないことを考慮すると2期目に toehold を購入しない．

経営者による企業統治水準の決定と買収防衛策の導入の決定

　先ほどと同様に買収が起きる場合には経営者の利得が0となるが，正の企業統治水準を選択することで敵対的買収を阻止できるならば，経営者は敵対的買収阻止を選択する．したがって，企業統治水準と買収防衛策の導入について，つぎの命題を得る．

命題4　企業統治水準と買収防衛策の導入と企業統治水準は，企業統治の限界費用の大きさによってつぎのように選択する．

- 経営者の企業統治の限界費用が小さい場合 $\left(\gamma \leq \dfrac{C-\Delta V}{(1-\phi)(V_r-C)}\right)$, $x=\dfrac{V_r-C-\phi V_m}{1-\phi\gamma}$ を選択し，買収防衛策を選択しない．
- 企業統治の限界費用が中程度の場合 $\left(\dfrac{C-\Delta V}{(1-\phi)(V_r-C)} < \gamma \leq \dfrac{\{1+(1-\tau)h\}(C-V_r)+\{1+(1-\tau^2)h\}V_m}{(1-\phi)\{1+(1-\tau)h\}(V_r-C)}\right)$, 経営者は買収防衛策を導入し，$x=\dfrac{\{1+(1-\tau)h\}(V_r-C)}{(1-\phi\gamma)\{1+(1-\tau^2)h\}} - \dfrac{\phi V_m}{1-\phi\gamma}$ を選択する．
- 企業統治の限界費用が大きい場合 $\left(\dfrac{\{1+(1-\tau)h\}(C-V_r)+\{1+(1-\tau^2)h\}V_m}{(1-\phi)\{1+(1-\tau)h\}(V_r-C)} < \gamma\right)$，経営者は買収防衛策を導入せず，企業統治水準を0にする．

　命題4は企業の買収防衛策の導入の決定は企業統治にかかるコストに応じて変わることを意味している．企業統治のコストが小さい企業ならば，買収防衛策を導入せずとも，企業統治水準を上げることができ，そのことが株主の利益を上昇させ，結果として，潜在的買収者による買収を断念させることなる．企業統治コストが高い場合は，潜在的買収者が買収を断念するような企業統治水準を選択すると，経営者の利得が負になるので，買収されることを選択することとなる．しかし，買収防衛策を導入すると，潜在的買収者の買収コスト（株式

取得コスト）を上昇させるので，企業統治コストが高くても，買収防衛策を導入しないときよりも低い企業統治水準で買収を阻止することができるようになる．

したがって，買収防衛策の導入は，より企業統治コストが高い企業にも買収防衛を可能にし，社会的にも効率的な買収防衛であることがわかる．

5. おわりに

本章では，ライツプランによる買収防衛策の導入と経営者の企業統治水準の決定について分析を行った．結果をまとめると以下のとおりである．

買収防衛策を導入しなければ，潜在的買収者による非効率な買収が起きるが，買収防衛策を導入することで，非効率性を改善することができる．しかしながら，新株割当量を大きくすると，社会的に効率的な買収までも阻止してしまい，買収防衛が社会的に非効率性を発生させてしまうことになる．社会的に非効率的な買収防衛は望ましくないので，新株割当量をどれくらいにすべきかは買収防衛を考えるうえで重要である．現実においても新株割当量の上限が設定されていることから，上限の設定は効率性の観点から望ましいと言える．

また，企業統治水準のコストを考慮した場合，買収防衛策がない場合に，社会的に非効率な買収を阻止できるのは，企業統治コストが低い企業だけになってしまう．しかし，買収防衛策を導入することで，企業統治コストが中程度の企業も買収を阻止できるようになる．したがって，企業統治コストが低い企業の場合，買収防衛策を導入しなくても，企業統治水準（株主の利益）を高めることで社会的に非効率な敵対的買収防衛が可能である．もし，買収防衛を導入すれば，買収防衛を導入しないときよりも低い企業統治水準を選択するので，買収防衛策の導入を認めなくてもよいだろう．他方，企業統治コストが高い企業の場合，敵対的買収防衛策を導入していなければ，社会的に非効率な潜在的買収者による敵対的買収を生じさせてしまう．よって，敵対的買収防衛策を導入することで，社会的に非効率な敵対的買収を回避できるならば，買収防衛策の導入は有効であると言える．

◆参考文献

Bebchuk, Lucian A. (1989), "Takeover Bids below the Expected Value of Minority Shares," *Journal of Financial and Quantitative Analysis*, 24 (2), pp. 171-184.

Burkart, M., D. Gromb, H. M. Mueller, and F. Panunzi (2014), "Legal Investor Protection and Takeovers," *Journal of Finance*, 69 (3), pp. 1129-1165

Grossman, Sanford J. and Oliver D. Hart (1980), "Takeover bids, the free-rider problem, and the theory of the corporation," *Bell Journal of Economics*, 11, pp. 42-64.

飯島裕胤(2009),「人的資産レント保護と企業買収防衛策」『弘前大学人文社会論叢(社会科学編)』22巻, pp. 19-34.

飯島裕胤・家田崇(2010),「企業買収ルールと少数株主利益」『甲南会計研究』4巻, pp. 23-30.

神田秀樹(2018),『会社法(第20版)』弘文堂.

企業価値研究会(2005a),「論点公開〜公正な企業社会のルール形成に向けた提案〜」経済産業省.

企業価値研究会(2005b),「企業価値・株主共同の利益の確保又は向上のための買収防衛策に関する指針」経済産業省,法務省.

企業価値研究会(2008),『近時の諸環境の変化を踏まえた買収防衛策の在り方』経済産業省.

茂木美樹・谷野耕司(2017),「敵対的買収防衛策の導入状況―2017年6月総会を踏まえて―」『商事法務』No. 2152, pp. 31-40.

Molin, J. (1996), "Optimal Deterrence and Inducement of Takeover: An Analysis of Poison Pill and Dilution," *SSE/EFI Working Paper Series in Economics and Finance*, No. 102, Stockholm School of Economics.

小佐野広(2001),『コーポレートガバナンスの経済学』日本経済新聞社.

田中亘(2012),『企業買収と防衛策』商事法務.

田中亘編著(2013),『数字でわかる会社法』有斐閣.

牛島信(2016),「コーポレート・ガバナンス改革とこれからの敵対的買収」MARR online 寄稿・寄稿フォーラム, 2016年5月号, レコフ.

柳川範之(2006),『法と企業行動の経済分析』日本経済新聞社.

第12章　日本企業の非公開化型MBOにおける買収プレミアムの分析：業績予想の修正と少数株主利益＊

河西卓弥・川本真哉

1. はじめに

　1990年代後半から，抜本的な企業リストラクチャリングを推し進めるため，経営陣の手によって株式市場からの退出を選択する「非公開化（public to private：PTP）型」のMBO（management buy-out）が増加してきている[1]．MBOには他に「部門売却（ダイベストメント）型」，「事業継承型」，「事業再生型」など多様なタイプが存在するが（CMBOR（1991）），金額面では7割以上を占めるなど，日本のMBO市場において「非公開化型」は大きなウエイトを占めている[2]．2012年以降は件数の低下がみられるが，毎年一定数の企業がMBOによる非公開化を選択している（図12-1）．
　このように活発化する日本のMBO市場であるが，そのなかでもとくに注目

＊　本章は2010; 2013年日本応用経済学会秋季大会，2011年日本経済学会春季大会，「企業統治と会社法の経済学」研究会で報告を行う機会があった．阿萬弘行，葉聰明，内田交謹，齋藤隆志，胥鵬，細江守紀の諸氏から有益なコメントを頂戴した．記して感謝申し上げる．なお，本章の内容や意見は，筆者個人に属し，各々が所属する機関の公式の見解を示すものではない．また，本章の執筆にあたり，河西はJSPS科研費16K03748より助成を受けている．

1)　MBOは「既存企業に従事する内部の人材が，その企業（事業）の買収・新会社化を図り主要株主・経営者となる手法」（薄井（2001）p. 8）と定義される．

2)　金額ベースでは「非公開化型」が圧倒的な地位を占めているが，件数ベースでは親会社が傘下事業を売却する際に部門経営者がMBOを選択する「ダイベストメント型」が主流である（川本・河西・齋藤（2012）図表1）．ダイベストメント型MBOを実施する親会社の特性，その株式市場からの評価については，齋藤・川本（2010），川本・河西・齋藤（2012）を参照．

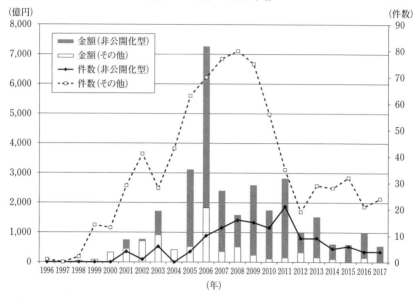

図 12-1　日本の MBO 市場

出所：レコフデータ「非公開化型 MBO データ」『マール』各月号より作成．

を集めているのが，スクイーズ・アウトの対象となる株主に提示される TOB 価格と直近の株価との差，すなわち「買収プレミアム」に関する議論である．MBO をめぐる買収プレミアムには，伝統的に，①企業再編による将来的な株主価値の上昇分を反映したもの，②単なるステークホルダーからの富の移転を源泉としているもの，という対立する 2 つの見方があるが，これまで問題とされてきたのは後者の可能性である[3]．レックス・ホールディングスやサンスターなど，株式の買取価格の水準をめぐり，法廷闘争となったのはその一例であろう．

買収プレミアムの源泉に関する検討については，MBO 市場が発達している英国や米国の事例を中心にさまざまな角度から検討が積み重ねられてきた．た

---

[3] この点については，経済産業省により 2007 年に公表された「企業価値の向上及び公正な手続確保のための経営者による企業買収（MBO）に関する指針」（以下，「MBO 指針」）でも多くのページが割かれているところである．

とえば，買収に伴う負債依存度の上昇に着目し，利払い増加による負債の節税効果（tax shield）の存在を指摘した Kaplan（1989b），負債による経営規律が買収後のフリーキャッシュフローの削減に与えた影響を強調した Lehn and Poulsen（1989），それまでの先行研究の成果を踏まえ，多角的にプレミアムの源泉を特定しようとした Renneboog et al.（2007）などが代表的な研究成果である．

　では日本のケースではどうであろうか．増加する MBO に歩調を合わせ検討の方も進められており，その一例として井上・中山・増井（2010）の分析がある．同研究では TOB 案件を MBO サンプルと非 MBO サンプルに分割し，MBO サンプルにおいては買収アナウンスメント前の株価が過小評価されている企業ほど買収プレミアムは高く，そしてレックス・ホールディングス事件を契機にプレミアムの支払水準が引き上げられる傾向にあることを確認している．また，MBO を直接扱った研究ではないが，野瀬・伊藤（2009）は近年のバイアウト・ファンドが行った買収案件を分析し，超過リターンの源泉としてアンダーバリューの解消とエージェンシーコストの削減が重要であることを示している．さらに，プレミアムの値と買収前の株価の動向を総合的に捉え，MBO の実施が少数株主の富に与えた影響を検証しようとした前澤（2008），吉村（2010）などがある．

　これらの研究は，日本企業を対象として，MBO（あるいはバイアウト一般）と買収プレミアムとの関係性を検証した先駆的な試みであるが，残念ながら，海外の多くの研究で指摘されてきたプレミアムを規定する多様な要因を体系的に扱ったものとはなっていなかった．そこで本章では，プレミアムの源泉として重要視されてきた，①アンダーバリュー，②負債の節税効果，③エージェンシーコストの削減，④従業員からの富の移転，⑤上場維持コストの節約，の5つの仮説を設定し，MBO の実施が少数株主の富に及ぼした影響を多角的に検討することを課題とする．とくに，①のアンダーバリューの検証に関しては，MBO 実施企業における事前の業績予想の修正の影響に注目する．近年，MBO 市場の制度設計にあたって，懸念されているのが買収アナウンスメント前に実施される利益圧縮型の会計操作と業績予想の下方修正である．これらの行動が観察され，その情報により株価が割安に抑え込まれていたり，あるいは

プレミアムそのものの水準が低くとどめられていたりするならば，国内外の実証研究でプレミアムの有力な源泉として支持されてきたアンダーバリュー仮説は再考を迫られることになろう．本章では，利益圧縮型の会計操作と業績予想の下方修正のうち，業績予想の下方修正に絞り，その少数株主への影響を検証する[4]．

本章の構成は以下のとおりである．次節では，MBOと買収プレミアムに関する先行研究を紹介したうえで，いくつかの作業仮説を提示する．第3節では，実証分析に用いるデータセットについて説明するとともに，買収プレミアムの決定要因の推計モデルと各変数の符号条件，業績予想の修正が買収プレミアムに与える影響についての分析方法について示す．第4節では実証分析の結果について報告する．第5節は結論と今後の課題にあてられる．

2. 先行研究と作業仮説

買収プレミアムの源泉については，さまざまな角度から研究が積み重ねられてきた．本節ではそのなかでも，とくに有力な要因だとされる，①アンダーバリュー，②負債の節税効果，③フリーキャッシュフローの削減，④従業員からの富の移転，⑤上場維持コストの節約を軸に先行研究を紹介するとともに，次節以降で扱う作業仮説を提示する[5]．

2.1 アンダーバリューと会計操作・業績予想の修正

通常，当該企業の潜在的価値について，経営者と株主の間には情報の非対称性が存在すると言われる．なぜなら，経営者は内部情報に直接触れることができるインサイダーであるのに対し，株主はそうした情報に触れることができないアウトサイダーであるからである．こうした両者の情報の非対称性は，情報優位にあり当該企業の真の企業価値を知る経営者にとっては，実際の市場評価

---

[4]　利益圧縮型の会計操作の少数株主の富への影響に関しては，河西・齋藤・川本（2010）で分析が行われており，会計操作企業では，プレミアムの算定基準となる株価の低下とプレミアムそのものの支払いの抑制という二重の意味において，少数株主の富が毀損されているという結果が得られている．
[5]　本章で取り上げる作業仮説のいくつかは，MBOによる株式非公開化の動機や買収プレミアムの決定要因を分析した齋藤・河西・川本（2017）でも扱われている．

が納得のいく水準ではないと認識させる背景となる．このような状況を想定する場合，経営陣やバイアウト・ファンドにとっては，市場からの評価が低ければ低いほど，買収による新たな価値創造の幅が大きくなる（と経営陣は予想する）ので，より多くのプレミアムをスクイーズ・アウトされる株主に支払うと考えられる．実際，国内外の非公開化のケースを扱った先行研究の多くで，アンダーバリューが株主の富の主要な源泉であるとの指摘がなされている（Travlos and Cornett（1993）; Renneboog et al.（2007）; 野瀬・伊藤（2009）; 井上・中山・増井（2010））．

仮説 1-1 買収前の株価が過小評価されているほど，買収プレミアムは大きくなる．

ただし，こうしたアンダーバリューの状態が，経営者の手によって意図的につくられたものであるとしたら，プレミアムの源泉の見方は大きく異なることになる．なぜなら，経営者はMBOにかかるコストを下げるために，プレミアムの算定基準となる株価を故意に引き下げるインセンティブを有するからである．経営者が自社の株価を引き下げる手段の一つとして，MBOの直前に会計操作を行い利益を圧縮するという方法がある．実際，1980年代以降の米国におけるMBO案件をサンプルとした複数の研究で，MBO公表直前期に会計操作が行われているという結果が報告されている（Perry and Williams（1994）; Wu（1997）; Marquardt and Wiedman（2004））[6]．

経営者が買収価格を下げるためのその他の手段として，自らが公表する業績予想をとおした方法がある．売上高，営業利益などの業績予想は決算短信をつうじて公表されるが，経営者はその業績予想を意図的に低く発表したり，下方修正を行うことで，株価を下げるよう誘導しようとする可能性がある．たとえば，2006年11月に公表されたレックス・ホールディングスのMBOに関して

---

[6] もっとも，この分野における先駆的な研究であるDeAngelo（1986）では，1973年から1982年までにMBOを実施した英国企業64社について，その直前に会計操作が行われているかを検定しているが，そうした証拠は確認されていない．また，日本のデータを用いた北川（2008）でも，MBO公表の2期前には有意に利益の圧縮が行われているものの，公表直前期には有意な結果は得られなかったとしている．

は，MBO公表3か月前の業績の下方修正を通じて，意図的に株価を下方誘導した可能性が指摘されている[7]．レックス・ホールディングスは業績予想の下方修正による株価の下落後のMBO公表直前1か月の平均株価に13.9%を上乗せした23万円をTOB価格としたが，東京高裁は，MBO公表前6か月平均に20%を上乗せした約34万円をTOB価格とする決定を行った．同様にワールドのMBOでも，経営者がMBO公表前に低めの業績予想を行い，その上方修正を公開買付け終了後まで意図的に引き延ばしたとされている（服部（2008））．

ここで論点となるのは，①どの程度の企業がMBO実施前に業績予想の修正を図っているのか，②そのような行動をとった企業の株価や買収プレミアムの値はいかなる影響を受けるのか，という点である．本章では，上述のアンダーバリュー仮説の検討に加え，これらの諸点についても検証する．なお，②の業績予想修正とプレミアムの関係性については，2通りのケースが考えられる．その一つは，それらが行われている場合，アンダーバリューの程度が高まるのであるから，当然買収プレミアムは大きくなるという見方である．ただしその反面，あえて業績が悪化しているようにみせかけて株価を圧縮し，将来生み出される利益を低く見積もらせたうえで，これを理由としてさらにプレミアムを減少させて買収コストを下げるとも考えられる．したがって，業績予想の修正によってプレミアムがどのような影響を受けるかについては，先験的に判断できない．

仮説1-2 買収前に業績予想の下方修正が行われている場合，株価は低下する．
仮説1-3（a） 買収前に業績予想の下方修正が行われている場合，買収プレミアムは大きくなる．
仮説1-3（b） 買収前に業績予想の下方修正が行われている場合，買収プレミアムは小さくなる．

2.2 負債の節税効果

買収資金が負債によって調達された場合，追加的に生じる支払利息は損金に

---

[7]）「レックスMBO高裁，少数株主の保護重視」『日本経済新聞』2008年10月27日．

算入され，税法上，控除の対象となる．これは「負債の節税効果」(tax shield) と称され，それによって生じる税支出の削減は，買収プレミアムの重要な源泉として議論がなされてきた．買収プレミアムと節税効果に関する実証研究は多岐にわたるが，もっとも象徴的なのが Kaplan (1989b) の検証結果である．同研究では，1980年から1986年に米国で実施された76件の MBO を分析し，既存株主に支払われたプレミアムのうち21％から72％が節税効果によって説明可能だとしている．また，日本企業の非公開化案件をサンプルとした野瀬・伊藤 (2009) でも，バイアウト前の利払額の多寡に着目し，それは直接プレミアムとは有意な相関を有しないものの，利払額が小さな企業ほど（すなわち，追加的な利払額の増加による税控除の余地が大きな企業ほど）非公開化の選択確率が上昇することを明らかにし，節税効果が非公開化の有力な動機となっていると指摘している．

以上のような先行研究と同様，仮にわが国においても節税効果が MBO 実施の主要な動機となっている場合，税負担が高く，利払額が小さな企業ほど節税効果も増幅し，それだけプレミアムの値も上昇すると予想される．

仮説2 買収前の税負担が高く，利払額が小さな企業ほど，買収プレミアムは大きくなる．

2.3 エージェンシーコストの削減

株式が広範に分散した公開企業では，経営陣は十分に当該企業の株式を保有しないことから，必ずしも株主の利害に沿った行動をとるとは限らない．たとえば，自己満足や保身のために NPV（正味現在価値）が負となるような過大な投資活動（帝国建設 empire building）を選好するというのは，その象徴的な事例であろう．このような株主・経営者間のエージェンシー問題を，MBO の実施は解消させる可能性がある．

(1) インセンティブ・リアライメント

その要因の一つとして，経営陣が買収を主導することにより，所有と経営が再び一致する方向に進む（インセンティブ・リアライメント）ことがあげられ

る．買収後の経営陣の持株比率の上昇は，公開時に存在したエージェンシーコストを削減すると同時に，彼らの努力水準を引き上げ，将来的な企業価値の向上をもたらす（Jensen and Meckling (1976))．その期待される価値増加分の一部が買収時にプレミアムとして支払われるというわけである．この点について直接的に検証したものとして Renneboog et al. (2007) がある．彼らは1990年代後半以降の英国企業を対象とし，買収時の CAR（累積超過リターン）とプレミアムで測った株主の富と買収前の経営者持分との間に負の関係性がみられることをみいだし，バイアウト後の経営者持分の引き上げ余地が高い企業ほど，プレミアムも大きくなる傾向があることを確認している．

仮説 3-1 買収前の経営者持株比率が低い企業ほど，買収プレミアムは大きくなる．

(2) フリーキャッシュフローの削減

また，MBO の実施がフリーキャッシュフローの削減を通じ，エージェンシー問題を緩和する可能性が指摘できる．MBO は LBO (leveraged buy-out) の一形態であり，買収後における負債比率の上昇を伴うが，それは利払いによる余剰資金の減少をつうじ，経営者に企業価値を毀損するような投資活動を思いとどまらせる効果を有す（Jensen (1993))．すなわち，買収前にフリーキャッシュフローを多く抱えている企業ほど，このような負債による規律づけ効果が効きやすく，買収後の企業価値創造が期待されるため，それだけプレミアムの支払い余地も高くなることが予想される（Lehn and Poulsen (1989))[8]．

仮説 3-2 買収前にフリーキャッシュフローを多く保有している企業ほど，買収プレミアムは大きくなる．

---

[8] もっとも，彼らと同一のサンプルを用いて追試した Kieschnick (1998) にみられるように，近年ではプレミアムとキャッシュフローの間に明確な因果関係をみいださない研究結果も報告されており，必ずしも一致した見方がなされているわけではない．

(3) ファンドによる企業価値創造

さらに，買収にバイアウト・ファンドが関与する案件では，それらがブロック・シェアホルダーとして買収企業に対するモニタリングを強化するため，株式公開時に発生していたエージェンシー問題が緩和されることが予想される (Shleifer and Vishney (1986))．同時に，ファンドがそれまでの投資活動で培ったファイナンスや M&A，あるいは提携等に関するノウハウの移転をつうじ，買収後の企業価値の向上が期待できる（杉浦 (2006)）．この点については，胥 (2011) では再上場を果たしたキトーの事例を取り上げ，カーライルによる業務戦略策定 (operating engineering) が活かされ，買収後の事業再構築や海外展開がスムーズに進んだ様子を紹介している．すなわち，ファンドが関与する MBO 案件では，増加が予想される企業価値の一部が，買収時にプレミアムとしてスクイーズ・アウトされる少数株主に分配される可能性がある．

ただし，ファンドはファイナンシャル・バイヤーでもあり，買収後の資金的負担を低減させるために，より安価に事業を買収したいというインセンティブを持っている．その場合，プレミアムの水準を低く抑える，あるいは買収前における業績の下方修正を通じて株価の引き下げを図るなど，買収コストの削減を試みる可能性も否定できない．

仮説 3–3 (a) 買収にバイアウト・ファンドが関与する案件では，買収プレミアムは大きくなる．

仮説 3–3 (b) 買収にバイアウト・ファンドが関与する案件では，買収プレミアムは小さくなる．

2.4 従業員からの富の移転

買収プレミアムの第 4 の源泉として，既存従業員の富の毀損に起因するものが考えられる[9]．Shleifer and Summers (1988) も指摘しているように，買収

---

[9] このほか，ステークホルダーからの富の移転としては，バイアウトのアナウンスが社債価格やその格付けに与える影響に着目し，既存債権者の富が毀損されたか否かを検証するものがある (Amihud (1989); Cook et al. (1999); Warga and Welch (1993))．ただし，日本企業のケースでは，MBO 実施企業の社債価格や格付けに関する体系的なデータを入手することが困難であるので，本章では立ち入った分析を行わない．

者は旧経営陣と既存労働者との間で交わされた長期契約や年功賃金等の「暗黙の契約」(implicit contracts) を破棄することをつうじ，短期的な収益を獲得することができる．いわゆる「信頼の破壊」(breach of trust) の議論である．この「信頼の破壊」に起因する買収後の株主価値向上の見込み分が TOB に応じる株主へのプレミアムに反映されるわけであるが，注意すべきは，そのプレミアムは，従業員から株主へ富が移転しただけに過ぎず，なんらネットの価値創造にもとづくものではないという点である．

このような信頼の破壊の可能性は，敵対的買収の文脈で検証されることが多いが (Gokhale et al. (1995); Canyon et al. (2001))，MBO のケースでも起こりうる問題である．その理由として，つぎの3点が指摘できる (Amess and Wright (2008))．第1に，負債比率が上昇することがあげられる．MBO が LBO の形態をとる場合，負債への依存度が高まり倒産リスクも上昇するが，それは従業員側の交渉力を弱める方向に働くことになる (Fox and Marcus (1992))．第2は，ファンドによるモニタリングが強化されることである．ファンドの運用期間は3年から5年と指摘されているが (光定・白木 (2006) p. 22)，それだけ経営改善に対する圧力も短期的なものになると予想される．第3は，経営者の持株比率が上昇することである．それは経営インセンティブになると同時に，株主との利益相反の可能性を緩和し（アライメント効果），企業経営をファンドが要請する株主価値最大化に向かわせる要因となる．

これらの理由により，MBO のケースでも信頼の破壊が発生する可能性は否定できず[10]，過剰雇用・過剰賃金を抱え，買収後にそれらの解消を通じ経営効率化を図りやすい企業ほど，買収プレミアムは大きくなると推察される．

仮説4 買収前に過剰雇用・過剰賃金を抱えている企業ほど，買収プレミアムは大きくなる．

2.5 上場維持コストの節約

最後に，株式非公開化によって節約される上場維持に要するコストも，買収

---

10) ただし，海外の実証研究では，買収後に有意な雇用者数の減少は観察されず，MBO によって信頼の破壊が発生したとの報告はされていない (Kaplan (1989a); Smith (1990))．

プレミアムの有力な源泉であることが指摘されている．上場維持コストとしては，取引所への年間上場料にとどまらず，監査法人への監査報酬，株主総会の運営コスト，有価証券報告書やIR資料に代表される制度上あるいは任意の情報開示資料の作成コストなど，直接・間接の諸々のコストが必要とされる．また近年では，金融商品取引法制定にともなう四半期報告制度や内部統制制度の義務化など，上場に関わるコスト負担は増加傾向にある．こうした上場維持コストの節約を上場廃止の理由にあげる企業は多く，とくにエクイティ・ファイナンスの実績の乏しい企業や収益規模が小さな企業でそうした傾向は強いと言われる．

買収プレミアムと上場維持コストの関係を明示的に扱った研究成果は乏しい状況であるが，そうしたなかで興味深い検討を行っているのが前述のRenneboog et al. (2007) である．彼らは年間上場料が低くディスクロージャーの程度も緩和されているAIM (Alternative Investment Market) に上場しているケースについて検証し，そうした企業では上場を廃止したとしても節約されるコストは限定されるため，プレミアムの支払水準も低くなるという結果を報告している[11]．

仮説5 株式非公開化によって上場維持コストが節約される企業ほど，買収プレミアムは大きくなる．

3. 分析方法とデータ

3.1 データセット

分析に用いたサンプルは，2000年度から2015年度にかけて非公開化型MBOの公表を行った130件[12] である．案件の特定は，レコフデータ社提供の非公開化型MBOデータによって行った．後述するマッチングサンプルとな

---

11) その一方で，1980年前後の米国における非公開化案件をサンプルとしたTravlos and Cornett (1993) では，年間上場料と買収時の超過リターンに有意な関係性は確認されておらず，上場維持コストの節約が少数株主の富の源泉ではないとの見方が提示されている．
12) 業績予想に関するデータは2003年より入手可能となっているため，業績予想に関わる分析でのサンプル数は126件である．

るTOBによりキャッシュアウトで完全子会社化された企業は，レコフデータ『マール』各月号により特定を行った．株価，財務，株主構成データは，日経NEEDS-FinancialQUESTより抽出した．説明変数の多くは前年度のデータとなっており，原則として連結データを用いたが，それが入手できない企業や所有構造データに関しては単独データを利用した．

3.2 分析方法と変数

1つ目の分析として，非公開化型MBOにおける買収プレミアムの決定要因を分析するため，買収プレミアムを被説明変数，第2節の仮説にしたがう下記の諸要因を説明変数とした線形回帰モデルをOLSで推計する．

(1) 被説明変数

被説明変数は買収プレミアムであり，計測には2種類の方法を用いた．TOB価格とMBO発表日から20日前の株価を比較した$PREM20$と40日前の株価を比較した$PREM40$である．非公開化型MBOにともなう買収プレミアムは，通常の買収のように保有比率の上昇により発生する支配権プレミアムと第2節で論じた要因やその他，取引費用の削減や株式の集中にともなうモニタリングの強化などMBO特有の要因による企業価値向上に伴うプレミアムがあると考えられる．ただし，後者は特定の利害関係者からの富の移転により発生している可能性があり，本章の目的はその経路を明らかにすることにある．

(2) 説明変数

過小評価に関する変数：当該企業の株価が過小評価されているほどMBOによる価値創造の余地が大きく買収プレミアムが大きくなるという仮説1-1に関する変数としては，Renneboog et al. (2007) を参考に，マーケット・インデックスで標準化された株式収益率$SHPF$を利用した．同指標として，MBOのアナウンスメント300日前と41日前の株価（終値）によって算出された株式収益率から，同期間のマーケット・インデックス（TOPIX）の収益率を差し引いた$SHPF$と，株価純資産倍率PBRの2種類を利用する．これら変数は，株式市場による当該企業の過小評価の程度を表しており，期待される符号条件は負

である.

節税効果に関する変数：買収前の税負担が高く，利払額が小さな企業ほど，買収プレミアムは大きくなるという仮説2に関する変数は支払利息売上高比率 $INTEREST$ と負債総資産比率 $DEBT$ である．利払額が小さな企業ほど，追加的な利払額の増加による税控除の余地が大きく，また，MBO 前の負債依存度が低い企業ほど，負債を増加させる余地が大きいため，買収プレミアムが大きくなると推測される．よって $INTEREST$ と $DEBT$ に期待される符号は負である．

エージェンシーコストの削減に関する変数：株主・経営者間のエージェンシー問題の緩和による株主価値の増加分が買収プレミアムの源泉となるという仮説3に関しては，第2節で論じたように3つの要因が考えられる．まず，1つ目は MBO により経営者の持株比率が高まることで，株主と経営者の利益相反が緩和されるインセンティブ・リアライメントである．このとき，経営者持株比率が低いほどエージェンシーコスト削減の余地が大きく，プレミアムが高くなると予想される．本章では経営者持株比率の代理変数としての役員持株比率 $DIREC$ を利用する．

　2つ目は，MBO の実施によるフリーキャッシュフローの削減をとおしたエージェンシーコストの削減であり，フリーキャッシュフロー比率 FCF によりその買収プレミアムへの効果を確認する．フリーキャッシュフロー比率は $LQ \times$ 手元流動性 / 総資産と定義され，LQ はトービンの q（シンプル q：（株式時価総額＋有利子負債総額）／資産総額）が1以下をとるとき1の値をとるダミー変数である．手元流動性は，現金・預金＋有価証券＋投資有価証券と定義する．成長可能性が低い企業ほど手元流動性はフリーキャッシュフローになりやすく，MBO の実施がフリーキャッシュフローの削減をつうじ，エージェンシー問題を緩和する可能性があるため，買収前にフリーキャッシュフローを多く抱えている企業ほど将来的な経営効率化の余地が大きく，プレミアムが大きくなることが考えられる．よって，ここで期待される符号は正である．

　3つ目は，バイアウト・ファンドによるエージェンシーコストの削減である．

MBOにファンドが関与した企業に1を与えるダミー変数 $FUND$ で，ファンドの買収プレミアムへの影響を捉える．ファンドによるブロック・シェアホルダーとしてのモニタリングや経営への関与，金融技術の提供などをつうじた企業価値向上が買収プレミアムに反映される可能性とファンドのファイナンシャル・バイヤーとしての側面により買収プレミアムが低く抑えられる可能性の両面が考えられる．

従業員に関する変数：買収前に過剰雇用・過剰賃金を抱えている企業ほど，買収プレミアムは大きくなるという，従業員からの富の移転に関する仮説4に関しては，1人あたり売上高 $SALESPW$ と1人あたり人件費 $LABORCOST$ により検証を行う．両変数ともに同一産業における中央値を減ずることで，産業間調整を行っている[13]．$SALESPW$ は過剰雇用，$LABORCOST$ は過剰賃金を表していると考えられる．過剰雇用を抱える企業は，1人あたりの生産性が低く，従業員の削減により生産性の上昇が望まれるため，期待される符号は負である．他方，過剰賃金を支払っている企業ではMBO実施後に賃金の圧縮を行うことを前提に買収プレミアムを捻出することができると考えられ，期待される符号は正である．

上場維持コストの節約に関する変数：株式非公開化によって節約される上場維持に要するコストが，買収プレミアムの源泉となるという仮説5は，取引成立日比率 $TRADED$ と新興株式市場上場ダミー変数 $EMERGMKT$ により検証を行う．$TRADED$ は，MBO公表250日前から41日前までの期間で，上場市場において当該企業の取引が成立した日数の比率であり，取引成立日が少ないほど上場維持コストが割高になるため，期待される符号は負である．$EMERGMKT$ は，ジャスダック，ヘラクレス，マザーズ上場企業に1，その他市場に上場の企業に0を与えるダミー変数であり，新興市場は相対的に上場維持コストが低く，上場廃止により削減できるコストが小さいと考えられるため，期待される符号は負である．

---

[13] 産業分類として日経業種小分類を利用した．

業績予想の修正に関する変数：仮説1-3（a）（b）を検証するため，業績予想を下方修正した企業に1を与えるダミー変数 $DOWNADJ$ を追加した推計を行う．経営者によるある期の自社の業績についての予想は，決算短信や業績予想の修正をつうじて複数回行われるが，MBO公表日1年前から3か月前までの期間に行った業績予想が直前の予想から下がった場合，その企業を業績下方修正企業とした．ここでは業績の変数として本決算の経常利益を利用する．業績予想の下方修正は，買収プレミアム算定のための基準株価を下げることを目的としており，業績予想の下方修正によりアンダーバリューの程度が強まり，買収プレミアムが大きくなる場合には，$DOWNADJ$ は正の値をとるが，悲観的な見通しを投資家に与えることでプレミアムを減少させる場合，負の値をとると考えらえる．

コントロール変数：その他にコントロール変数として買収金額対数値 $DEALSIZE$，製造業に属する企業に1の値を与える製造業ダミー $MANUFAC$，年度ダミー $YEAR$ を加える．

業績予想の修正が買収プレミアムに与える影響に関しては，追加的な分析を行う．まず，マッチングサンプルとの間で業績予想の下方修正の頻度に差があるかを確認する．マッチングサンプルとして，TOBによりキャッシュアウトで完全子会社化された企業を選択した．そのような企業は事前の親会社の所有比率が高いため，完全子会社化により支配権の移転は起こらないが，MBOのケースでは通常，事前の経営者所有比率は低いため，MBOにより経営者は支配権を新たに獲得する．そのため，完全子会社化のケースに比べ，MBOのケースではコントロールプレミアムの分，買手（経営者）にとっては業績予想の下方修正などによって少数株主の富を収奪する余地が大きくなると考えられる[14]．したがって，MBOのケースでは，経営者は業績予想の下方修正といった方法により株価を下方に誘導するより大きなインセンティブを持つと予想

[14) 経済産業省の「MBO指針」においてもそのような可能性が指摘されている．本章では完全子会社化のなかでもキャッシュアウトによるケースを取り上げているため，そのような状況になる可能性がより高いと考えられる．

表 12-1 基本統計量

変数	平均値	標準偏差	最小値	最大値
PREM20	0.526	0.367	−0.058	2.012
PREM40	0.521	0.354	−0.109	1.982
SHPF	−0.104	0.279	−1.034	0.521
PBR	0.916	0.678	0.133	3.421
INTEREST	0.019	0.053	0.000	0.407
DEBT	1.700	3.571	0.067	24.605
DIREC	0.139	0.123	0.000	0.436
FCF	0.189	0.191	0.000	0.660
FUND	0.438	0.498	0.000	1.000
SALESPW	2.872	32.012	−52.996	130.934
LABORCOST	0.220	3.200	−6.000	16.485
TRADED	0.837	0.224	0.210	1.000
EMERGMKT	0.677	0.469	0.000	1.000
DEALSIZE	8.778	1.383	5.451	12.295
MANUFAC	0.354	0.480	0.000	1.000
DOWNADJ	0.397	0.491	0.000	1.000

注：サンプルサイズは，130社．ただし，下方修正実施ダミーのみ126社．

される．

また，業績予想の下方修正が株価へ与える影響を確認するため，イベントスタディを行う．具体的には，業績予想の下方修正の公表時の累積超過収益率（CAR）の計算を行う[15]．

具体的な実証分析に入る前に，買収プレミアムの基本的な特徴について確認しておきたい．非公開化企業が支払った平均的なプレミアムの値は，発表前20日の株価とTOB価格を比較したもので52.6%，発表前40日を基準としたもので52.1%となっている（表12-1）．これは，わが国において買収プレミアムの相場として認識されている値（MBO実施前6か月平均の株価に比較して20%）を上回るだけでなく，Lowenstein（1985）による米国企業のMBOをサンプルとしたプレミアム（56.0%）に匹敵する値となっており，英米の先行研究の数値と比較しても高い部類に入ると判断できる[16]．

---

[15] 短期間に業績予想を複数回行っているケースが存在する，サンプル企業には新興市場上場の企業が多く，株式の取引がない日が多くデータに制限があるといった理由から，マーケットモデルにおいて α_i を0，β_i を1という制約を課す市場調整モデルを使用してCARの推計を行う．

では，以上のような買収プレミアムは，いかなる要因によって左右されるのであろうか．第2節で論じた仮説を前提に，次節で回帰分析を行い明らかにする．

4. 推計結果

4.1 買収プレミアムの決定要因

推計結果は**表12-2**に表されている．コラム(1)-(3)は$PREM20$，コラム(4)-(6)は$PREM40$を被説明変数とした推計結果である．

まず，当該企業の株価が過小評価されているほどMBOによる価値創造の余地が大きく買収プレミアムが大きくなるという仮説1-1を検討する．過小評価の程度を表す変数として株価収益率$SHPF$とPBRの2種類を用いているが，$SHPF$はプレミアム算定の基準株価をMBO発表前20日に設定した$PREM20$を被説明変数としたモデル(コラム(1)と(3))で有意水準10％，発表前40日を基準にしたプレミアム$PREM40$を被説明変数としたモデル(コラム(4)と(6))において有意水準5％で負の係数をとっており，PBRは非有意であるが負の係数をとっている．仮説1-1は概ね支持されたと考えられる．ただし，同変数が捉えているものは，純粋な当該企業の資本市場での評価だけでなく，意図的につくり出された評価も含まれている可能性がある．意図的に過小評価を得ている場合，既存株主へ過小な対価が支払われ，結果として既存株主から買収側(経営陣やファンド)へ富の移転が起こることになる．この効果については本節の後半で論じることにする．

つぎに，MBO実施に伴う負債比率の上昇による節税効果に関しては，理論的には仮説2にあるとおり，税負担が高く，利払額が小さな企業ほど，買収プレミアムが大きくなると推測される．この仮説は，支払利息売上高比率IN-

---

16) 本章におけるプレミアムの値が，海外の先行研究の計測結果を上回るものとなっている背景として，①わが国においてはM&Aに関する実務的経験の蓄積が乏しいため，経営陣のリスク評価が甘く，プレミアムを多く支払い過ぎている(服部(2008) p.75)，②株式の買取価格をめぐる相次ぐ法廷闘争に対し，非公開化を目指す企業が過剰に反応し，買収をスムーズに進めるために高水準のプレミアムを支払う傾向にある，等の可能性が考えられるが，本章の検討範囲を越えるため，これ以上の言及は行わない．

表 12-2 買収プレミアムの決定要因

	PREM20			PREM40		
	(1)	(2)	(3)	(4)	(5)	(6)
SHPF (−)	−0.168*		−0.179*	−0.226**		−0.245**
	(0.093)		(0.097)	(0.103)		(0.109)
PBR (−)		−0.044	−0.055		−0.077	−0.092
		(0.066)	(0.069)		(0.066)	(0.069)
INTEREST (−)	−0.866	−0.956	−0.877	−0.016	−0.142	−0.035
	(1.603)	(1.549)	(1.586)	(1.497)	(1.426)	(1.463)
DEBT (−)	0.007	0.010	0.008	−0.006	−0.001	−0.004
	(0.029)	(0.028)	(0.029)	(0.026)	(0.025)	(0.026)
DIREC (−)	−0.478*	−0.471*	−0.418	−0.255	−0.227	−0.154
	(0.247)	(0.275)	(0.272)	(0.278)	(0.303)	(0.302)
FCF (+)	0.401**	0.328*	0.340*	0.345**	0.225	0.242
	(0.155)	(0.180)	(0.182)	(0.161)	(0.186)	(0.189)
FUND (?)	−0.100	−0.104	−0.091	−0.045	−0.048	−0.029
	(0.086)	(0.087)	(0.088)	(0.084)	(0.086)	(0.086)
SALESPW (−)	−0.001	−0.001	−0.001	−0.001	−0.001	−0.001
	(0.001)	(0.001)	(0.001)	(0.001)	(0.001)	(0.001)
LABORCOST (+)	0.006	0.007	0.006	0.003	0.004	0.002
	(0.010)	(0.010)	(0.010)	(0.009)	(0.009)	(0.010)
TRADED (−)	0.147	0.159	0.153	0.179	0.198	0.189
	(0.164)	(0.167)	(0.163)	(0.167)	(0.168)	(0.163)
EMERGMKT (−)	0.000	0.015	0.003	−0.001	0.021	0.005
	(0.059)	(0.060)	(0.060)	(0.056)	(0.060)	(0.058)
DEALSIZE	−0.020	−0.022	−0.009	−0.025	−0.023	−0.005
	(0.036)	(0.038)	(0.038)	(0.035)	(0.036)	(0.035)
MANUFAC	0.091	0.055	0.078	0.048	−0.005	0.027
	(0.070)	(0.069)	(0.069)	(0.077)	(0.078)	(0.078)
CONSTANT	0.466	0.531	0.408	0.427	0.498	0.329
	(0.334)	(0.345)	(0.350)	(0.342)	(0.345)	(0.350)
年度ダミー	Yes	Yes	Yes	Yes	Yes	Yes
観察数	130	130	130	130	130	130
R^2	0.454	0.445	0.457	0.376	0.364	0.388

注1:括弧内は,不均一分散に頑健な標準誤差.
注2:*,**,***はそれぞれ有意水準10%,5%,1%で有意であることを表す.
注3:変数名横のプラス・マイナス記号は,予想される符号を意味する.

$TEREST$ と負債総資産比率 $DEBT$ によりテストするが,両変数ともどのモデルにおいても非有意という結果となっている.本分析からは,買収プレミアムの源泉として負債増加による節税分が利用されるという関係性はみられなかった.

エージェンシーコストの削減に関する仮説の1つ目の経営者の持株比率が高まることにより株主と経営者の利益相反が緩和されるインセンティブ・リアライメントに関しては,役員持株比率 $DIREC$ は,コラム(1)と(2)において 10% 水準ではあるが有意に負の係数をとっている.これは,ポスト MBO の役員持分の上昇に伴う株主・経営者間のエージェンシーコストの削減余地の大きな企業ほど,プレミアムの支払水準も高まることがある程度あてはまることを示唆している.MBO の実施によるフリーキャッシュフローの削減をとおしたエージェンシーコストの削減に関しては,フリーキャッシュフロー比率 FCF は,コラム(5)と(6)を除き,統計的に有意に正の係数をとっており,フリーキャッシュフローの削減によるエージェンシーコストの削減がプレミアムの源泉の一つとなっていると考えられる.バイアウト・ファンドによるエージェンシーコストの削減に関しては,案件へのファンド関与の有無を表す $FUND$ によって,ファンドのブロック・シェアホルダーとしての効果とファイナンシャル・バイヤーとしての効果の検証を行った.しかし,$FUND$ は統計的に有意となっておらず,プレミアムの設定においてファンドの関与の有無は影響を与えないという結果となった.

買収前に過剰雇用・過剰賃金を抱えている企業ほど,買収プレミアムは大きくなるという,従業員からの富の移転に関する仮説4に関しては,業種間調整を行った1人あたり売上高 $SALESPW$ と1人あたり人件費 $LABORCOST$ により検証を行った.従業員を厚遇している企業では MBO 実施後に暗黙の契約を破棄することで,買収プレミアムを生み出す可能性があるが,推計の結果,$SALESPW$,$LABORCOST$ と買収プレミアムの間に有意な関係は観察されなかった.

株式非公開化によって節約される上場維持に要するコストが,買収プレミアムの源泉となるという仮説5に関しては,取引成立日比率 $TRADED$,新興株式市場上場ダミー変数 $EMERGMKT$ の両者とも買収プレミアムに対して有意

な影響はみせておらず,上場維持コストの節約分が買収プレミアムに反映されるという事実は確認されなかった.

4.2 業績予想の修正と少数株主の利益

つぎに,仮説1-2と仮説1-3の検証をつうじて,業績予想の修正がMBO実施企業の少数株主の富にいかなる影響を与えたのかについて考察する.

まず,修正の頻度や修正の規模を測った修正率をMBO実施企業サンプルと完全子会社化された企業サンプルの間で比較する.計測の期間はMBOや完全子会社化を目指すTOBのアナウンス日の3～6か月前,3～12か月前,1～2年前,2～3年前の4期間で行う.結果は**表12-3**にまとめられている.業績予想の修正における下方修正の比率に関しては,どの期間においても,両サンプルにおいて差はみられない.上方修正の比率に関しても同様の結果となっている.どの程度の大きな下方修正を行ったかという最大下方修正率,期間をつうじての修正率の平均を測った平均修正率に関しても,両サンプルで有意な差はみられない.上述のように,事前に低めの業績予想を行い,その上方修正を公開買付け終了後まで意図的に引き延ばしたと言われているワールドのケースを念頭に,TOB公表後1～3か月に業績の上方修正を行う割合についても計算を行った.MBOサンプルでは上方修正の割合は12.5%,完全子会社サンプルでは9.5%であったが,その差は統計的には有意ではない.以上の結果から,両サンプルにおいてTOB公表前の業績予想の修正において異なった傾向はみられないことがわかる.

MBOサンプルにおいて,異なる計測期間の間での比較も行う.プレミアムの算定の基準となる期間の比較的近い期間(過去)であり,その時期に株価を下げると算定基準を下げられると考えられるMBOアナウンス日の3～6か月前,3～12か月前と算定に影響がないほど過去と考えられるMBOアナウンス日の1～2年前,2～3年前の値の比較を行う.MBO実施企業がプレミアムの算定基準を下げるために総体的に業績の下方修正を行っているのであれば,MBOアナウンス日の3～6か月前,3～12か月前において,1～2年前,2～3年前より多くの,もしくは大きな下方修正を行っていると予想できる.しかし,比較の結果,下方修正比率,上方修正比率,最大下方修正比率,平均修正比率

第12章 日本企業の非公開化型MBOにおける買収プレミアムの分析

表12-3 業績予想の修正頻度・修正規模

期間	ケース数	下方修正率	t	m	上方修正率	t	m	最大下方修正率	t	m	平均修正率	t	m
MBOサンプル													
①：−3〜−6か月	89	0.174			0.459			−0.041			0.379		
②：−3〜−12か月	130	0.191			0.555			−0.501			0.021		
③：−1〜−2年	131	0.187			0.460			−1.523			−0.326		
④：−2〜−3年	127	0.220			0.505			−0.487		*	−0.103		
⑤：+1〜+3か月	68	—			0.125			—			—		
⑥：① vs ③			—			—			—			—		
⑦：① vs ④			—			—			—	*		—		
⑧：② vs ③			—			—		**	—			—		
⑨：② vs ④			—			—			—			—		

期間	ケース数	下方修正率	上方修正率	最大下方修正率	平均修正率
完全子会社サンプル					
①：−3〜−6か月	52	0.260	0.375	−0.212	−0.111
②：−3〜−12か月	70	0.204	0.536	−0.315	−0.019
③：−1〜−2年	72	0.219	0.467	−1.789	−0.236
④：−2〜−3年	70	0.247	0.456	−0.691	−0.089
⑤：+1〜+3か月	42	—	0.095	—	—
⑥：① vs ③					
⑦：① vs ④					
⑧：② vs ③					
⑨：② vs ④					

注1：tは2標本t検定，mは中央値の等値性の検定を行っている．
注2：①〜⑤でそれぞれの変数についてMBOサンプルと完全子会社サンプル間で検定を行った．
注3：⑥〜⑨ではそれぞれの変数について期間の間で検定（t検定）を行った．
注4：*，**，***はそれぞれ有意水準10%，5%，1%で有意であることを表す．

のいずれの値においてもアナウンス日の3〜6か月前，3〜12か月前において，1〜2年前，2〜3年前より多くの，もしくは大きな下方修正を行っているという事実は確認されない．

さらに，MBO実施企業がMBOの公表を行った期には，その他の期に比べ，業績予想を業績の実現値に比べ過少に設定しているかどうかの検証を行う（**表12-4**）．TOBの公表を行った期（0期）における予想の平均が実績値を下回った企業の割合は，MBOサンプルで5.6%，完全子会社サンプルで17.6%であ

表12-4 業績の予想値が実績値を下回った企業の割合

	MBOサンプル	完全子会社サンプル
0期	0.056	0.176
−1期	0.457	0.435
−2期	0.415	0.507

注:0期はTOBの公表を行った期(年度)を表す.

り,MBO実施企業が完全子会社化された企業に比べ過少に業績を予想していた事実はみられない.また,0期とその1年前(−1期),2年前(−2期)の比較でも,−1期や−2期の方が過少な業績予想を行った企業の割合は高く,MBOを公表した期に過少な業績予想を公表していた事実は観察されない.

つぎに,業績予想の下方修正の株価への影響を分析するイベントスタディの結果は,表12-5にまとめられている.MBO実施企業が業績の下方修正を行ったのは64ケースあり,完全子会社化された企業が業績の下方修正を行ったのは40ケースあった.MBOサンプルにおいては,平均AR(超過収益率)は,下方修正公表の翌日と2日後に統計的に有意に低下しており,完全子会社サンプルにおいても,下方修正公表の翌日に有意に低下がみられる.つまり,業績

表12-5 業績予想の修正に対する株価の反応(%)

	MBOサンプル (64ケース)		完全子会社サンプル (40ケース)	
	平均AR	t値	平均AR	t値
−5	−0.497	−1.080	0.719	1.614
−4	−0.037	−0.101	0.454	1.534
−3	0.546	1.643	−0.317	−0.735
−2	−0.109	−0.307	0.300	0.589
−1	−0.364	−1.195	−0.329	−0.565
0	−0.335	−1.019	−0.296	−0.692
1	−1.880**	−2.442	−1.728**	−2.343
2	−0.849*	−1.686	−0.448	−0.600
3	−0.094	−0.205	−0.442	−0.783
4	0.168	0.311	0.123	0.342
5	0.243	0.538	−0.134	−0.227
平均CAR(−1, +1)	−2.579***	−3.158	−2.354***	−2.431
平均CAR(−2, +2)	−3.536***	−3.540	−2.502**	−2.078

注:*,**,***はそれぞれ有意水準10%,5%,1%で有意であることを表す.

の下方修正により株価が下落したということが確認できる．CAR（累積超過収益率）に関しても，両サンプルにおいて下方修正公表日前後1日，2日で測ったもの共に有意に負となっており，MBOサンプルでは3％前後の収益率の下落が確認できる．とくに，訴訟になり報道でも取り上げられたレックス・ホールディングスのケースやツバキ・ナカシマのケースでは，業績予想の下方修正のイベント日前後1日のCARはそれぞれ約−21％，−13％と推計された．以上の結果から，MBO公表前の業績予想の下方修正により株価が低下することが確認された．

最後に，仮説1-3を検証するために，業績予想の修正の効果を考慮した推計式の結果をみる（表12-6）．まず，業績予想の修正に関する変数を追加することで，役員持株比率の係数が非有意となった．その他の結果に関しては，上述の基本モデルの結果と大きな差はみられない．業績予想下方修正ダミー *DOWNADJ* に関しては，買収プレミアムに対して有意な影響を与えていないことがわかる．したがって，企業側が業績の下方修正を行っても買収プレミアムの大きさはそれらの行動をとらなかった場合と変わらないことが示唆される．つまり，仮説1-3（a）も仮説1-3（b）も支持されなかった．

以上の結果を総合すると，MBO実施企業は，完全子会社化された企業と比べ，より多くまたはより大きな業績の下方修正を行っているとは言えず，またMBOを公表した期における業績予想も過去の業績予想と差はみられず，MBO企業が総体的に業績予想の下方修正を行っているという事実は確認されなかった．ただし，業績予想の下方修正が行われることで超過収益率の下落はみられた．また，業績予想の下方修正を行った企業が，下落した株価を基準にプレミアムを増加させるという行動をとるということは確認されなかった．したがって，プレミアムの算定基準となる株価を下げるために業績の下方修正を行った企業は，株価の下落により，少数株主の富を毀損したと考えられる．

表12-6　買収プレミアムと業績予想の修正

	PREM20			PREM40		
	(1)	(2)	(3)	(4)	(5)	(6)
SHPF (−)	−0.180*		−0.188*	−0.245**		−0.258**
	(0.097)		(0.101)	(0.105)		(0.110)
PBR (−)		−0.038	−0.048		−0.065	−0.078
		(0.067)	(0.068)		(0.065)	(0.067)
INTEREST (−)	−0.956	−1.065	−0.958	−0.262	−0.412	−0.265
	(1.656)	(1.607)	(1.641)	(1.558)	(1.503)	(1.529)
DEBT (−)	0.007	0.011	0.008	−0.004	0.001	−0.003
	(0.030)	(0.029)	(0.030)	(0.027)	(0.026)	(0.026)
DIREC (−)	−0.437	−0.441	−0.385	−0.172	−0.164	−0.088
	(0.271)	(0.299)	(0.299)	(0.296)	(0.322)	(0.324)
FCF (+)	0.421**	0.352*	0.368*	0.366**	0.258	0.281
	(0.165)	(0.189)	(0.191)	(0.169)	(0.193)	(0.195)
FUND (?)	−0.097	−0.102	−0.088	−0.041	−0.046	−0.026
	(0.087)	(0.088)	(0.089)	(0.085)	(0.087)	(0.087)
SALESPW (−)	−0.001	−0.001	−0.001	−0.001	−0.001	−0.001
	(0.001)	(0.001)	(0.001)	(0.001)	(0.001)	(0.001)
LABORCOST (+)	0.005	0.006	0.005	0.002	0.003	0.002
	(0.010)	(0.010)	(0.010)	(0.009)	(0.009)	(0.009)
TRADED (−)	0.172	0.183	0.174	0.230	0.245	0.232
	(0.177)	(0.180)	(0.176)	(0.181)	(0.183)	(0.178)
EMERGMKT (−)	−0.007	0.009	−0.003	−0.015	0.007	−0.010
	(0.060)	(0.061)	(0.061)	(0.057)	(0.059)	(0.058)
DOWNADJ (?)	0.034	0.036	0.032	0.084	0.086	0.080
	(0.062)	(0.061)	(0.061)	(0.057)	(0.058)	(0.056)
DEALSIZE	−0.019	−0.022	−0.008	−0.020	−0.022	−0.004
	(0.037)	(0.040)	(0.040)	(0.035)	(0.036)	(0.037)
MANUFAC	0.086	0.050	0.075	0.043	−0.010	0.024
	(0.073)	(0.072)	(0.072)	(0.080)	(0.081)	(0.080)
CONSTANT	0.398	0.540	0.366	0.228	0.414	0.175
	(0.340)	(0.342)	(0.353)	(0.347)	(0.340)	(0.357)
年度ダミー	Yes	Yes	Yes	Yes	Yes	Yes
観察数	126	126	126	126	126	126
R^2	0.457	0.447	0.460	0.395	0.377	0.403

注1：括弧内は，不均一分散に頑健な標準誤差．
注2：*，**，***はそれぞれ有意水準10%，5%，1%で有意であることを表す．
注3：変数名横のプラス・マイナス記号は，予想される符号を意味する．

5. おわりに

　本章では，日本企業が実施した非公開化型MBO案件を対象に，買収プレミアムの決定要因について，アンダーバリューの解消，節税効果，エージェンシーコストの削減，従業員からの富の移転，上場維持コストの節約，といった仮説の検証を行い，さらにアンダーバリューがMBO実施企業によって意図的につくり出されている可能性を考慮し，業績予想の下方修正に着目して分析を行った．その結果，以下のような点が示された．

　第1に，買収プレミアムの水準について計測したところ，TOB発表前20日や40日の株価に比べ50%以上の上乗せがなされており，英米企業のプレミアム水準に遜色ないことが明らかにされた．第2に，買収プレミアムを被説明変数とした回帰分析からは，MBO実施前の株式収益率の係数が有意に負となり，非公開化前の株式がアンダーバリューの状態に置かれている企業ほど，プレミアムの水準が高まることが示された．第3に，ポストMBOの役員持分の上昇に伴う株主・経営者間のエージェンシーコストの削減余地の大きな企業ほど，プレミアムの支払水準も高まることがある程度あてはまること，フリーキャッシュフローの削減によりエージェンシーコストの削減が見込まれる企業ほどプレミアムが大きくなることから，エージェンシーコストの削減による株主価値の向上も買収プレミアムの源泉となっている可能性がみられた．

　また，MBO実施前の経営者による業績予想の下方修正に着目して，少数株主から買収側（経営陣やファンド）への富の移転の可能性についても検証を試みた．業績予想の下方修正の頻度や程度は，MBO実施企業とそのマッチング企業である完全子会社化された企業で差異はみられず，MBOを公表した期と過去の期でも業績予想の下方修正の頻度や程度に差はみられなかった．また，下方修正を実施したMBO企業の買収プレミアムの大きさもその他MBO企業と同等のレベルに設定されていた．ただし，業績予想の下方修正により株価が低下するということが確認された．つまり，下方修正実施企業は，業績予想の下方修正により買収プレミアムの算定基準となる株価を低下させて買収金額を抑えているが，プレミアムの大きさ自体はその他の企業と同等のレベルに設定

していることが示唆された．買収プレミアムの算定基準となる株価を下げるために意図的に業績予想の下方修正を行ったケースでは，少数株主の富が毀損されていたと考えられる．

最後に，本章に残された課題について述べる．買収プレミアムの決定要因の分析では非公開化型 MBO を実施した企業のみをサンプルとして分析を行ったが，この場合サンプルセレクションバイアスの存在が懸念される．そのため，ペアド・サンプル等の方法で非実施企業もサンプルに含めて分析を行う必要がある．また，推計では業績予想の修正を外生的な要因として扱ったが，そもそもどのような企業が MBO 実施前にそれを図る可能性が高いのかについても検証される必要があろう．とくに，バイアウト・ファンドの存在や経営陣の持株比率が非公開化前の業績予想の修正の選択確率にいかなる影響を及ぼしているのかは興味深い課題と思われる．バイアウト・ファンドに関しては，ファンドの属性については考慮せずに，ファンドの関与の有無だけを扱ったが，過去の MBO 関与の経験の程度や外資系や国内系，国内系のなかでも金融機関系か独立系かといった属性によりその行動は異なると考えられるため，それらの情報も分析に取り込むことは意味があると思われる．

◆参考文献

Amess, K. and M. Wright (2007), "The Wage and Employment Effects of Leveraged Buyouts in the UK," *International Journal of Economics and Business*, 14, pp. 179-195.

Amihud, Y. (1989), "Leveraged Management Buyouts and Shareholders' Wealth," in Y. Amihud (ed.), *Leveraged Management Buyouts: Causes and Consequences*, New York: Dow-Jones Irwin.

Asquith, P. and T. Wizman (1990), "Event Risk, Covenants, and Bondholder Returns in Leveraged Buyouts, "*Journal of Financial Economics*, 27, pp. 195-213.

Canyon, M., S. Girma, S. Thompson, and P. Wright (2001), "Do Hostile Mergers Destroy Jobs?" *Journal of Economic Behavior and Organization*, 45, pp. 427-440.

CMBOR (1991), Guide to Management Buy-Outs 1991/92, Economist Intelligence Unit.

Cook, D. O., J. C. Easterwood, and J. D. Martin (1992), "Bondholder Wealth Effects of Management Buyouts," *Financial Management*, 21, pp. 102-113.

DeAngelo, L. (1986), "Accounting Numbers as Market Valuation Substitutes: A Study of Management Buyouts of Public Stockholders," *The Accounting Review*, 61, pp.

400-420.
DeAngelo, H., L. DeAngelo, and E. M. Rice (1984), "Going Private: Minority Freezeouts and Stockholders Wealth," *Journal of Law and Economics*, 27, pp. 367-401.
Easterwood, J. C., R. F. Singer, A. Seth, and D. F. Lang (1994), "Controlling the Conflict of Interest in Management Buyouts," *Review of Economics and Statistics*, 76, pp. 512-522.
Fox, I. and A. Marcus (1992), "The Causes and Consequences of Leveraged Management Buyouts," *Academy of Management Review*, 17, pp. 62-85.
Gokhale, J., E. Groshen, and D. Neumark (1995), "Do Hostile Takeovers Reduce Extramarginal Wage Payments?" *Review of Economics and Statics*, 77, pp. 470-485.
服部暢達（2008），『実践 M&A ハンドブック』日経 BP 社．
Horlow, W. V. and J. S. Howe (1993), "Leveraged Buyouts and Insider Nontrading," *Financial Management*, 22, pp. 109-118.
井上光太郎・中山龍太郎・増井陽子（2010），「レックス・ホールディングス事件は何をもたらしたか：実証分析からの示唆」『商事法務』No. 1918, pp. 4-17.
Jensen, M. C. and W. H. Meckling (1976), "Theory of the Firm: Managerial Behavior, Agency Costs and Ownership Structure," *Journal of Financial Economics*, 3 (4), pp. 305-360.
Jensen, M. C. (1993), "The Modern Industrial Revolution: Exit and the Failure of Internal Control System," *Journal of Finance*, 48, pp. 831-880.
Kaplan, S. (1989a), "The Effects of Management Buyouts on Operating Performance and Value," *Journal of Financial Economics*, 24, pp. 217-254.
Kaplan, S. (1989b), "Management Buyouts: Evidence on Taxes as a Source of Value," *Journal of Finance*, 44, pp. 611-632.
川本真哉・河西卓弥・齋藤隆志（2012），「MBO による子会社売却と株式市場の評価」『産業経営』第 49 号，pp. 19-38.
河西卓弥・齋藤隆志・川本真哉（2010），「買収プレミアムの源泉は何か？―MBO とステークホルダーからの富の移転に関する実証分析―」WIAS Discussion Paper, No. 2010-007.
Kieschnick, R. L. (1998), "Free Cash Flow and Stockholder and Gains in Going Private Transactions Revisited," *Journal of Business Finance and Accounting*, 25, pp. 187-202.
北川教央（2008），『企業再編における経営者の利益調整行動に関する実証研究』博士論文（神戸大学）．
北川徹（2007），「マネジメント・バイアウト（MBO）における経営者・取締役の行為調整」RIETI Policy Discussion Paper Series 07-P-001.
Lehn, K. and A. Poulsen (1989), "Free Cash Flow and Stockholder and Gains in Going Private Transactions," *Journal of Finance*, 44, pp. 771-788.

Lowenstein, L. (1985), "Management Buyouts," *Columbia Law Review*, 85, pp. 730-784.
前澤博一 (2008),「MBO と利益相反」日本経済研究センター『M&A 時代のファンドと株主利益：効率的で公平な資本市場を求めて』(「M&A と資本市場」研究会報告書) 日本経済研究センター研究統括部, pp. 115-140.
Marquardt, C. A. and C. I. Wiedman (2004), "How are Earnings Managed?: An Examination of Specific Accruals," *Contemporary Accounting Research*, 21, pp. 461-491.
光定洋介・白木信一郎 (2006),『投資ファンドのすべて：投資信託，バイアウト，ヘッジファンドなどの全容』きんざい.
野瀬義明・伊藤彰敏 (2009),「バイアウト・ファンドによる買収のインパクトに関する分析」『現代ファイナンス』第 26 号, pp. 49-66.
Perry, S. and T. Williams (1994), "Earnings Management Preceding Management Buyout Offers," *Journal of Accounting and Economics*, 18, pp. 152-159.
Renneboog, L., T. Simons, and M. Wright (2007), "Why do Public Firms Go Private in the UK?: The Impact of Private Equity Investors, Incentive Realignment and Undervaluation," *Journal of Corporate Finance*, 13, pp. 591-628.
齋藤隆志・川本真哉 (2010),「企業リストラクチャリングのツールとしての MBO：事業譲渡との比較分析」『応用経済学研究』第 4 巻, pp. 72-93.
齋藤隆志・河西卓弥・川本真哉 (2017),「日本企業の非公開化型 MBO に関する実証分析」宮島英昭編著『企業統治と成長戦略』東洋経済新報社, pp. 191-224.
Shleifer, A. and C. H. Summers (1988), "Breach of Trust in Hostile Takeovers," in A. J. Auerbach (ed.), *Corporate Takeovers: Causes and Consequences*, Chicago, IL: University of Chicago Press.
Shleifer, A. and R. Vishney (1986), "Large Shareholders and Corporate Control," *Journal of Political Economy*, 94, pp. 461-488.
胥鵬 (2011),「日本における経営権市場の形成：バイアウトを中心として」宮島英昭編『日本の企業統治：その再設計と競争力の回復に向けて』東洋経済新報社, pp. 151-177.
Smith, A. (1990), "Corporate Ownership Structure and Performance: The Case of Management Buy-outs," *Journal of Financial Economics*, 27, pp. 143-164.
杉浦慶一 (2006),「日本のバイアウト・ファンドの投資原理：案件の発掘から投資の回収まで」『東洋大学大学院紀要』(法・経営・経済) 42, pp. 215-238.
Travlos, N. G. and M. M. Cornett (1993), "Going Private Buyouts and Determinants of Shareholders' Returns," *Journal of Accounting, Auditing and Finance*, 8, pp. 1-25.
薄井彰 (2001),「MBO (企業価値創造の新しい型)」薄井彰編『M&A21 世紀・2 バリュー経営の M&A 投資』中央経済社, pp. 35-69.
Warga, A. and I. Welch (1993), "Bondholder Losses in Leveraged Buyouts," *The Review of Financial Studies*, 6, pp. 959-982.
Weir, C., D. Laing, and M. Wright (2005), "Incentive Effects, Monitoring Mechanisms and the Threat from the Market for Corporate Control: An Analysis of the Factors

Affecting Public to Private Transactions in the UK," *Journal of Business Finance and Accounting*, 32, pp. 909-944.

Weston, J. F., M. Mitchell, and J. H. Mulherin (2004), *Takeovers, Restructuring, and Corporate Governance*, Prentice Hall.

Wu, Y. W. (1997), "Management Buyouts and Earnings Management," *Journal of Accounting, Auditing and Finance*, 12, pp373-389.

吉村一男 (2010),「MBO と少数株主利益：MBO における少数株主は十分に補填されているか」『企業会計』第 62 巻第 10 号, pp. 83-94.

第3編　企業統治の応用

第13章　金融機関のコーポレートガバナンス

下田真也

1. はじめに

　われわれが普段よく利用する金融機関は，通常の企業・法人であるとともに一定程度公的な性格を持つ存在であると理解されている．なぜならば，とくに間接金融を担う金融機関等は顧客から金融資産を預かったうえで自己の責任でその運用を行い，その収益を顧客に還元することを業務としている以上，経営リスクを顧客に転嫁することを極力避ける必要がある．しかしながら，金融機関の経営者がとる行動は，つねにその顧客の利得を尊重したものであるとは限らない．なぜならば，金融機関の経営者や株主の利得が顧客の利得の犠牲のうえに生じるケースがあるためである．そのような事情もあり，金融機関に対しては政府等による規制が他の業種以上に行われているし，金融機関のコーポレートガバナンスについては必ずしも経営者によるガバナンスが優位にあるとは限らない．

　一方で，政府等（規制当局）による金融機関のガバナンスが，必ずしも経営者によるガバナンスよりもうまくいくという保証もない．たとえば，規制当局（より正確にはその部署の担当者）が，金融機関の経営状況や顧客の利得よりも自己の利得を重視するような考えを持っていた場合，おそらくはその規制当局のもとでは社会的に最適なコーポレートガバナンスは実現しないであろうし，そもそも規制当局が金融機関のコーポレートガバナンスを担おうとしない（た

とえば，金融機関経営者の不正行為を見逃すなど）可能性も出てくる．

　そのような点に関して，たとえば加藤（2016）は「良い仕組み」であるコーポレートガバナンスが逆に金融機関の健全性を阻害する可能性に言及している．それによると，2007年から2008年にかけて生じた世界的な金融危機を念頭に，株主利益を追求するように規律づけられたコーポレートガバナンスの仕組みが金融機関の過剰なリスクテイクを誘発する可能性や，逆に外部環境によっては株主利益と相反するような機能を果たしてしまう可能性について指摘している．

　金融機関の経営者や規制当局の目的が社会的に最適な状況とずれを生じる可能性については，これまでもさまざまな分析がなされている．たとえばAghion et al.（1999）では，経営破綻した金融機関の救済策について分析を行っており，金融機関救済を行う際に金融機関経営者の責任を問うような制度下では金融機関財務の粉飾が行われてしまうが，金融機関経営者の責任を問わない場合は過剰な金融機関救済が行われてしまうという問題点が指摘されている．Cordella and Yeyati（2002）では，「最後の貸手機能」による金融機関救済の際に，無条件で救済すると社会的に非効率が生じる可能性があるが，それが経済環境の悪化によるものである場合は金融機関救済をコミットすることが効率的であるとの結論を得ている．また下田・細江（2008）では，分析対象が金融商品のリスクに関する情報ではあるが，金融機関利用者の利得を政府が重視していても，金融機関による情報開示水準を必ずしも高めればよいわけではないことが示されている．一方Milton and Raviv（2014）は，金融機関経営者がよりハイリスク・ハイリターンのプロジェクトを選好するようなケースで，規制当局の社会的費用負担が小さくなるようなプロジェクトを経営者に選ばせるために有効な金融機関に対する規制や制約について分析を行っており，次期のプロジェクト選択を規制当局が強制するという一種のペナルティーを科すことで，それが可能になるとの結論を導いている．

　一般的に金融機関といえども通常の企業であるので，本来はその経営者がコーポレートガバナンスを担うべきであるはずであるが，一連の先行研究でも示されているとおり，金融機関に対しては規制当局がなんらかのかたちで金融機関の経営に干渉したり，コーポレートガバナンスを実質的に担ったりすることがある．そこで本章では，金融機関のコーポレートガバナンスを担う主体が

第13章 金融機関のコーポレートガバナンス

「金融機関の経営者」なのか「規制当局」なのかという点を考察するために，金融機関の経営者が非合法的な経営手法を採用する可能性があるシンプルなモデルを設定し，規制当局がその採用を阻止するために金融機関のコーポレートガバナンスを実質的に担うのかどうかという点を分析していくことにする．

2. モデル

経済主体として，金融機関経営者（以下，経営者）と規制当局が存在し，各経済主体の詳細と利得状況については，以下のとおりである．

2.1 経営者
経営者は金融機関の経営に携わり，第2期における金融機関の経営状態を左右する努力水準（e）を決定する．

金融機関の経営状態は，1期目に関しては経済状況によって左右される．具体的には，p_1 の確率で状態 G_1 となり $1-p_1$ の確率で状態 B_1 となる．次に，2期目の経営状態であるが，これは経営者の努力水準（e）が影響を与える．具体的には，努力コスト（ae）をかけることで，1期目で G_1 となった場合は2期目に $p_2(e)$ の確率で状態 G_2 となり $1-p_2(e)$ の確率で B_2 となる．一方1期目に B_1 となった場合は，2期目に $p_2(e)$ の確率で状態 G_3 となり $1-p_2(e)$ の確率で B_3 となる．さらに，2期目で経営者が非合法的な経営手法を採用した場合，経営がうまくいけば1期目の経済状況の悪化を捉えるだけの結果を出せるが，一方で非合法的な経営手法が露見してしまい経営がうまくいかなくなる可能性がある．すなわち非合法的な経営手法を採用する場合，2期目は $p_2(e)v$ の確率で状態 G_2 となるが，$1-p_2(e)v$ の確率で B_4 となるものとする（$0<v<1$）．

なお，p_1 については所与であるものとし，p_2 については $p_2'>0$，$p_2''<0$ を仮定する．

2.2 規制当局
規制当局は金融機関に対する規制を担当し金融機関のコーポレートガバナン

図 13-1 ゲームツリー

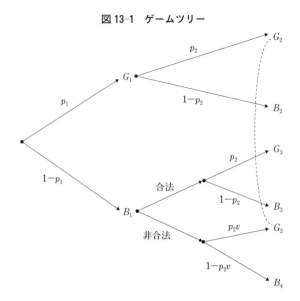

スを実質的に担う可能性がある．なお本章ではその規制当局の行動を，「金融機関の経営者に対して非合法的な経営手法を採用させない（合法的な経営手法のみを行わせる）ことが可能であること」と単純化する．すなわち，規制当局は金融機関のコーポレートガバナンスを実質的に担うことを無コストで決定・実行でき，そのような場合に経営者は，合法的な経営手法のみしか採用できないこととなる．

以上の内容をもとにゲームツリーを描くと，図 13-1 のようになる．

2.3 利得状況

金融機関の経営状況による各主体の利得は，以下のとおりである．なお，$m_1 > m_2$，$r_2 < r_3$ であるとする．

状態 G_2 とは，1 期目の経済状況・2 期目の金融機関経営がともにうまくいった状態であり，経営者は高い報酬（m_1）を得ることができる．また，規制当局は金融行政の運用がうまくいったことが評価されることも含め，r_1 の利得を得ることができる．

状態 B_2 と状態 G_3 とは，1 期目の経済状況が良い状態であったが 2 期目で金

第13章 金融機関のコーポレートガバナンス　　　　299

表13-1　利得表

経営状態	経営者	規制当局
G_2	m_1	r_1
B_2	m_2	0
G_3	m_2	0
B_3	0	$-r_2$
B_4	$-F$	$-r_3$

融機関の経営状態が悪くなった，もしくは1期目の経済状況は悪かったが，2期目の金融機関の経営状態が改善したことを表している．そのため，経営者が得る報酬はより低いものとなり，規制当局は通常の評価を受けるため利得は0となる．

状態B_3とは，1期目の経済状況・2期目の金融機関経営が共に好ましくない結果となった状態であり，経営者の報酬は0となる．また，規制当局はそのような状況に対して厳しい評価を受けることとなり，負の利得（$-r_2$）が発生することになる．

最後に状態B_4とは，金融機関の経営者が非合法的経営手法を採用したにもかかわらず金融機関の経営状態が悪くなった，もしくは非合法的経営手法の採用が明るみになってしまった状態であり，経営者はペナルティー（$-F$）が科せられることとなるし，規制当局にとってもより厳しい負の利得（$-r_3$）が発生することになる．

以下の内容をまとめたものが，**表13-1**となる．

3. 分　　析

本節では，前節のモデル設定をもとに分析を進めていく．ゲームをバックワードに解いていくので，まず経営者の行動を分析する．

3.1 経営者

経営者は，第1期における規制当局の行動・選択を受けてコーポレートガバナンスを担うことができる場合，第2期において「合法」・「非合法」のうちいずれかの経営手法を採用することができる．したがって，合法手法を採用した

場合の経営者の利得を Π_{ML}，非合法手法を採用した場合の経営者の利得を Π_{MI} とすれば，

$$\Pi_{ML} = p_1\{p_2 m_1 + (1-p_2)m_2\} + (1-p_1)p_2 m_2 - ae \tag{1}$$

$$\Pi_{MI} = p_1\{p_2 m_1 + (1-p_2)m_2\} + (1-p_1)\{p_2 v m_2 - (1-p_2 v)F\} - ae \tag{2}$$

と，それぞれ表すことができる．これらの式を比較してみるために(1)式－(2)式を求めてみると，

$$\Pi_{ML} - \Pi_{MI} = (1-p_1)\{p_2(m_2 - vm_1) + (1-p_2 v)F\} \tag{3}$$

となる．(3)式からは，

$$p_2(m_2 - vm_1) + (1-p_2 v)F > 0$$

$$v < \frac{p_2 m_2 + F}{p_2 m_1 + p_2 F}$$

を満たすとき，経営者はつねに合法的な経営手法を採用することがわかる．v については $0 < v < 1$ であるため，F について

$$p_2 m_2 + F > p_2 m_1 + p_2 F$$

$$F > \frac{p_2}{1-p_2}(m_1 - m_2) \tag{4}$$

が成り立つ場合，経営者はつねに合法的な経営手法を採用することになる．(4)式からは，経営者が非合法的な経営手段を採用してそれが明るみに出た場合のペナルティーが十分に高い水準にあれば，つねに合法的な経営手法の採用が期待できることを示しているが，現実的にそのようなペナルティーの大きさには限度があるだろう．

一方，それぞれの手法における経営者の利潤最大化条件は，

$$\frac{\partial \Pi_{ML}}{\partial e} = p_2'\{p_1(m_1 - m_2) + (1-p_1)m_2\} + p_1 m_2 - a = 0$$

$$p_2'(e_{ML}) = \frac{a - p_1 m_2}{p_1(m_1 - m_2) + (1-p_1)m_2}$$

$$\frac{\partial \Pi_{MI}}{\partial e} = p_2' \{p_1(m_1 - m_2) + (1-p_1)v(m_1+F)\} + p_1 m_2 - (1-p_1)F - a = 0$$

$$p_2'(e_{MI}) = \frac{a - p_1 m_2 + (1-p_1)F}{p_1(m_1 - m_2) + (1-p_1)v(m_1+F)}$$

と求めることができ，これらの式および $p_2' > 0$，$p_2'' < 0$ から，$\partial p_2'/\partial m_1 < 0$，すなわち m_1 の増加（減少）は経営者にとって最適な努力水準である e^* と経営の成功確率である p_2^* を増加（減少）させることがわかる．また，このことと(4) 式からは，m_1 の増加が $\dfrac{p_2}{1-p_2}(m_1 - m_2)$ の値の増加をもたらすので，経営者が非合法的な経営手段を採用する可能性が高くなることがわかる．

一方で，

$$\frac{\partial p_2'(e_{ML})}{\partial p_1} = \frac{-m_2\{p_1(m_1-m_2)+(1-p_1)m_2\} - (a-p_1 m_2)(m_1 - 2m_2)}{\{p_1(m_1-m_2)+(1-p_1)m_2\}^2}$$

$$= \frac{-m_2^2 - a(m_1 - 2m_2)}{\{p_1(m_1-m_2)+(1-p_1)m_2\}^2}$$

となることから，

$$\frac{\partial p_2'(e_{ML})}{\partial p_1} \lessgtr 0 \Leftrightarrow m_1 \gtreqless 2m_2$$

が導き出せる．すなわち，$m_1 > 2m_2$ を満たすような範囲であれば，p_1 の増加（減少）は e^* と p_2^* を増加（減少）させることがわかる．逆に，$m_1 < 2m_2$ を満たす範囲では，その増減の動きは反対になる．

以上の分析をもとに，以下の補題を得る．

補題 1 経営者の報酬のうち，最も金融機関の経営状態が良いケースで得られる報酬（m_1）が大きくなるほど経営者の努力水準（e）は高くなるが，経済状態が悪い（B_1）場合に非合法的な経営手法を採用する可能性も高くなる．

また，その報酬が十分に高い範囲であれば，経済状態が良い確率が高いほど経営者の努力水準も高くなる．

3.2 規制当局

規制当局は2期目の経営者の行動を予測して,金融機関のコーポレートガバナンスを実質的に担うのかどうかを決定する.

2期目に経営者が決定する努力水準を e^* とし, $p_2^* = p_2(e^*)$ であるとする.このとき規制当局の期待利得は,経営者が合法的経営手法を採用するのであれば,

$$\Pi_{RL} = p_1 p_2^* r_1 - (1-p_1)(1-p_2^*) r$$

となり,非合法的経営手法を採用するのであれば,

$$\Pi_{RI} = p_1 p_2^* r_1 + (1-p_1)\{p_2^* v r_1 - (1-p_2^*) r_3\}$$

となる.これらを比較するために $\Pi_{RL} - \Pi_{RI}$ を計算してみると,

$$\Pi_{RL} - \Pi_{RI} = (1-p_1)\{-(1-p_2^*) r_2 - p_2^* v r_1 + (1-p_2^* v) r_3\} \tag{5}$$

が得られる.すなわち (5) 式の値が正であれば規制当局は金融機関のコーポレートガバナンスを実質的に担うことになるし,負であれば経営者が採用する経営手法を予測してコーポレートガバナンスを実質的に担うかどうか判断することになる.(5) 式の符号については

$$\Pi_{RL} - \Pi_{RI} \gtreqless 0 \Leftrightarrow -(1-p_2^*) r_2 - p_2^* v r_1 + (1-p_2^* v) r_3 \gtreqless 0$$

であるので,

$$p_2^* \{r_2 - v(r_1 - r_3)\} > r_2 - r_3 \tag{6}$$

が成り立つと,規制当局はつねに金融機関のコーポレートガバナンスを実質的に担うことを選択することになる.仮定より $r_2 - r_3 < 0$ なので, $r_2 - v(r_1 - r_3) > 0$ であれば (6) 式はつねに成立するし, $r_2 - v(r_1 - r_3) < r_2 - r_3$ であればやはり (6) 式は成立する.すなわち,規制当局がつねに金融機関のコーポレートガバナンスを実質的に担うのは, r_3 が

$$r_3 > r_1 - \frac{r_2}{v}$$

図13-2 規制当局がガバナンスを担う条件

または，

$$r_3 < \frac{v}{1+v} r_1$$

を満たす範囲にあるときである．

以上の分析をもとに，以下の補題を得る．

補題2 経営者が非合法的経営手法を採用してそれが明るみになった場合の，規制当局が得る負の利得の大きさについて，$r_3 < \frac{v}{1+v} r_1$ または $r_3 > r_1 + \frac{r_2}{v}$ を満たす範囲にあるならば，規制当局はつねに金融機関のコーポレートガバナンスを実質的に担うことを選択する．

3.3 合法的経営手法と非合法的経営手法

これまでの分析から，経営者が非合法的経営手法を採用する可能性と，規制当局がそのような非合法的経営手法の採用を阻むために，金融機関のコーポレートガバナンスを実質的に担う場合があることが示された．一方で，経営者が非合法的な経営手法を採用した方が規制当局にとって期待利得が高くなるケースも存在する．そのような場合に規制当局は，あえて金融機関のコーポレートガバナンスを担わず，経営者に非合法的経営手法を採用させることになることも明らかになった．

以上の内容をまとめると，つぎの命題を得る．

命題 経営者が非合法的経営手法を採用しそれが明るみになった場合に科せられるペナルティー（F）が一定水準よりも大きい $\left(F > \frac{p_2}{1-p_2}(m_1 - m_2) \right)$ ならば，経営者は合法的経営手法を採用するが，経済状況が良好で経営がうまくいった

際に経営者が得る報酬（m_1）が大きくなるほど，その採用可能性は小さくなる（もしくは採用しなくなる）．

　規制当局は，経営者による非合法的経営手法の採用が明るみになった場合に発生する負の利得（$-r_3$）が，$r_3 < \dfrac{v}{1+v} r_1$ または $r_3 > r_1 - \dfrac{r_2}{v}$ を満たす範囲にある場合にのみ，金融機関のコーポレートガバナンスを実質的に担おうとする．

　命題を直感的に説明すると，以下のようになる．

　まず経営者にとっては，経済状況が悪いケースで非合法的な経営手法を採用してそれがうまくいった場合に得られる報酬が，経済状況が良いケースで経営もうまくいった場合と同様に高い報酬が得られるため，その報酬が高くなるほど非合法的経営手法を採用する動機が強くなることになる．

　一方規制当局は，経営者による非合法的経営手法がうまくいかない可能性が高いと考えられる場合（v が小さい場合であり，$v=0$ となると $r_3 > r_1 - \dfrac{r_2}{v}$ はつねに満たされる）は，大きな負の利得が実現してしまうことを避けるため金融機関のコーポレートガバナンスを実質的に担おうとするし，逆に可能性が低い場合（v が大きい場合）でも，負の利得（r_3）が十分に大きくてその実現を避けようと考えるときは，同様にコーポレートガバナンスを実質的に担おうとするのである．

4. おわりに

　本章では，金融機関の経営者が非合法的な経営手法を採用して自己の期待利得を向上させようとする際に，規制当局が金融機関のコーポレートガバナンスを実質的に担って，非合法的な経営手法の採用をやめさせる状況が生じる可能性を分析した．

　分析の結果，経営者は非合法的な経営手法の成功による報酬が高いほど非合法的な経営手法を採用しようとするが，規制当局は必ずしもつねにその非合法的な経営手法の採用を阻止しようとするわけではなく，そのような手法が明るみに出た際に規制当局自身が受ける負の利得が一定の範囲にあるときのみ，金融機関のコーポレートガバナンスを実質的に担い，その採用を阻止する行動を

とることがわかった．

　しかしながら，本章では非常に単純化されたモデル分析を行ったのみであり，実際の金融機関経営と規制当局による規制の実情を十分に反映したものとは言いがたく，よりモデルを拡張した分析が必要となるところである．たとえば，今回2者しか登場していないプレイヤーの追加として，金融機関の利用者や株主を盛り込むことも考えられるし，規制当局の行動をより現実を反映したモデルに改善することも必要であろうが，それらの改善・拡張については，また別の機会に行うこととしたい．

◆参考文献

Aghion, P., P. Bolton, and S. Fries (1999), "Optimal Design of Bank Bailouts: The Case of Transiton Economies," *Journal of Institutional and Theoretical Economies*, 155, pp. 51-70.

Cordella, T. and E. L. Yeyati (2002), "Bank bailout: moral hazard vs. value effect," *Journal of Financial Intermediation*, 12, pp. 300-330.

藤原賢哉（2006），『金融制度と組織の経済分析』中央経済社．

加藤貴仁（2016），「金融機関のコーポレート・ガバナンス：会社法と金融規制の関係に関する一考察」『金融研究』2016年1月，日本銀行金融研究所，pp. 71-105.

Milton, H. and A. Raviv (2014), "How to get banks to take less risk and disclose bad news," *Journal of Financial Intermediation*, 23, pp. 437-470.

Mitchell, J. (2001), "Bad Debt and the Cleaning of Banks' Balance Sheets: An Application to Transition Economies," *Journal of Financial Intermediation*, 10, pp. 1-27.

Mookerjee, Dilip and I. P. L. Png (1992), "Monitoring vis-à-vis Investigation in Enforcement of Law," *American Economic Review*, 82, pp. 556-565.

Osano, H. (2002), "Managerial compensation contract and bank bailout policy," *Journal of Banking and Finance*, 26, pp. 25-49.

Povel, P. (1999), "Optimal 'Soft' or 'Tough' Bankruptcy Procedures," *Journal of Law, Economics, and Organization*, 15, pp. 659-684.

下田真也（2008），「金融行政と監督者の私的利益」三浦功・内藤徹編『応用経済分析I』勁草書房，第10章．

下田真也（2010），「金融行政の実効性とその影響について」『九州経済学会年報』第48集，pp. 69-73.

下田真也・細江守紀（2008），「金融商品に対する情報開示規制と金融機関の説明責任」『応用経済学研究』第2巻，pp. 44-54.

宍戸善一（1998），「金融機関株式会社のコーポレート・ガバナンス」『成蹊法学』47号，成蹊大学法学会，pp. 209-226.

Xu, Chenggang and Katharina Pistor (2005), "Enforcement Failure under Incomplete Law: Theory and Evidence from Financial Market Regulation".

第14章　企業統治と雇用システム*

齋藤隆志

1. はじめに

　日本的雇用システムの維持が難しいと指摘され始めたのは，1990年代半ばである．それからすでに20年ほどの年月が経過して，さまざまな議論が行われ続けているが，日本的雇用システムの維持が困難であり，改革の必要があるという論調に大きな変化はない．オイルショックやバブル経済崩壊といった，1970年代～1990年代初頭までにおいて企業業績に大きな負の影響を与えたイベントを乗り切ってきたこのシステムも，1990年代後半からは混乱期を迎えたのである（久本（2008））．

　日本的雇用システムの構成要素としては，まずはいわゆる三種の神器（「終身雇用（長期雇用）」「年功賃金[1]」「企業別組合」）があげられるが，実際には新卒採用から定年退職にいたるまでのさまざまな人事制度や雇用慣行が絡み合ってシステムをつくり上げている[2]．そして，それらはある制度の存在が，他

---

*　本章で使用したデータは，公益社団法人国際経済労働研究所よりご提供いただいた．また本章作成にあたっては，『企業統治と会社法の経済学』研究会メンバー，Work Motivation 研究会メンバーからの有益なコメントをいただいた．ここに記して深く感謝申し上げる．なお本章は，独立行政法人日本学術振興会の科研費（課題番号 16K17137）の成果の一部である．
1)　狭義の「年功賃金」は，年齢または勤続年数に直接賃金を結びつけるものだが，こうした賃金制度は民間企業ではあまり用いられていないか，そうした部分はあっても影響は小さい．ここでは広義の「年功賃金」，つまり年齢または勤続年数以外の要素（職務遂行能力など）を賃金に結びつける制度であっても，結果として年功的に運用されているものを含めている．

の制度と併用されるときに，より生産性等への効果を高めるという制度的補完性を持っているとされる．ここでのカギは，企業とその労働者が共に企業特殊的人的資本の蓄積に対してメリットをみいだすために，安定した労使協調関係や新卒採用時から定年にいたる（暗黙的な）長期雇用保障，そして勤続年数と賃金の強い相関関係に代表されるような人事制度や雇用慣行が求められるということである．したがって，多様な構成要素の一部のみを改革して，他の部分を一定のままにしておくと，かえって生産性が低下する可能性がある．この補完性があったからこそ，日本的雇用システムは経済環境の変化にそれなりに耐えてきたということができる．

さらに，雇用システムは企業統治とも補完性を持っている．1980年代までの日本型企業統治の典型的な特徴として，メインバンク関係，株式相互持ち合い，内部昇進者からなる取締役会があげられる．いずれも，短期の企業業績の変動に非感応となり，長期的な視点に立つ企業経営を可能にするという性質を持っており，これらの間には補完性がある（宮島（2011））．そして長期を重視するという点では，上記で述べた日本的雇用システムとも補完性があると言える．しかしながら1990年代後半からは，企業統治のあり方が大きく変化していった．雇用システムは，日本の経済環境等から影響を受けて直接的に変革を迫られている面もあるが，補完性の議論からは，企業統治のあり方が変わったことによる影響も受けることになるはずである[3]．

本章の残りの部分の構成は，つぎのとおりである．つぎの第2節では，1990年代後半に行われた企業統治と賃金制度改革，およびそれらの関わりについて，関連する先行研究の紹介と合わせて説明する．第3節では，本章の実証分析で

---

2) 森口（2013）は，日本的雇用慣行の柱が上記「三種の神器」であるという見方は表層的であるとして，日本型人事管理モデルの構成要素として以下の7点をあげている．①注意深い人選による新規学卒者の定期採用，②体系的な企業内教育訓練，③査定付き定期昇給・昇格，④柔軟な職務配置と小集団活動，⑤定年までの雇用保障，⑥企業別組合と労使協議制，⑦ホワイトカラーとブルーカラー従業員の「正社員」としての一元管理．ただ，「三種の神器」にしてもこの7つの要素にしても，主に大企業の正社員労働者（とくに男性）に適用されてきたのであり，該当者が全労働者に占める割合はそれほど大きくないことに注意が必要である．

3) もちろん，この方向の因果関係だけではなく，雇用システムが企業統治に影響を与えることもありうる．ただしわが国においては，どちらかというと，まず企業統治改革が金融市場や法制度改革からの要請を受けるかたちで行われ，これに伴って雇用システムの改革が進められていると考えられる．

検証する仮説を説明し,分析に使用するデータを紹介する.第4節では,実証分析の結果を示し,その解釈と考察を行う.第5節では本章の結論を述べ,今後の課題を提示する.

2. 企業統治と賃金制度の改革

本章では,雇用システムのなかでも賃金制度に焦点を当てて分析を行う.1990年代後半以降における賃金制度改革の主要なテーマは,「年功制」から脱却して成果主義を導入することにあるとまとめることができるだろう.成果主義とは,奥西 (2001) の定義によれば,(1) 賃金決定要因として努力ではなく,仕事の成果そのものを重視,(2) より短期的な成果を重視,(3) 実際の賃金により大きな格差をつけること,である.

このような改革が行われた理由としては,大きく分けて2つある.まずは,従業員にこれまでとは異なるタイプのインセンティブを与えて,企業の目標に沿った行動に関する努力水準を高めさせるためである.従来の賃金制度におけるインセンティブは,長期的に企業内における職務遂行能力を高めることを目的としたものであり,短期的な仕事の成果を賃金に反映させることをあまり重視してこなかった.阿部 (2006) は,従業員は職務遂行能力を査定され,従業員間には報酬や昇格の格差が存在したが,その格差は全般には小さく,実際には「年功」で管理されており,そのことが労働者のモラルハザード問題を起こしていた可能性があると指摘する.成果主義は,このモラルハザード問題の緩和を目指して導入されたと考えられる.明確な目標設定や評価によって,従業員がどのように努力すればよいか理解しやすくなること (Marsden et al. (2001)) や,自分の能力に自信のある優秀な従業員を集めやすいというソーティング効果 (Lazear (2000)) も期待できる.

もう一つの理由は,人件費の削減,もしくは人件費を固定費的なものから変動費的[4]なものへと変える目的で導入したというものである (守島 (2004)).年功的な賃金制度の場合は,中高年従業員の賃金が生産性と比べて高くなりや

---

[4] ここでは一般に経済学で用いられるような生産量との関係における固定費用,変動費用という意味ではなく,人件費が売上高や利益といった企業業績に感応的かどうかを示す.

すい．また，賞与は企業業績と結びつけていることが多いが，基本給部分については短期的な個人業績や企業業績と強く結びつけられていないため，人件費は固定費的な性格を持っていた．たとえば齋藤（2013）では，労働分配率が企業業績と逆相関していることが示されているが，これは企業業績の良し悪しに人件費総額があまり大きくは左右されていないことを意味している．また，Hamaaki et al.（2012）においては，賃金構造基本調査のデータを用いて年齢賃金プロファイルがとくに中高年労働者において平坦化していることをみいだしている．人件費が変動的な性格を持つようになれば，企業は従業員に対して財務的なリスクの一部を負担させることにもなり，リスクプレミアムを負担しないのであれば，その意味でもコスト削減策となる[5]．

これらどちらの理由についても，まずは少子高齢化による国内市場の縮小傾向や，グローバル競争の激化，技術進歩による中高年従業員の技能陳腐化などといった経済環境の変化が直接もたらした部分が多いだろう．しかし，少なくとも部分的には企業統治のあり方と関係を持っていると考える．そこで，ここでは賃金制度改革が盛んに行われた1990年代後半以降の時期において，日本の企業統治がどのように変わっていったのかを簡潔に説明しておきたい．

Jackson and Miyajima（2007）は企業統治のあり方を類型化するため，企業金融と所有構造の特徴を示す外部ガバナンス変数，取締役会と経営陣の特徴を示す内部ガバナンス変数，組織内の分権化の程度，雇用・インセンティブ体系の特徴を示す内部組織構造変数からなる14の変数を用いたクラスター分析を実施している．その結果，2000年代初頭における日本の企業統治のあり方は，市場志向的な金融・所有構造と関係志向的な内部組織によって特徴づけられるタイプ1ハイブリッド，関係志向的な金融・所有構造と市場志向的な内部組織によって特徴づけられるタイプ2ハイブリッド，そして関係志向的な金融・所有構造と内部組織を結合した伝統型日本企業の3タイプに分類できることを示した．つまり，変化の方向性としては，関係志向的な金融・所有構造と内部組織を結合したタイプから，金融・所有構造または内部組織のどちらかを市場志向的なものへと変えていったというのである．内部ガバナンスについて

---

5) 成果主義の導入とともに，従業員の平均的な賃金を引き上げたという事例は，管見の限りではみあたらなかった．

は，タイプ1とタイプ2のどちらも取締役改革が行われていることが示されている[6]．

ここで関係志向的な金融・所有構造とは，メインバンクからの借入による資金調達や株式相互持ち合い等を通じた安定株主中心の所有構造を意味しており，市場志向的な金融・所有構造とは社債市場を通じた直接金融や外国人や機関投資家といったアウトサイダー株主中心の所有構造を意味する．この方向性での変化を経験したタイプ1ハイブリッドは，企業数では23％に過ぎないが，雇用者数シェアは67％であり，つまり巨大企業で影響力が強いと考えられる．こうした企業では，長期雇用を維持[7]しながらもさまざまなかたちで成果主義の導入は図られている．タイプ1ハイブリッドにおける金融・所有構造の変化は，外部ガバナンスの担い手が中長期的視点な視野を持つ経済主体から，相対的に短期的な視野を持つそれに変わったことを意味するので，補完性の議論から言えば賃金制度改革においてより短期的な業績を賃金と結びつける，あるいは業績と賃金との関わりを強めて株主の利益と従業員の利益との一致を図りやすい成果主義の導入は合理的であると言える．

また，内部ガバナンスの改革についても，その内容は経営と執行の分離や社外取締役の導入等を通じた，取締役会のモニタリング機能強化であり，外部ガバナンスにおける市場志向的な金融・所有構造への変化，とくに株主重視的なガバナンスのあり方に対応した内容である．したがって，やはり成果主義的な賃金制度との補完性があると考えられる．

ここで，日本における企業統治と雇用制度・慣行の関わりに関する実証研究について概観しておきたい．2000年代初頭は比較的外部ガバナンスと雇用削減や雇用調整速度との関連を調べた研究が多くみられる．Ahmajan and Robinson (2001) は外国人持株比率が高く，銀行持株比率が低い企業ほど，雇用

---

[6] 同論文では，タイプ2はタイプ1に比べてインサイダーボード（取締役会が主として内部出身者で構成されている）に傾斜しており，改革の程度が相対的に弱いことが指摘されている．
[7] Kambayashi and Kato (2016) は，勤続年数5年以上の男性正社員の10年残存率がこの1982年からの25年間で一貫して高いままであることから，この層の労働者に関しては長期雇用慣行が崩れたわけではないと結論づけている．ただし，Hamaaki et al. (2012) は1990年代以降に大卒の若年層で終身雇用者比率が低下していること，Kawaguchi and Ueno (2013) は男性正社員の平均勤続年数が戦後低下し続けていることを示し，共に長期雇用慣行の衰退を主張している．

削減の可能性が高いことを示している．同様に Abe（2002）はメインバンクと緊密な関係のある企業は，雇用調整速度が遅いことを示している．こうした研究は近年にいたるまで続いており，期間を通じて概ね同様の結果を得ている．たとえば Noda（2013）は，メインバンクと緊密な関係を持つ企業は，雇用削減のタイミングを遅らせることができていたが，1997 年の金融危機以降はメインバンク機能が弱体化し，変わって外国人株主のダウンサイズ圧力が強まったことで，雇用削減のタイミングが早まったことを指摘している．

　内部ガバナンスの影響も検証した論文は，2000 年代半ばから盛んに出版されている．Abe and Shimizudani（2007）は，過剰雇用を抱えた企業が労働費用を削減する際，社外取締役はレイオフや希望退職・早期退職を用いるのに対して，社内取締役は新規雇用の抑制によって既存の従業員の雇用を保護する傾向にあることをみいだした．また野田・平野（2010）は，外部ガバナンスの影響に加えて，経営者の属性による影響も調べており，内部昇進者が経営者の企業は，ステークホルダーが人員整理を抑制する効果を持っていることを示している．

　同じく 2000 年代半ばからは，雇用制度についてもう少し細かい内容を検討した研究がみられるようになる．Abe and Hoshi（2007）は，外国人持株比率が高い企業は人的資源管理の制度が伝統的な日本の慣行から外れる傾向があることを指摘している．Odaki and Kodama（2010）では，従業員主権が強い企業では，中年期において生産性が賃金を上回るという主観的印象を持つ従業員が多いことが報告されている．このことは，企業特殊的人的資本を従業員の若年期においては企業・従業員が共に負担し，その後人的資本蓄積の成果としての生産性上昇の果実を，企業と従業員が分け合っているという見方と整合的な結果である．一方，齋藤・菊谷・野田（2011）は，アウトサイダー株主だけではなく，インサイダー株主の保有比率が高い企業でも成果主義の導入が促されていることが示され，成果主義導入に関しては両タイプ株主の利害対立がみられなかったことを示している．宮本（2014）では，人事担当者が企業統治について「株主価値の増大」「執行役員制の導入などのガバナンス改革」を過去 5 年間の経営の課題として重視してきたと回答している企業ほど，成果主義の導入確率が高いことをみいだしている．

以上をまとめると，まず日本企業では1990年第後半以降に年功的な賃金制度から成果主義賃金制度への移行がみられた．これは補完性の議論と，いくつかの実証分析が示すように経済環境からの直接的な影響を受けただけではなく，同時期に起きた企業統治のあり方の変化，すなわち従業員等のステークホルダー重視から，株主重視の企業統治へのシフトによる影響を受けていると考えられる．企業統治の捉え方としては，外部ガバナンスと内部ガバナンスがあるが，多くの実証分析で実際に変数として用いられるのは，主として所有構造等の外部ガバナンス変数であった．経営者や取締役会の状況といった内部ガバナンスのデータもあるが，一部の研究にしか使われていない．また人事制度についても，成果主義の有無などが使われることが多いが，実際の制度は多様である．さらに，のちにみるように成果主義導入後にさまざまな欠点が発覚したが，それへの対応についての研究もまだ蓄積が進んでいない．そこで，本章では，主として内部ガバナンスのあり方と，既存研究よりやや詳細に調査した賃金制度がどのような関係性を持っているかを検証する．

3. 仮説とデータ

3.1 仮　　説

本章で検証する仮説を簡潔に述べると，企業統治がいわゆる株主重視型タイプになっている企業においては，成果主義的な性格の強い人事制度が導入されている，というものである．ここで，「株主重視型の企業統治」や「成果主義的な性格の強い人事制度」について，それぞれ操作的な定義を与えておきたい．

まず説明変数となる株主重視型の企業統治の特徴については，委員会設置会社であること，執行役員制度が導入されていること，取締役会メンバーに占める社外取締役の比率が高いこと，社長・CEOが内部昇進者（新卒採用の生え抜き）がないこと．さらに役員に対して株価に連動した報酬制度を導入していることをあげる．まず委員会等設置会社については，2003年に商法改正で委員会設置会社制度が導入されたものの，移行した企業はわずかであった．2014年に会社法改正[8]で監査等委員会設置会社制度が導入され，こちらはハードルが大幅に下がったため，移行が進んでいる状況である．共に社外取締役を活

用し,さらに取締役会から業務執行機能を切り離して監督機能に専念させることで,株主が経営者の行動に関する情報を持たないことから生じるエージェンシー問題の緩和を図るものである.執行役員制度の導入に関しても,取締役会から業務執行機能を分離したことを示すものだが,委員会等設置会社の導入とは異なり,取締役会のメンバーが内部出身者である可能性は残る.社外取締役比率については,取締役会の独立性を測定する指標であり,一般に独立性が高いほど監督機能をより強く発揮することが期待される.社長・CEO が内部昇進者であるケースは,そうでない場合と比べて従業員を中心としたステークホルダーを重視する可能性が高いため,内部出身者以外のケースでは相対的に株主を重視すると考えられる.役員に対して株価に連動した報酬制度を導入している場合は,株主の利益と役員の利益が一致しやすくなる効果が期待できるだろう.

　なお説明変数のうちコントロール変数としては,労使関係や社内の年齢構成を用いる.労使関係については,今回のサンプルはすべて労働組合を持つ企業であるため,労使協議会がどの程度の交渉力を持っているかを変数として用いる.ここでは交渉力の強い順に,①会社側の労使交渉者／協議相手が社長,②労務担当取締役,③上記以外,④労使協議会自体が存在していないとする.年齢構成については,正社員に占める各年齢層(30歳代,40歳代,50歳代,60歳以上)の比率を用いる.交渉力が弱いほど,中高年の割合が高いほど,成果主義的な性格の強い賃金制度が導入しやすくなると考えられる.

　つぎに成果主義的な性格の強い賃金制度についてみていく.まず,年功的な賃金制度から脱却していること自体が,相対的にみて成果主義的な傾向を持っている可能性が高い[9]と考え,年齢給がない場合や定期昇給がない場合を成果主義的な性格を強めた賃金制度と捉えることにする.つぎに,各種の等級制度に成果・業績給(積み上げ型,洗い替え型のどちらも含む)を取り入れているか否かを判断基準とする.等級制度の種類については,日本企業において代

---

8)　委員会設置会社は,指名委員会等設置会社へ名称変更となった.
9)　もちろん,年功的な賃金制度を脱却したとしても,論理的には必ず仕事の成果と賃金を結びつける傾向が強まるわけではなく,能力をより厳しく査定する可能性もある.ただ,そうであったとしても,賃金制度を維持している企業と比較すれば,単純な年齢や勤続年数よりも相対的に成果に近いものを賃金に結びつけようと試みているのであり,成果主義的な傾向を強めていると解釈できる.

表的なものである職務等級制度，役割等級制度，職能等級制度[10]を取り上げる．成果主義の導入といっても，従来型の職能等級制度に成果給部分を設けることと，役割等級制度や職務等級制度に変更したうえで成果給部分を設けることとでは，若干意味合いが異なるためである．

そこで，都留（2005）に依拠してこれらについて考察する．職能等級制度は職務遂行能力の水準を尺度として従業員を格付けるシステムであるが，実際は運用が年功的になる問題があり，1990年代後半にはわずかに減少傾向が表れた．これに対して，同時期に職務等級制度と役割等級制度が台頭してきたが，とくに後者の伸びが急であった．どちらも役割や職務といった，降格することもありえて年功的な運用になりにくく，企業にとっての価値に応じた賃金を支払えるメリットがあるものの，職務等級制度の実現には煩雑な職務分析が必要なうえ，職場の激しい変化に追いつけず人事の固定化を招くため，こうした欠点が少なく，簡便性や柔軟性が高い役割等級制度が好まれたのである．

したがって，職能等級制度はそのままでは成果主義的な賃金制度とはなりえず，成果給部分を設けるか，あるいは等級制度の枠外において成果部分を支払う仕組みを要するが，職務等級制度や役割等級制度は，それ自体が成果主義的性格の強いものである．ここにさらに成果給部分が含まれる場合は，その性格をより強めていると考えられる．

一方，成果主義賃金制度の導入ブームが一段落した2000年代半ばには，その弊害も明らかになってきた．従業員にとっては，賃金格差や賃金の不確実性への不安が大きくなったし，短期的な業績に賃金が結びつけられることから，長期的な視野で働きにくくなった．また，日本的な働き方，すなわちマルチタスクやチーム生産との乖離も指摘されるようになってきた．株主重視型の企業統治を行っている企業は，こうした成果主義の弱点にどう対応しているかについても取り上げたい．ここでは目標管理制度に，長期目標，同僚への協力・部下の育成，チームの共同目標を取り入れるのかどうかを説明変数として用いる．

被説明変数が各制度の導入等ダミー変数の場合であるため，プロビットモデ

---

10) 企業によって名称が異なることを考慮し，実際の質問項目では【担当する職務内容】にもとづく等級，【期待される役割】にもとづく等級，【従業員の能力】にもとづく等級としている．詳細は付録の質問項目を参照のこと．

ルで推定する．また，同一企業が複数回回答しているケースがあるので，クラスターロバストな標準誤差を使用する．

3.2 データ

本章で用いるのは，公益社団法人国際経済労働研究所が実施した，「第49回共同調査（企業制度・施策に関する組織調査）」である．調査目的は，日本企業における人的資源管理のために導入・改訂された企業制度・施策が，経営資源としての「ヒト」，つまり組合員の動機づけに対して，どのような影響を与えたかを検証することにある．

この調査は2015年に開始されたが，現時点と過去に関する遡求調査となっており，一番古いデータは1997年のものである．調査対象は，過去に同研究所において労働組合員の意識調査[11]を実施したことがある，主として上場企業の労働組合であるが，組合側で把握していない情報については企業側と協力して回答していることがある．現在，延べ約80組織分のデータが利用可能だが，今回の分析においては最大サンプルサイズが45であり，本章執筆時点でも協力依頼および回収は継続中である．したがって，本章の分析はあくまでプレミリナリーなものであることをお断りしておきたい．本章の分析で用いる変数の記述統計量は，**表14-1**[12]のとおりである．

4. 分析結果

分析結果は**表14-2**にまとめたとおりである．プロビット分析の場合は限界確率を掲載している．また，計算が収束したモデルの結果のみを掲載している．

まず年功的な賃金制度からの脱却状況であるが，年齢給ありダミーに対しては社長・CEO内部昇進者（新卒）ダミーが正で有意，役員への株価連動報酬制度ありダミーが負で有意となった．これらは概ね仮説どおりで，企業統治が

---

11) 同研究所のON・I・ON2調査（第30回共同調査）．こちらは1990年から実施しており，本章で用いているデータとの紐づけが可能になっている．
12) 各質問項目への選択肢すべてについて，欠損値のないケースの記述統計表は，齋藤（2018）を参照のこと．

表 14-1 記述統計表 (1)

変数名	N	平均値	標準偏差	最小値	最大値
説明変数					
ガバナンス変数					
委員会等設置会社	46	0.283	0.455	0	1
執行役員制度	46	0.783	0.417	0	1
社外取締役比率	46	0.159	0.147	0	0.556
社長・CEO 内部昇進者（新卒）	46	0.543	0.504	0	1
役員への株価連動報酬制度	46	0.913	0.285	0	1
労使関係					
労使協議会あり（協議相手は社長）	46	0.283	0.455	0	1
労使協議会あり（協議相手は労務担当取締役）	46	0.457	0.504	0	1
労使協議会あり（協議相手は上記以外）	46	0.109	0.315	0	1
従業員の年代構成					
30 歳代正社員比率	46	24.940	8.272	5	42
40 歳代正社員比率	46	33.515	7.322	13.6	47
50 歳代正社員比率	46	22.803	7.243	8.3	37
60 歳以上正社員比率	45	2.115	3.813	0	18
被説明変数					
年功的な賃金制度					
年齢給あり（一般社員）	46	0.435	0.501	0	1
定期昇給あり	46	0.457	0.504	0	1
等級制度に基づく給与が業績・成果給					
職務給（一般・営業系）	46	0.174	0.383	0	1
職務給（一般・専門系）	46	0.152	0.363	0	1
職務給（一般・事務系）	46	0.174	0.383	0	1
職務給（一般・技能系）	46	0.109	0.315	0	1
職務給（課長・営業系）	46	0.217	0.417	0	1
職務給（課長・専門系）	46	0.196	0.401	0	1
職務給（課長・事務系）	46	0.217	0.417	0	1
職務給（課長・技能系）	46	0.152	0.363	0	1
役割給（一般・営業系）	46	0.348	0.482	0	1
役割給（一般・専門系）	46	0.283	0.455	0	1
役割給（一般・事務系）	46	0.348	0.482	0	1
役割給（一般・技能系）	46	0.239	0.431	0	1
役割給（課長・営業系）	46	0.391	0.493	0	1
役割給（課長・専門系）	46	0.326	0.474	0	1
役割給（課長・事務系）	46	0.391	0.493	0	1
役割給（課長・技能系）	46	0.283	0.455	0	1
能力給（一般・営業系）	46	0.239	0.431	0	1
能力給（一般・専門系）	46	0.196	0.401	0	1
能力給（一般・事務系）	46	0.239	0.431	0	1
能力給（一般・技能系）	46	0.152	0.363	0	1
能力給（課長・営業系）	46	0.304	0.465	0	1
能力給（課長・専門系）	46	0.261	0.444	0	1
能力給（課長・事務系）	46	0.304	0.465	0	1
能力給（課長・技能系）	46	0.217	0.417	0	1

表 14-1 記述統計表（2）

変数名	N	平均値	標準偏差	最小値	最大値
被説明変数					
目標管理制度で成果主義の弱点を考慮					
長期目標（一般・営業系）	46	0.609	0.493	0	1
長期目標（一般・専門系）	46	0.630	0.488	0	1
長期目標（一般・事務系）	46	0.609	0.493	0	1
長期目標（一般・技能系）	46	0.587	0.498	0	1
長期目標（課長・営業系）	46	0.543	0.504	0	1
長期目標（課長・専門系）	46	0.543	0.504	0	1
長期目標（課長・事務系）	46	0.522	0.505	0	1
長期目標（課長・技能系）	46	0.543	0.504	0	1
同僚と協力・部下の育成（一般・営業系）	46	0.435	0.501	0	1
同僚と協力・部下の育成（一般・専門系）	46	0.435	0.501	0	1
同僚と協力・部下の育成（一般・事務系）	46	0.500	0.506	0	1
同僚と協力・部下の育成（一般・技能系）	46	0.500	0.506	0	1
同僚と協力・部下の育成（課長・営業系）	46	0.391	0.493	0	1
同僚と協力・部下の育成（課長・専門系）	46	0.391	0.493	0	1
同僚と協力・部下の育成（課長・事務系）	46	0.457	0.504	0	1
同僚と協力・部下の育成（課長・技能系）	46	0.457	0.504	0	1
チームの共同目標（一般・営業系）	46	0.413	0.498	0	1
チームの共同目標（一般・専門系）	46	0.413	0.498	0	1
チームの共同目標（一般・事務系）	46	0.457	0.504	0	1
チームの共同目標（一般・技能系）	46	0.435	0.501	0	1
チームの共同目標（課長・営業系）	46	0.304	0.465	0	1
チームの共同目標（課長・専門系）	46	0.304	0.465	0	1
チームの共同目標（課長・事務系）	46	0.370	0.488	0	1
チームの共同目標（課長・技能系）	46	0.370	0.488	0	1

株主重視であるほうが年齢給からの脱却を行う傾向にある．ただし，定期昇給ありダミーについては，委員会等設置会社や執行役員制度を導入しているケースでかえって維持されている確率が有意に高く，仮説と逆の結果が得られた．こちらは年齢給とはやや異なり，企業業績の良し悪しに応じて実施の有無を決めることもできるため，異なる結果が得られた可能性がある．コントロール変数に関してはややまちまちな結果であるが，共に60歳以上正社員の割合が高いほうが年功的な賃金制度が維持されている可能性が高いことが示されている．こちらに関しては企業年齢が高いこと，もしくは定年延長制度など高齢労働者を重視する制度をとっている可能性があることが影響していると考えられる．

　各等級制度にもとづく業績・成果給の導入状況について，まず職務等級制度

が導入されているケースは，執行役員制度が用いられている場合に，営業系と事務系に対して業績・成果給の導入確率が有意に低下している．これはつぎにみるように，役割等級制度との選択に関わってくるものと考えられる．つぎに役割等級制度が導入されているケースに関しては，執行役員制度が導入されている場合に，一般社員の営業系，事務系，専門系と課長級の営業系，事務系に対して業績・成果給の導入確率が高い．これは株主重視的な企業統治と成果主義的な賃金制度の関連性を示すものと言えるが，とくに1990年代後半から2000年代初頭にかけてこれらの改革を行った企業が多く取り入れた組み合わせであり，一種のブームに乗ったという解釈もありうる．先にもみたように，職務等級制度よりも役割等級制度のほうが導入のハードルが低いからである．

コントロール変数に関してはやはりまちまちな結果であるが，課長級のモデルにおいて労使協議会の影響が営業・事務系と専門・技能系で逆方向になっている．また，同じく課長級のモデルで，年代構成ダミーが負であることが多く，20歳代の多い比較的年齢層の若い企業において，かえって課長級に役割給が導入されていることがみてとれる．一方，職能等級制度を維持しているケースでは，多くのモデルで社長・CEO内部昇進者（新卒）ダミーが負で有意となっており，つまり業績・成果給の導入確率が低い．また，執行役員制度が導入されている場合には一般社員の営業系，事務系に対する業績・成果給の導入確率が有意に高いことが示されている．これらも概ね仮説どおりであると言える．

つぎに，目標管理制度における成果主義の弱点克服の工夫については，結論を先取りして述べると，企業統治のあり方からの影響については一貫した傾向はみられなかった．結果を列挙すると，まず委員会等設置会社は，一般社員の営業系に対しては目標管理制度に長期目標を取り入れないものの，一般社員全般に対して同制度にチームの共同目標を取り入れる傾向にある．これとほとんど逆の効果を持っているのが執行役員制度である．また，執行役員制度を持つ企業はさらに，課長級社員に対して同僚との協力や部下の育成を目標管理制度に取り入れる傾向にある．社外取締役比率の高い企業は，全般的に目標管理制度にこうした弱点克服の工夫を取り入れない方向に作用している．社長・CEO内部昇進者（新卒）は，課長級社員のうち事務・技能系について，目標管理制度に同僚と教育・部下の教育を取り入れる傾向にある．さらに役員への

表 14-2 推計結果（賃金制度の導入状況）

	(1)	(2)	(3)	(4)	(5)	(6)	(7)	(8)	(9)	(10)	(11)	(12)	(13)	(14)
	年齢給あり 一般社員	定昇あり 一般社員	職務給への業績・成果給導入 一般社員 営業・事務系	職務給への業績・成果給導入 一般社員 専門系	役割給への業績・成果給導入 営業・事務系	役割給への業績・成果給導入 専門系	役割給への業績・成果給導入 技能系	役職給への業績・成果給導入 営業・事務系	役職給への業績・成果給導入 課長級 専門系	役職給への業績・成果給導入 技能系	能力給への業績・成果給導入 営業・事務系	能力給への業績・成果給導入 一般社員 専門系	能力給への業績・成果給導入 技能系	能力給への業績・成果給導入 課長級 営業・事務系
ガバナンス変数														
委員会等設置会社	0.265 (0.264)	0.381* (0.230)	0.253 (0.203)	0.371* (0.216)	−0.167 (0.173)	−0.0475 (0.167)	−0.197* (0.111)	−0.136 (0.199)	−0.0103 (0.0647)	−0.134* (0.0791)	0.144 (0.177)	0.252 (0.174)	0.0946 (0.111)	0.164 (0.230)
執行役員制度	0.108 (0.325)	0.496** (0.220)	−0.655** (0.320)	−0.332 (0.420)	0.400*** (0.136)	0.274* (0.162)	0.196 (0.126)	0.348* (0.208)	0.0798 (0.0998)	—	0.212* (0.121)	0.150 (0.135)	0.0732 (0.0985)	0.268 (0.164)
社外取締役比率	−0.422 (0.867)	−0.798 (1.008)	0.156 (0.186)	0.168 (0.287)	−0.304 (0.754)	−0.0776 (0.679)	−0.261 (0.604)	0.130 (0.814)	0.188 (0.291)	0.528 (0.489)	0.252 (0.494)	0.331 (0.489)	0.147 (0.339)	0.861 (0.592)
社長・CEO内部昇進者（新卒）	0.550*** (0.187)	−0.0518 (0.249)	−0.156 (0.112)	−0.0600 (0.0930)	−0.169 (0.205)	−0.0917 (0.157)	−0.139 (0.137)	−0.0689 (0.235)	−0.0355 (0.0663)	−0.190 (0.179)	−0.515*** (0.114)	−0.326** (0.114)	−0.312** (0.123)	−0.501*** (0.178)
役員への株価連動報酬制度	−0.661*** (0.120)	−0.405 (0.294)	—	—	0.184 (0.140)	0.124 (0.163)	0.104 (0.119)	−0.0218 (0.271)	−0.0266 (0.109)	0.0441 (0.0856)	0.103 (0.115)	0.0295 (0.176)	−0.0696 (0.195)	−0.00222 (0.228)
労使関係														
労使協議会あり（協議）	−0.492* (0.265)	−0.121 (0.404)	0.261 (0.244)	−0.00923 (0.118)	−0.105 (0.219)	0.106 (0.299)	0.0448 (0.259)	−0.0229 (0.337)	0.998*** (0.00934)	0.998*** (0.00260)	0.235 (0.257)	0.154 (0.264)	0.00855 (0.133)	0.477 (0.344)
労使協議会あり（協議） 相手は社長	0.487* (0.291)	0.579** (0.238)	−0.00724 (0.0676)	−0.0180 (0.120)	−0.412*** (0.149)	−0.0671 (0.249)	0.0109 (0.195)	−0.109 (0.293)	0.976*** (0.0668)	0.974*** (0.0262)	−0.0495 (0.172)	0.101 (0.222)	0.130 (0.145)	0.478* (0.278)
相手は労務担当取締役（協議）	0.00648 (0.167)	0.162 (0.161)	−0.0244 (0.0167)	−0.0231** (0.00920)	−0.177 (0.181)	−0.0263 (0.277)	0.0721 (0.266)	−0.348** (0.142)	0.979*** (0.0546)	0.964*** (0.0206)	−0.0626 (0.211)	0.0102 (0.287)	−0.0336 (0.107)	−0.198 (0.184)
相手は上記以外（協議）	−0.327 (0.275)	−0.255 (0.431)	—	—										
従業員の年代構成														
30歳代正社員比率	0.0249* (0.0139)	0.0162 (0.0196)	−0.0224* (0.0126)	−0.0179* (0.00919)	−0.0274* (0.0156)	−0.0201 (0.0154)	−0.0153 (0.0141)	−0.0447** (0.0177)	−0.0155 (0.0104)	−0.0386** (0.0164)	−0.0160 (0.0127)	−0.00462 (0.0164)	−0.000922 (0.00922)	−0.0414** (0.0184)
40歳代正社員比率	0.0132 (0.0177)	−0.0221 (0.0167)	0.000655 (0.00520)	0.000903 (0.00684)	0.00247 (0.0137)	−0.000418 (0.0113)	−0.00564 (0.0101)	−0.0233* (0.0140)	−0.0103 (0.00714)	−0.0249** (0.0122)	−0.0136 (0.00980)	−0.0135 (0.00852)	−0.0111 (0.00733)	−0.0455*** (0.0165)
50歳代正社員比率	0.00648 (0.0167)	0.0162 (0.0161)	−0.0244 (0.0167)	−0.0231** (0.00920)	−0.00986 (0.0125)	0.00312 (0.0131)	0.00863 (0.0118)	0.00879 (0.0136)	0.00582 (0.00830)	−0.00279 (0.00768)	−0.0135 (0.0105)	−0.00451 (0.00964)	0.000380 (0.00734)	−0.00310 (0.0143)
60歳以上正社員比率	0.0785*** (0.0298)	0.0632** (0.0277)	−0.0241 (0.0162)	−0.0172 (0.0158)	−0.0184 (0.0309)	−0.0190 (0.0261)	−0.0421* (0.0228)	−0.0706** (0.0325)	−0.0241 (0.0177)	−0.0606 (0.0372)	−0.00401 (0.0210)	0.00442 (0.0199)	−0.0114 (0.0127)	−0.0518 (0.0329)
サンプルサイズ	45	45	38	38	45	45	45	45	45	35	45	45	45	45
対数疑似尤度	−16.48	−18.55	−9.559	−11.48	−23.15	−23.14	−19.36	−23.33	−17.26	−11.56	−17.83	−17.59	−13.34	−17.77
擬似決定係数	0.467	0.403	0.473	0.308	0.192	0.113	0.188	0.218	0.381	0.486	0.288	0.219	0.314	0.363

注：カッコ内はクラスターロバスト標準誤差．***p＜0.01, **p＜0.05, *p＜0.1.

第14章　企業統治と雇用システム

表14-2　推計結果（目標管理制度の評価項目）

	(15) 長期目標 一般社員 営業系	(16) 同僚と協力・部下の育成 一般社員 営業・専門・事務・技能系	(17) 同僚と協力・部下の育成 一般社員 事務・専門・技能系	(18) 同僚と協力・部下の育成 課長級 営業・専門・事務・技能系	(19) 同僚と協力・部下の育成 課長級 事務・専門・技能系	(20) チームの共同目標 一般社員 営業・専門系	(21) チームの共同目標 一般社員 事務系	(22) チームの共同目標 一般社員 技能系	(23) チームの共同目標 課長級 営業系	(24) チームの共同目標 課長級 事務系
ガバナンス変数										
委員会等設置会社	−0.447** (0.206)	0.172 (0.209)	0.179 (0.213)	0.252 (0.257)	0.310 (0.253)	0.776*** (0.111)	0.791*** (0.112)	0.551*** (0.177)	0.383 (0.334)	0.469 (0.288)
執行役員制度	0.773*** (0.150)	0.324 (0.284)	0.374 (0.305)	0.490*** (0.150)	0.621*** (0.138)	−0.376 (0.432)	−0.635*** (0.173)	−0.370 (0.352)	0.0238 (0.128)	0.0593 (0.191)
社外取締役比率	−2.999*** (1.349)	−1.461 (1.016)	−1.914* (1.064)	0.457 (0.875)	0.112 (0.962)	−1.438* (0.856)	−1.671*** (0.770)	−1.928** (0.808)	−0.189 (0.407)	−0.683 (0.781)
社長・CEO内部昇進者（新卒）	0.402 (0.287)	0.195 (0.256)	0.378 (0.256)	0.341 (0.221)	0.556*** (0.188)	−0.129 (0.285)	0.246 (0.330)	−0.0631 (0.278)	−0.0385 (0.0768)	0.0137 (0.147)
役員への株価連動報酬制度	0.462** (0.213)	0.128 (0.297)	0.147 (0.302)	0.270* (0.151)	0.333** (0.159)	—	—	—	—	—
労使関係										
労使協議会あり（協議相手は社長）	−0.180 (0.505)	−0.406 (0.311)	−0.482 (0.360)	−0.0941 (0.336)	−0.234 (0.381)	0.474 (0.330)	0.587*** (0.180)	0.328 (0.347)	1.000*** (0.00487)	0.998*** (0.0104)
労使協議会あり（協議相手は労務担当取締役）	−0.876*** (0.143)	−0.265 (0.387)	−0.0472 (0.436)	0.225 (0.339)	0.432 (0.376)	0.383 (0.287)	0.718*** (0.240)	0.590*** (0.266)	0.988*** (0.0646)	0.997*** (0.0137)
労使協議会あり（協議相手は上記以外）	−0.297 (0.347)	−0.304 (0.266)	−0.230 (0.360)	0.433 (0.399)	0.585** (0.280)	−0.497*** (0.127)	−0.664*** (0.111)	−0.396 (0.247)	0.978*** (0.0734)	0.947*** (0.111)
従業員の年代構成										
30歳代正社員比率	0.216*** (0.0534)	−0.0179 (0.0220)	−0.00138 (0.0179)	−0.0209 (0.0214)	−0.00406 (0.0212)	0.0878*** (0.0319)	0.0987*** (0.0285)	0.0771*** (0.0230)	0.0190 (0.0350)	0.0343 (0.0404)
40歳代正社員比率	0.157*** (0.0379)	−0.00469 (0.0178)	−0.0110 (0.0183)	−0.0172 (0.0162)	−0.0230 (0.0189)	0.0658** (0.0309)	0.0557*** (0.0275)	0.0374 (0.0232)	0.0126 (0.0266)	0.0146 (0.0231)
50歳代正社員比率	0.221*** (0.0451)	0.0267 (0.0184)	0.0374** (0.0187)	0.0210 (0.0157)	0.0300* (0.0157)	0.0462 (0.0284)	0.0161 (0.0207)	0.0307 (0.0188)	0.0131 (0.0258)	0.0145 (0.0204)
60歳以上正社員比率	0.145*** (0.0507)	−0.0351 (0.0306)	−0.0349 (0.0342)	−0.0176 (0.0338)	−0.00814 (0.0402)	0.0459 (0.0403)	0.0226 (0.0458)	0.0127 (0.0375)	0.00981 (0.0219)	0.0175 (0.0294)
サンプルサイズ	45	45	45	45	45	41	41	41	41	41
対数擬似度	−12.05	−24.64	−20.58	−21.48	−17.79	−18.11	−14.33	−17.79	−16.35	−15.43
擬似決定係数	0.602	0.196	0.340	0.291	0.428	0.356	0.495	0.371	0.362	0.437

注：カッコ内はクラスターロバスト標準誤差．***p<0.01，**p<0.05，*p<0.1．

株価連動報酬制度の導入については，営業系一般社員に対して目標管理制度に長期目標を取り入れるほか，課長級社員に対して同僚と教育・部下の教育を取り入れる傾向にある．以上のことから，成果主義の弱点への対応については，ガバナンスがどのように働いているかについては，現時点でははっきりした傾向はみられない．

コントロール変数については，比較的労使協議会の交渉力が強いところでは，チームの共同目標が重視される傾向にあることと，若年層の労働者割合が低いところではかえって長期目標が重視されること，30歳～40歳代の労働者割合の多いところで，一般社員に対してチームの共同目標が重視されることがわかった．

5. おわりに

本章では，公益社団法人国際経済労働研究所が実施した「第49回共同調査（企業制度・施策に関する組織調査）」のデータを用いて，株主重視的な企業統治のあり方が成果主義的性格の強い賃金制度を導入しているという仮説のもと，主として内部ガバナンスと賃金制度の関わりに関する実証分析を行った．主な結果としては，社長・CEOが新卒生え抜き内部昇進者でない企業や役員への株価連動報酬制度が導入されている企業で年齢給が廃止される傾向にあること，執行役員制度が導入されている場合には，一般社員の営業系，事務系，専門系と課長級の営業系，事務系に対して役割等級制度と業績・成果給とを併用する確率が，さらに一般社員の営業系，事務系については職能等級制度と業績・成果給とを併用する確率が，それぞれ高いことなどが示された．また，社長・CEOが新卒生え抜き内部昇進者でない企業においては，職能等級制度を維持したうえで，さらに業績・成果給の導入も行わない傾向が強いことが示された．こうした結果は，概ね株主重視的な企業統治のあり方が成果主義的性格の強い賃金制度を導入しているという仮説と合致しており，外部ガバナンス変数を使用した既存研究の結果と矛盾しないものと言える．ただし，成果主義の弱点を克服する工夫に関しては，企業統治のあり方の関わりが一定ではないことが示された．

最後に企業法などの法律や制度との関連について手短にコメントしておきたい．企業法の改正や，昨今のコーポレートガバナンス・コード，スチュワードシップ・コードの導入そのものは，もちろん人事制度や雇用慣行に直接影響を及ぼすものではないものの，企業統治のあり方に対しては影響を及ぼすと考えられる．したがって，間接的な影響はありうる．また，人事制度や雇用慣行は，経済環境からの直接的な影響を受けることは当然あるが，さらに昨今の働き方改革や，それに伴う各種労働法の改正からの影響も大きく受けることになるだろう．その際，企業法の改正の方向性と，働き方改革や労働法の改正の方向性が，一致するのか，それとも離れてしまうのかは，非常に重要なポイントになる．たとえば働き方改革は，労働時間法制の見直しによる長時間労働の抑制や，雇用形態に関わらない公正な待遇の確保を目指すもの[13]だが，これらはともに労働時間や雇用形態と賃金との関係を弱めることにつながり，成果主義の導入を促すようになる可能性はありうる．その意味では，両者の方向性に一致をみいだすことができ，補完的に働くかもしれない．

◆参考文献

Abe, M. (2002), "Corporate Governance Structure and Employment Adjustment in Japan: An Empirical Analysis Using Corporate Finance Data," *Industrial Relations*, 41, pp. 683–702.

阿部正浩（2006），「成果主義導入の背景とその功罪」『日本労働研究雑誌』No. 554, pp. 18–35.

Abe, M. and T. Hoshi (2007), "Corporate Finance and Human Resource Management in Japan," in M. Aoki, G. Jackson, and H. Miyajima (eds.), *Corporate Governance in Japan*, pp. 257–281.

Abe, M. and S. Shimizudani (2007), "Employment Policy and Corporate Governance -An Empirical Comparison of the Stakeholder and the Profit-Maximization Model," *Journal of Comparative Economics*, 35, pp. 346–368.

Ahmadjian, C. L. and P. Robinson (2001), "Safety in Numbers: Downsizing and the Deinstitutionalization of Permanent Employment in Japan," *Administrative Science Quarterly*, 46, pp. 622–654.

Hamaaki, J., M. Hori, S. Maeda, and K. Murata (2012), "Changes in the Japanese

---

[13] 厚生労働省「働き方改革～一億総活躍社会の実現に向けて～」, https://www.mhlw.go.jp/content/000474499.pdf（2019年1月掲載）．

Employment System in the Two Lost Decades," *Industrial and Labor Relations Review*, Vol. 65, pp. 810–846.

久本憲夫（2008），「日本的雇用システムとは何か」仁田道夫・久本憲夫編『日本的雇用システム』ナカニシヤ出版，pp. 9–26.

Jackson, G. and H. Miyajima (2007) "Introduction: The Diversity and Change of Corporate Governance in Japan," in M. Aoki, G. Jackson, and H. Miyajima (eds.) *Corporate Governance in Japan*, pp. 1–47.

Kambayashi, R. and T. Kato (2016), "Long-Term Employment and Job Security over the Past 25 Years: A Comparative Study of Japan and United States," *Industrial and Labor Relations Review*, 70, pp. 359–394.

Kawaguchi, D. and Y. Ueno (2013), "Declining Long-Term Employment in Japan," *Journal of Japanese and International Economies*, 28, pp. 19–36.

小池和男（2005），『仕事の経済学（第3版）』東洋経済新報社．

Lazear, E. (2000), "Performance Pay and Productivity," *American Economic Review*, 90, pp. 1346–1361.

Marsden, M., S. French, and K. Kubo (2001), "Does Performance Pay De-Motivate, and Does It Matter?" CEP Discussion Papers dp0503, Centre for Economic Performance, LSE.

宮島英昭（2011），「日本の企業統治の進化をいかにとらえるか」宮島英昭編著『日本の企業統治』東洋経済新報社，pp. 1–70.

宮本光晴（2014），「日本企業の多様性」『日本の企業統治と雇用制度のゆくえ』ナカニシヤ出版，pp. 53–95.

森口千晶（2013），「日本型人事管理モデルと高度成長」『日本労働研究雑誌』No. 634, pp. 52–63.

守島基博（2004），「成果主義は企業を活性化するか」『日本労働研究雑誌』No. 525, pp. 34–37.

野田知彦・平野大昌（2010），「失われた10年と日本企業の雇用調整行動―企業の規律付けメカニズムは変化したのか―」『経済分析』第183号，pp. 25–58.

Noda, T. (2013), "Determinants of the Timing of Downsizing Among Large Japanese Firms: Long‐Term Employment Practices and Corporate Governance," *Japanese Economic Review*, 64, pp. 363–398.

Odaki, K. and N. Kodama (2010), "Stakeholder-Oriented Corporate Governance and Firm-Specific Human Capital: Wage analysis of employer-employee matched data," RIETI Discussion Paper Series 10-E-014.

奥西好夫（2001），「『成果主義』賃金導入の条件」『組織科学』第34巻3号，pp. 6–17.

齋藤隆志（2013），「労働分配率の決定要因に関する実証分析」『社会文化研究所紀要（九州国際大学）』第71号，pp. 31–54.

齋藤隆志（2018），「日本企業における賃金制度分類の考察」『Int'lecowk』通巻1080号，

pp. 21-32.

齋藤隆志・菊谷達弥・野田知彦 (2011), 「何が成果主義賃金制度の導入を決めるか」宮島英昭編著『日本の企業統治』東洋経済新報社, pp. 215-243.

都留康 (2005), 「日本企業の人事制度」都留康・阿部正浩・久保克行『日本企業の人事改革』東洋経済新報社, pp. 27-60.

質問項目（本章で用いたものを，本文中で紹介した順に抜粋）

Q11-1　指名委員会等設置会社（委員会等設置会社）※ 取締役会の中に社外取締役を中心とした指名委員会，監査委員会及び報酬委員会を置く会社．
1. 委員会等設置会社である，2. 委員会等設置会社ではない

Q11-2　執行役員制度
1. ある　2. ない

Q11-3　取締役の人数
全取締役，社内取締役，社外取締役（※ 社外監査役除く）のそれぞれについて人数を記入

Q11-7　社長，CEO の出自
1. オーナーまたはその親族，2. 内部昇進（新卒採用入社），3. 内部昇進（中途採用入社），4. 親会社からの派遣，5. 取引先・メインバンクなどからの派遣，6. その他

Q7-14　株価に連動した報酬制度
1. ある（株価連動型報酬制度），2. ある（ストックオプション制度），3. ない
注）一般社員，課長級，役員について聞いている．ただし，役員以外はほとんど適用なし

Q12-8　労使協議会
※労働組合の他に労働者代表と経営者が交渉する場（労働組合の役員が労働者代表となる場合を含む）．
＊労使交渉者／協議相手が取締役会に出席している場合は「2」，出席していない場合は「3」とお答えください
＊労使交渉者／協議相手が複数いる場合は最上位者にあてはまるものをお答えください．
1. ある（会社側の労使交渉者／協議相手は社長）
2. ある（会社側の労使交渉者／協議相手は労務担当取締役）
3. ある（会社側の労使交渉者／協議相手は上記以外）
4. 労使協議会はない

Q8-10　正社員の年齢構成
10歳代，20歳代，30歳代，40歳代，50歳代，60歳以上についてそれぞれ人数を記入

Q7-1　年齢給（評価を伴わないで，年齢に応じて自動昇給する給与）
1. ある
2. 制度としてはあるが調査時点では凍結されていた
3. 導入していたが調査時点より6年以上前に廃止した
4. 導入していたが調査時点より5年以内に廃止した
5. 導入していない

Q14-8　定期的な自動昇給制度（全員が定期的に，自動的に昇給する制度）
1. ある　2. ない

Q15-9　(1)【担当する職務内容】に基づく等級によって支払われる賃金の種類
Q15-9　(2)【期待される役割】に基づく等級によって支払われる賃金の種類
Q15-9　(3)【従業員の能力】に基づく等級によって支払われる賃金の種類
1. 習熟給（自動積み上げ型）
2. 習熟給（査定積み上げ）
3. 業績給・成果給（積み上げ型）
4. 業績給・成果給（洗い替え型）
5. 範囲給はなく，単一給である
6. 等級に基づいて支払われる賃金はない
注）総合職のみ．「一般社員」「課長級」×「営業・販売・サービス」「専門・技術・研究」「事務（管理部門を含む）」「技能・現業」の8カテゴリ

Q6-12　(4) 結果が1年以上先に出る長期的目標について今期分の目標を設定する仕組み
Q6-12　(5) 同僚との協力・部下の育成等の目標設定
Q6-12　(6) チーム・部門等の共同目標の設定
1. ある　2. ない
注）目標管理がある場合のみ．「一般社員」「課長級」×「営業・販売・サービス」「専門・技術・研究」「事務（管理部門を含む）」「技能・現業」の8カテゴリ

索　引

アルファベット

Adams and Ferreira　60
Agion and Tirole　23, 68
anti-director rights　138
business judgement rule　142
CAR　→　累積超過収益率
Chapter11　155, 157
D&O 保険　31
DIP　160
DIP ファイナンス　154, 157
duty of care　142
duty of loyalty　142
event study　143
exit or voice　18, 32, 45
Graziano and Luporini　67
Hermalin and Weisbach　50, 60
J カーブ効果　220, 224, 227, 228, 233, 234
JFE エンジニアリング　235
JFE スチール　235
JFE ホールディングス　235
LBO（Leveraged Buy-outs）　220, 270, 272
M&A（企業合併・買収）　212, 215–217, 220, 226, 237
MBO（management buy-out）　263
one vote one share　138
pivotal　245
Propensity Score Matching　148
ROA　148, 214, 217, 219–221, 223, 225, 226, 228, 229, 231, 233, 234
SEC　141
TFP（全要素生産性）　216
TOB：Takeover Bid　16, 238
toehold　246

ア　行

アクティビスト　19
アドバイザリー　46, 53, 57
アンダーバリュー　265, 266, 277, 287
暗黙の契約　272, 281
委員会等設置会社　117, 313, 314, 318, 319
異業種統合　221, 226–228
異常　143
一般債権者の保護　151
委任状勧誘　19
委任状争奪戦　142
イベントスタディ（法）　143, 278, 284
インセンティブ　309
インセンティブ・リアラインメント　269, 275, 281
インフルエンス活動　216
インフルエンス・コスト　216, 217, 221
エージェンシーコスト　22, 43, 265, 269, 275, 281, 287
エージェンシー問題　22, 43, 138
エージェンシー理論　21, 22
黄金株　241

カ　行

会計情報　100
会計政策　100
会計操作　103, 108–112, 265–267
会計報告　102, 109
会社分割　173, 194–196, 238
寡占市場　194
合併　173, 213–215, 217–221, 226, 227, 229, 230, 233–235
過度の訴訟　30
株式移転　173

株式買取請求権　15
株式価値　9
株式交換　173, 196
株式取得　237
株式（相互）持ち合い　20, 37, 45, 75, 308, 311
株主還元　146
株主共同の利益　243
株主総会　8, 13, 16, 17
株主代表訴訟　29
株主提案権　139
株主平等原則　16
株主保護　245
カーライル　271
川崎製鉄　235
監査等委員会設置会社　13, 14, 24, 46, 49, 117
監査役　13
監査役会　119
監査役会設置会社　14, 49, 117
完全子会社（化）　237, 277, 282, 287
カンパニー制　212
機関設計　12
機関投資家　244
企業会計原則　97
企業価値　9, 79, 80, 242
企業価値研究会　242
企業合併・買収　→ M&A
企業結合規制　194
企業統治　21, 43, 70
企業特殊的人的資本　308, 312
企業の社会的責任　34
企業買収　142
企業別組合　307, 308
議決権代理　18
規制当局　295-299, 302-305
キトー　271
規模や範囲の経済　215
キャッシュアウト　274, 277
キャッシュフロー　221
キャリアコンサーン　32, 61
強行法規　6

業績予想の（下方）修正　265, 266, 277, 282, 287
業績連動型報酬　32
協和発酵キリン　213
規律づけの効果　242
キリンホールディングス　213
金融商品取引法　29
クラウンジェル　242
グループ内統合　221, 226, 227
経営コントロール権　80
経営者　295-304
　——の規律づけ　215, 216
　——の保身　243
経営者報酬　144
経営統合　212, 213, 215, 217, 219-221, 223-226, 230, 234
経営統合型　212-215, 217, 218, 226
経営判断の原則　27, 142, 169
傾向スコアマッチング（propensity score matching）　148, 234
決議要件の加重　241
公開会社　13
公開買付け　→ TOB
合理的無関心　18, 45
子会社　237
固定効果モデル　220, 229
固定報酬　32
個別承継　195, 196
コーポレートガバナンス　21, 39, 44
コーポレートガバナンス・コード　33-36, 47, 50, 244, 323
コミット　83
コントロール権　9, 159
コントロールプレミアム　277
コントロール便益　80
コンプライアンス　38
コンプライ・オア・エクスプレイン　35, 36, 50

サ 行
債権　151

索　引

再建型破産手続　157
債権者代位権　151
債権者保護　158-160, 163, 164, 195
最高経営責任者（CEO）　74
財政報告システム　100
最適会計システム　108
債務不履行（デフォルト）　151, 160, 161, 163
詐害的会社分割　196
サンスター　264
残余請求権　5, 8, 15
事業再編　173, 193-197, 199-201, 205, 210, 237
事業部制　212
事業持株会社　212
自己株式　146
自己株式対総資産比率　148
資産代替　159
事前警告型買収防衛策　241
執行役員制度　119, 312-314, 318, 319, 322
私的便益　81, 172, 245
　支配の――　51, 52, 67, 70
自動停止（効）　154, 157, 159, 160
シナジー効果　199, 201, 205, 213, 215-217, 221
支配株主　52, 67, 68
資本多数決原則　17
指名委員会等設置会社　13, 14, 24, 46, 100, 117
社外監査役　119
社外取締役　48, 54, 311-313, 319
収益率　143
従業員からの富の移転　265, 271, 276, 287
終身雇用　307
証券取引委員会　141
招集権　139
招集請求権　139
上場維持コスト　265, 272, 276, 282, 287
情報開示　200
所有と経営の分離　4, 21, 52, 118
新株予約権　244
信頼の破壊　224, 272

スクイーズ・アウト　264, 267
スチュワードシップ・コード　20, 34, 47, 323
　日本版――　243
ステークホルダー　8, 9, 48, 312-314
ストック・オプション　79
スピンオフ　193, 194
成果主義　309-315, 319, 322, 323
清算型破産手続　157
節税効果　275, 279, 287
善管注意義務　25, 169
総資産営業利益率　148
増配　242
組織再編　237
組織再編型　212, 214, 226
ソーティング効果　309
ソフトロー　34, 36, 38

タ　行

対等　229
対等合併　216
対等性　215, 218, 229, 230, 233, 234
対等性スコア　218, 230, 233
代表取締役　23
たすき掛け人事　229
田辺製薬　226
チーム生産　315
注意義務　142
忠実義務　25, 142, 174
超過　143
長期雇用　307, 308, 311
懲罰的交代　74
ツバキ・ナカシマ　285
定款　10, 17, 243
定款自治　12
定款変更　146
帝国建設　269
敵対的買収　237
デフォルト　→　債務不履行
デューデリジェンス　205
等級制度　315, 318, 319, 322
倒産処理法　155, 159, 160

投資家保護　244
独占禁止法　194, 212
特別決議　140
独立取締役　46, 61
独立取締役会　50
トービンの q　147
取締役　23, 25
取締役会　5, 13, 23, 45, 54, 308, 310, 311, 313, 314
──の内生的決定問題　51
取締役会設置会社　13

ナ　行

内部統制システム　169
内部取締役　49, 54, 59, 60
ナムコ　213
日本鋼管　235
日本的経営　10, 33, 39, 47
日本的雇用システム　307, 308
任意法規　6
任務懈怠責任　26, 27
年功制　309
年功賃金　307
年功的な賃金制度　309, 313, 314, 316, 318

ハ　行

バイアウト・ファンド　271, 276, 281, 288
買収プレミアム　263, 264
買収防衛策　75, 144, 237
配当政策　146
配当対純現金フロー比率　148
ハードロー　34
バーリ＝ミーンズ　21
バンダイ　213
バンダイナムコエンターテインメント　213
バンダイナムコホールディングス　213
非公開化（public to private：PTP）型　263
東インド会社　3
ファンド　272
負債による規律づけ　270

負債の節税効果　265, 268
普通株式　15
普通決議　139
フリーキャッシュフロー　122, 265, 270, 275, 281, 287
フリーライダー　30
フリーライド　244
プリンシプルベース・アプローチ　35
ブロック・シェアホルダー　271
分割会社　195
分社化（会社分割）　193-197, 199-201, 204, 205, 210, 212
包括承継　195
法人格　4
補完性　308, 311, 313
保守主義会計　100, 105, 106
保守主義の原則　97
保身行動（entrenchment）　74, 75
保全処分　154, 157, 158
ホールドアップ問題　215
ホワイトナイト　241

マ　行

摩擦回避仮説　218
マネジメントボード　119
マルチタスク　315
三菱ウェルファーマ　226
三菱化学　226
三菱ケミカルホールディングス　226
民事再生法　157
無限責任制　152
メインバンク　20, 308, 311, 312
目標管理制度　315, 319, 322
持株会社　212-215, 217-221, 225-227, 229-231, 233-235
　純粋──　212, 233
モニタリング　22, 44-46, 49, 53, 57, 78, 196
モニタリングボード　23, 39, 47, 62, 100, 119
もの言う株主　19, 20
モラルハザード　22, 43, 243, 309

ヤ 行

役員人事　146
有限責任　4
有限責任制　152, 163
友好的買収　237
優先株式　15
4種の神器　230

ラ 行

ライツプラン　241, 246
利益操作　102

利害関係者　75
利害対立　80
リスクプレミアム　310
リストラクチャリング　214
累積超過収益率（CAR）　143, 278, 285
レックス・ホールディングス　264, 267, 285
労使協議会　314, 319, 322
ロックイン効果　52, 59

ワ 行

ワールド　268, 282

執筆者紹介 （執筆順，＊編著者）

細江　守紀（ほそえ　もりき）＊　第1章，第2章
1945年生まれ．九州大学名誉教授．九州大学経済工学研究科博士（経済学）
専攻：応用ミクロ経済学，法と経済学
主要著作・論文：*Regional Economic Analysis of Power, Elections, and Secession*, Springer, 2018；「法社会学，法と経済学，および経済学」『法社会学』84号，有斐閣，2018；「事業編成と企業効率の経済分析」秋本耕二他編『理論経済学の新潮流』勁草書房，第1章，2019 ほか．

野崎　竜太郎（のざき　りゅうたろう）　第3章，第11章
1976年生まれ．久留米大学経済学部准教授．熊本学園大学大学院経済学研究科博士後期課程修了．
専攻：応用ミクロ経済学，企業買収の経済理論分析
主要著作・論文："Managers' window dressing and liability for damages to a stock sales in management buyouts," *Applied Approaches to Social Institutions and Economics*, chap. 6, eds. by Tohru Naito, Woohyung Lee, Yasunori Ouchida, Springer, 85-100, 2017；「MBOにおける株式取得価格決定訴訟の経済分析」『証券経済学会年報』Vol. 50, pp. 3-24, 2015；「私的整理における債務者と債権者の結託と非効率性」『現代経済学研究』Vol. 12, pp. 176-202, 2005 ほか．

花村　信也（はなむら　しんや）　第4章
1959年生まれ．立命館大学大学院経営管理研究科教授．早稲田大学大学院商学研究科博士（商学）
専攻：会計情報，ファイナンス
主要著作・論文：「保守主義会計は企業の投資行動に影響を及ぼすのか」『立命館経営学』第57巻第4号，2018；「資本コストに関して経営者と投資家が留意すべきこと」『証券経済学会年報』第53号別冊，2018；「のれんに関する経営者と監査法人の会計上の見積りの関係」『立命館経営学』第57巻第6号，2019 ほか．

内田　交謹（うちだ　こうなり）　第5章
1970年生まれ．九州大学大学院経済学研究院教授．博士（経済学）九州大学．
専攻：コーポレートファイナンス
主要著作・論文："Accounts payable and firm value: International evidence," *Journal of Banking and Finance*, 102, 2019, pp. 116-137 (with Hocheol Nam)；"Shareholder composition and managerial compensation," *Journal of Financial and Quantitative Analysis*, 51, 2016, pp. 1719-1738 (with Shinya Shinozaki, Hiroshi Moriyasu)；"Market timing of seasoned equity offerings with long regulative process," *Journal of Corporate Finance*, 39, 2016, pp. 278-294 (with Yong Huang, Daolin Zha) ほか．

葉　聰明（イエ　ツオンミン）　第6章
1973年生まれ．九州大学大学院経済学研究院教授．筑波大学社会工学研究科博士（経営学）
専攻：M&A，企業統治，企業財務
主要著作・論文：『日本企業の合併買収と企業統治』白桃書房，2011；"Determinants and conse-

quences of shareholder proposals: the cases of board election, charter amendment, and profit disposal", *Journal of Corporate Finance*, 45, 2017; "Do Private Equity Funds Increase Firm Value? Evidence from Japanese Leveraged Buyouts," *Journal of Applied Corporate Finance*, 24, 2012 ほか.

吉田　友紀（よしだ　ゆき）　第7章, 第9章
1975年生まれ. 九州共立大学経済学部講師. 九州大学大学院経済学府博士後期課程修了.
専攻：応用ミクロ経済学
主要著作・論文：「企業再編戦略に関する経済理論研究」博士学位論文, 2018；「企業の私的整理における再建計画合意ルールの比較分析」『九州共立大学研究紀要』第8巻第2号, 2017；「スピンオフ企業の行動規範と親企業の出資戦略」九州大学『経済学研究』第82巻第5・6合併号, 2016ほか.

熊谷　啓希（くまがえ　けいき）　第8章
1988年生まれ. 熊本学園大学経済学部リーガルエコノミクス学科講師. 九州大学大学院経済学府経済工学専攻博士後期課程（単位取得満期退学）
専攻：法と経済学, 企業経済学
主要論文・著作：「情報収集モデルにおける内発的動機を持つ労働者への最適契約」『応用経済学研究』第11巻, 2017；「企業内におけるタスクデザイン―情報収集業務と実行業務の統合と分離―」『応用経済学研究』第10巻, 2016；「株主代表訴訟と多重代表訴訟, 内部統制システム構築および不完備契約理論」秋本耕二他編『理論経済学の新潮流』勁草書房, 第8章, 2019ほか.

川本　真哉（かわもと　しんや）　第10章, 第12章
1977年生まれ. 南山大学経済学部経済学科准教授. 京都大学大学院経済学研究科博士後期課程単位取得退学. 京都大学博士（経済学）.
専攻：コーポレート・ガバナンス論
主要論文："Business Integration and Corporate Performance under the Pure Holding Company System in Japan," *Japanese Research in Business History*, 29, 2012, pp. 55-76（共著）；「企業リストラクチャリングのツールとしてのMBO：事業譲渡との比較分析」（共著）『応用経済学研究』第4巻, 2010；『日本企業における敵対的買収防衛策の導入要因』『証券経済研究』第59号, 2007ほか.

河西　卓弥（かわにし　たくや）　第10章, 第12章
1975年生まれ. 熊本県立大学総合管理学部准教授. Ph. D. (Economics), University of California, Santa Barbara.
専攻：企業金融
主要著書・論文：「日本企業の非公開化型MBOに関する実証分析」宮島英昭編著『企業統治と成長戦略』（共著）東洋経済新報社, 2017；「R&D投資と資金調達・所有構造」宮島英昭編著『日本の企業統治：システムの進化と世界経済危機のインパクト』（共著）東洋経済新報社, 2011；「金融システムと企業統治：日本型企業システムの多元的進化」（共著）橘川武郎・久保文克編『講座・日本経営史 第6巻 グローバル化と日本型企業システムの変容―1985～2008―』ミネルヴァ書房, 2010

下田　真也（しもだ　しんや）　第13章
1971年生まれ. 九州産業大学経済学部准教授. 九州大学大学院経済学府経済工学専攻修了.
専攻：金融論, 応用ミクロ経済学

主要著作・論文：" How to Determine the Lending Level of the Bank to the Firm?" *Applied Approaches to Societal Institutions and Economics*, Chap 8, eds. by Tohru Naito, Woohyung Lee, Yasunori Ouchida, Springer, 2017；「銀行のディスクロージャーにおけるコーポレート・ガバナンスと罰則の影響」『エコノミクス』第20巻第4号，九州産業大学経済学会，2016；「金融行政の実効性とその影響について」『九州経済学会年報』第48集，九州経済学会，2010 ほか．

齋藤　隆志（さいとう　たかし）　第14章
1976年生まれ．明治学院大学経済学部教授．京都大学大学院経済学研究科博士後期課程単位取得退学，博士（経済学）．
専攻：労働経済学，企業経済学
主要著作・論文：「企業内賃金分散，仕事満足度，企業業績」（共著）『日本経済研究』No. 58, 2008；「企業内賃金格差が労働者の満足度・企業業績に与える影響」『日本労働研究雑誌』No. 670, 2016；「なぜ就業継続率は上がったのか―ワーク・ライフ・バランス施策は少子化対策として有効か―」（共著）『経済研究』Vol. 68, No. 4, 2017 ほか．

企業統治と会社法の経済学

2019年6月20日　第1版第1刷発行

編著者　細江守紀
　　　　ほそえ　もりき

発行者　井村寿人

発行所　株式会社　勁草書房
　　　　　　　　　けいそう
112-0005　東京都文京区水道2-1-1　振替 00150-2-175253
　　　　　（編集）電話 03-3815-5277／FAX 03-3814-6968
　　　　　（営業）電話 03-3814-6861／FAX 03-3814-6854
　　　　　　　　　　　　　　　　　　　理想社・松岳社

© HOSOE Moriki　2019

ISBN978-4-326-50459-6　　Printed in Japan　

JCOPY　〈出版者著作権管理機構　委託出版物〉
本書の無断複製は著作権法上での例外を除き禁じられています。
複製される場合は、そのつど事前に、出版者著作権管理機構
（電話 03-5244-5088、FAX 03-5244-5089、e-mail: info@jcopy.or.jp）
の許諾を得てください。

＊落丁本・乱丁本はお取替いたします。

http://www.keisoshobo.co.jp

秋本耕二・永星浩一・秋山優 編
理論経済学の新潮流
武野秀樹博士米寿記念論文集
A5判 8,000円
50456-5

林 紘一郎 編著
著作権の法と経済学
A5判 3,900円
50253-0

大垣尚司
金融から学ぶ会社法入門
A5判 4,000円
40327-1

宇佐美 誠 編著
法学と経済学のあいだ
規範と制度を考える
A5判 3,000円
40262-5

飯田 高
〈法と経済学〉の社会規範論
A5判 3,000円
40224-3

──────── 勁草書房刊

＊表示価格は 2019 年 6 月現在．消費税は含まれていません．